예수 그리스도와
사역들

예수 그리스도와
사역들

초판 발행	2011년 10월 24일
2쇄 발행	2014년 5월 26일
지은이	한양훈
발행인	한뿌리
펴낸곳	실로암 세계선교회(SWMO)
출판사	有하
등록	2014년 4월 24일 제 387-3190000251002000000035호
저자 연락처	010-3394-5257, 010-8357-5257
	이메일 hyh530205@naver.com

값 12,000원
ISBN 978-89-967450-0-6

한양훈 강해 시리즈

사복음서에 기록된 예수 그리스도에 대한 52주제 영적 강해

예수 그리스도와 사역들

한양훈 지음

有하

성경은 하나님의 말씀이다. 하나님의 백성인 우리의 과제는 얼마만큼 성경의 뜻을 밝히 알고 드러내느냐에 있다. 그동안 신학자나 목회자들이 성경을 해석하기 위해 문자의 뜻을 연구하고, 성경을 기록할 당시의 정치 · 종교 · 사회 · 문화와 같은 배경사에 관심을 두고 심도 있게 탐구해왔다.

물론 성경이 성령의 감동으로 기록되었기 때문에 성경 해석가들은 기도 가운데 성령에 붙잡혀 진리를 깨닫기 위해 몸부림을 쳤을 것이다.

박윤선은 그의 공관복음 주석 머리말에서 성경을 잘 깨닫는 길에 대해 말했다. 그는 연구와 체험을 성경 해석의 기본이라고 했다. 사실 연구 자료가 많은 것도 중요하지만, 개인적으로 하나님을 만나고 하나님이 살아 계신 여러 증거를 몸소 체험하는 영적인 부분은 반드시 필요한 요건이라고 하겠다. 이런 준비된 사람들이 열정적으로 성경의 의미를 드러낼 때 하나님의 뜻은 세상에 더 분명히 드러날 것이다.

한편 영적인 면에 관심을 두고 성경을 보면서도 조심스러운 것은 자칫 잘못하다가는 영적이라고 믿고 따라간 것들이 미신적이며 사탄적일수 있기 때문이다.

왜냐하면 이단들이 개신교의 취약한 부분인 영적인 부분을 교묘히 파고들어 진리를 왜곡하고, 헛된 근거를 가지고 성도들을 미혹하며 교회를 어지럽히고 있기 때문이다. 그렇다 하더라도 교회 지도자들은 영적인 부분을 무조건 경계하거나 거리를 두지 말고, 본인 자신이 먼저 늘 기도에 힘써 올바른 영적 능력을 키워나가야 한다.

몇 해 전, 라이브 성경 연구를 창안한 후 성경을 연구하여 발표해오다가 그 첫 결실로 본서를 출간하게 되었다. 수많은 주석과 강해서가 서재를 채우고 있는 것을 알고 있지만, 그래도 혹 동역자들에게 영적인 부분에서 조금이나마 도움이 될까 하여 이 책을 준비했다.

원고가 책으로 나오기까지 수고를 아끼지 않은 나의 비서 이소진 자매에게 진심으로 감사를 전하며, 나의 동역자요 아내인 박영미 사모와 출판의 기쁨을 함께하고 싶다.

2011. 10. 10.

서울 청룡동에서

한 양 훈

1부 예수님의 탄생

2부 갈릴리 전도

3부 갈릴리 전도 말기

4부 예루살렘으로 올라가심

5부 요한이 본 예수 그리스도

6부 고난과 부활

1부 | 예수님의 탄생

1장

어머니 마리아

본문 누가복음 1:26-28, 39-45, 2:39

한 사람의 생애를 살펴보려 할 때 그를 낳고 키우면서 인생에 지대한 영향을 미치는 부모에 대해 알아보는 일은 반드시 필요하다. 그런 차원에서 우리가 예수님의 생애를 이야기할 때 예수님의 어머니와 아버지를 빼놓을 수 없다.

요셉과 마리아는 예수님이 태어나신 후부터 활동을 시작하신 30세까지 부모로서 물심양면 많은 도움을 주고 수고를 했을 것이다. 예수님을 키우셨으니 훌륭한 부모라고 할 수 있다. 그렇다 하더라도 그들의 위치나 공로가 감히 예수님과 비견될 수는 없다. 아무리 낳고 키운 자식이라도 예수님은 메시아요, 하나님의 아들이시기 때문이다.

그런데 가톨릭에서는 예수님의 어머니를 연구하며 평가할 때 지나치게 높이는 경향이 있다. 그들은 예수님보다 어머니 마리아를 더 높이는 분위기가 역력하기 때문이다. 이러한 생각의 배경에는 성모 마리아에게 일반 사람들과는 다른 특별함이 있다는 신분의 차별성을 두려는 의도가 있어 보인다.

한 예로 가톨릭은 성화를 중요하게 생각하는데, 그림 중에는 성모 마리아가 아기 예수님을 품에 안은 작품이 많이 있고, 그러한 작품을 귀하게 여기며 전시한다.

그러한 행동 속에는 예수님은 마리아의 품에 있다는 것과, 예수님보다는 예수님을 낳은 마리아가 더 위대하다는 의도성을 내포하고 있는 것으로 보인다. 이런 형태의 그림을 반복적으로 전시하고 감상하게 함으로써 은연중에 예수님과 어머니 마리아와의 관계를 고정시키려는 소기의 목적을 달성하고 있다.

특히 가톨릭에서는 마리아가 예수 그리스도만 낳고 더 이상 자녀를 낳지 않았기에 동정녀라고 주장하기도 한다. 또한 마리아가 하나님과 그리스도인 사이에 첫 번째 중보자라고도 말한다. 무죄한 예수를 낳으셨으니 그녀도 무죄하다고 주장하며, 그래서 썩지 않고 하늘로 올라갔다고 주장한다. '모든 사람이 죄를 범하였다'는 성경 말씀에 어머니 마리아는 예외가 되어버렸다.

개신교는 이러한 가톨릭의 행동을 못마땅하게 여기면서 조금은 강경한 입장을 취하고 있다. 개신교는 가톨릭에 대한 과민 반응으로 어머니인 마리아를 과소평가하고, 어떤 경우는 오히려 외면해버리기까지 한다.

그러므로 개신교에서의 분위기는 어머니 마리아가 정상적인 평가조차도 받지 못하는 아쉬움이 있다. 하지만 이렇게 한쪽으로 치우치는 것은 좋지 않으며 연구를 할 때 균형을 잘 잡아야 한다. 우리는 성경의 진리를 밝히 드러내면 되는 것이지 누구와 싸우는 것이 아니다.

1. 마리아는 믿음의 여인이다(38절)

마리아는 다윗의 후손으로 유다 지파이다. 옛 문헌에 의하면 마리아의 아버지는 요아김, 어머니는 안나로서 이 두 부부는 노년에 이를 때까지 아이를 낳지 못하다가 기적적으로 마리아를 낳았다고 한다.

또한 세례 요한의 어머니 엘리사벳과 마리아는 외가 쪽의 친척 관계인데 엘리사벳도 아이를 낳지 못하다가 기적을 통해 임신을 하게 되었다. 그 사실을 천사가 마리아에게 나타나 믿게 하였다. "보라 네 친족 엘리사벳도 늙어서 아기를 배었으니라"(36절).

어머니 마리아와 관계된 집안은 자녀를 갖는 것이 자연스러운 현상이 아니라 기적의 연속이었기에 마리아는 오히려 신비한 임신 현상들에 익숙했을 것이다.

성경에서는 아이를 낳지 못하다가 이렇게 하나님의 은혜로 아기를 낳은 사람들이 많이 있다. 아브라함의 아내 사라가 대표적이다. 그녀는 늙어서도 아이를 낳지 못하여 자기의 여종 하갈을 아브라함에게 주어 대신 아들을 낳기까지 했다. 그녀는 90세가 되어서야 아들 이삭을 낳게 되었는데, 하나님이 미리 말씀하신대로였다(창 18:9-12). 또한 삼손의 어머니도 임신하지 못하다가 여호와의 사자가 나타나 나실인이 태어날 것을 가르쳐주었다(삿 13장).

기적적인 임신에 관한 이야기를 성경 공부를 통해 듣고 자란 마리아는 그 기적적인 임신을 믿고 있었을 것이다. 즉, 하나님이 은혜를 주셔야 아이를 낳을 수 있다는 사실을 굳게 믿은 것이다. 그러므로 그녀는 가브리엘 천사가 나타났을 때 천사를 두려워하지 않았다(35절).

또한 마리아가 성령으로 잉태될 것이라는 천사의 말을 믿고는 "주의 여종이오니 말씀대로 내게 이루어지이다"(38절)라고 하였다. 이것은 성령이 자기의 자궁 안으로 들어오시는 것이며 거기에서 생명이 잉태된다는 것인데, 마리아는 이러한 기적을 받아들였다.

또한 마리아가 이 모든 것을 쉽게 받아들인 것은 성경을 믿었기 때문이다. 창세기 2장 7절에서 태초에 하나님이 흙으로 사람을 만드시고 "생기를 그 코에 불어넣으시니 사람이 생령이 되니라"고 하였다.

생기란 성령이란 말로도 해석할 수 있으므로 자궁 속에 생기, 즉 성령이 들어오시면 사람이 만들어질 수 있다. 성령은 생기이고 생기는 호흡이다. 이 단어는 원어가 같은 뿌리에서 나왔다. 한 예로 에스겔 37장 5-6절을 보면 생기란 말이 두 번 나온다. "주 여호와께서 이 뼈들에게 이같이 말씀하시기를 내가 생기를 너희에게 들어가게 하리니 너희가 살아나리라"고 하셨다. 생기가 들어가면 생명이 생긴다.

천사의 말과 같이 어느 날 하나님이 처녀 마리아의 몸에 성령이 들어가게 하셨다. 흙에 하나님의 생기가 들어가 사람이 되었는데 살아 있는 여자의 자궁 속에 생기, 즉 성령이 들어가면 사람이 생기는 것이다. 이는 이해하기 쉬운 논리이다.

어머니 마리아는 성령이 자궁 속에 강하게 들어오심을 느꼈지만 놀라지 않았다. 영적인 사람은 성령이 몸에 강하게 들어오거나 악령이 몸에 들어올 때 느낄 수 있다. 성령이 배에 들어오는 것을 알 수 있고, 강하게 들어오시는지, 약하게 들어오시는지도 알 수 있다.

성령이 몸에 들어오면 뜨거움이나 환해짐을 느낀다. 반면에 악한 영이 들어오면 몸이 뻐근하거나 따갑게 느껴지기도 하고, 뻐근하며 불편한 증상이 나타난다. 성령은 빛이기 때문에 별다른 반응이 육체에 나타나지 않지만, 악령은 빛처럼 보이는 영체이기 때문에 육체가 반응한다.

마리아는 성경을 알고, 가문의 특이한 임신 과정을 알며, 믿음이 있는 영적인 사람이었다. 마리아가 천사를 만나고 대화를 나누었다는 것 하나만 보더라도 그녀가 영적인 여성이라는 것을 말해준다.

천사를 만난 후 마리아는 자신의 배가 불러올 때 성령을 통하여 임신했다고 분명히 믿었기 때문에 부끄러워하지도 않았고, 아기를 지우려는 어떤 부정적인 행위도 하지 않았다. 처녀의 몸으로 임신한 그녀의 태도는 놀랄 만큼 당당하였다. 이것은 확신이 있어야 가능한 태도이다.

어머니 마리아는 옛날이나 지금이나 쉽게 볼 수 없는 그릇이었다. 그러한 믿음이 있었기 때문에 하나님이신 예수 그리스도를 자신의 배에 가질 수 있었다. 보통 여성에게 예수님이 태어나신 것이 아니다. 가브리엘은 마리아에게 "은혜를 받은 자"(눅 1:28)라고 인사하였다.

오늘날 마리아처럼 천사와 대화를 나누는 것이나, 그러한 충격적 임신에 대한 사실을 믿고 받아들일 수 있는 여성은 세상에 많지 않을 것이다. 다른 사람들이 겪을 수 없는 영적 경험을 받아들인 어머니 마리아는 우리 모두가 존경하고 인정해야 한다. 마리아는 실제로도 천국에서 반열을 따라 앉게 될 때, 보좌 앞에 가까이 있으므로 여성으로서는 최고 수준의 사람이라고 할 수 있다.

2. 마리아는 고통을 이겨낸 여인이다

마리아는 하나님이신 예수님을 몸에 품었기에 고통이 있었다. 성령이 자궁에 오셨고 그 열매로써 예수님이 계셨다. 하나님이 몸에 계시면 좋은 일도 있고, 또한 고통과 사탄의 방해도 있다. 무엇보다 먼저 약혼한 남편 요셉에게 인간적으로 미안한 마음이 있었을 것이다.

마리아가 남편 없이 아이를 가졌다는 불미스러운 소문이 퍼졌기 때문이다. 그녀는 자기 부모에게도 조금은 미안했을 수 있다. 그러나 그녀는 믿음으로 슬기롭게 혼전 임신에 따르는 어려운 상황들을 극복했다.

마리아가 예수를 낳자마자 세상 권력자인 헤롯 왕의 공격을 받았다. 그는 이스라엘의 왕이신 예수님의 탄생을 동방박사들로부터 듣고 마리아의 아들 예수를 죽이려고 했다. 이러한 상황은 산모로서 상당히 불안할 수밖에 없었을 것이다.

마리아는 남편 요셉과 함께 아기 예수를 안고 애굽으로 피해 갔는데, 그들은 후에 헤롯 왕이 예수를 죽이기 위해 그 지역에 살던 두 살 이하의 모든 어린아이를 죽였다는 소식을 듣고 큰 긴장과 스트레스 속에서 있었을 것이다(마 2:16).

또한 마리아는 아들 예수와 함께 애굽으로 피해 있다가 후에 이스라엘 최북단인 나사렛으로 다시 긴 여행을 해야만 했다. 하나님의 아들을 낳지 않았다면 이러한 고통은 겪을 필요가 없었을 것이다. 내 속에 성령을 모시고 산다고 행복만 찾아오는 것은 아니며 사탄의 훼방도 찾아온다는 것을 알아야 한다.

예수님은 태어나실 무렵 많은 여행을 하셨다. 이스라엘 북쪽 지방인 나사렛에서 잉태되셨고, 태어나신 곳은 긴 여행 후 예루살렘 바로 옆인 베들레헴이었으며, 거기서 헤롯을 피해 남쪽 나라인 애굽까지 가셨다가 다시 가장 북쪽인 나사렛으로 여행하셨다. 어려서 경험한 이런 여행들이 평생 동안 좋은 영향을 끼쳐 예수님은 전도 여행을 힘들거나 낯설어하지 않으셨으며, 여러 곳을 다니시면서 전도하고 가르치셨다.

다윗도 사울에게 쫓겨 다니며 10년 정도 이 나라, 저 나라를 돌며 긴 여행을 했고, 여호수아도 40년 동안 광야 한가운데에서 긴 여행을 하였다. 이렇게 성경의 유력한 사람들은 여행을 통해 하나님 나라와 주변 나라를 돌아보고 주님의 뜻을 이루어갔다. 이러한 여행은 손해가 아니며 그 사람에게 좋은 영향을 줄 수 있다.

아들 예수로 인해 마음 고생을 했던 또 다른 일은 사람들이 자신의 아들에 대해 귀신들렸다고 수군거리는 소문을 들은 것이다(막 3:21). 마리아는 예수님이 태어나실 때부터 그가 귀한 존재인 것을 알았고, 자라면서도 그가 신비한 존재인 것을 알고 기대가 컸었다. 그런데 마른하늘에 날벼락이 떨어진 것처럼 사람들의 입에서 아들이 귀신들렸다는 소리가 나올 때 어머니로서 견디기 어려웠을 것이다. 마리아는 유별난 행동을 하는 아들 때문에 많은 어려움을 겪었다.

3. 마리아는 하나님의 뜻이 이루어진 것을 체험한 여인이다(33절)

마리아는 자기 아들이 왕 노릇 하는 것을 보았다. 그 아들은 물로 포도주를 만들고, 병든 자를 치료했으며, 죽은 자를 살리고, 또한 많은 사람들을 가르치고 제자를 삼았다.

자기 아들이 당대 최고의 사람인 세례 요한이나 구약 시대 인물인 모세와 엘리야로 비견되고 있었으므로 마리아는 기뻤을 것이다. 또한 마리아는 아들 예수님이 배고픈 자들을 먹이고, 가장 중요한 것으로 자기 자신을 희생하여 십자가에서 죽었다가 살아나는 것을 보았다.

4. 마리아는 예수님의 능력을 알았다

요한복음 2장 1-11절에 보면 마리아는 가나안 혼인 잔치에서 예수님이 물로 포도주를 만드는 이적을 행하도록 유도했다. 예수님이 행하신 기적과 이적은 성경에 나와 있는 것이 전부가 아니다. 예수님이 가나 혼인 잔치 때부터 기적을 행하셨다고 볼 수는 없다. 그 전에 이미 어렸을 때부터 기적을 행하셨을 것이다.

마리아는 그러한 일들을 보며 예수님의 능력을 알고 있었기에 혼인 잔치에서 예수님에게 그런 부탁을 하고, 종들에게는 예수님의 명령대로 하라고 지시한 것이다. 마리아는 하나님의 능력을 믿었고 그 아들도 능력이 있음을 알았다. 그리고 그 능력을 알고 권장했지 서기관이나 바리새인들처럼 귀신들렸다고 하지 않았다.

마리아는 예수님이 십자가에 돌아가실 때 마지막까지 자리를 지켰다(요 19:25-27). 그리고 승천하신 후에는 다락방에서 제자들과 마음을 같이 하여 기도하는 자리에 있었다(행 1:14).

마리아는 아브라함의 아내로 이삭을 낳은 사라, 이삭의 아내 리브가, 왕후 에스더 등과 함께 인류 역사상 최고의 여성이라 할 수 있다. 우리가 사는 시대에 이런 여성을 만나는 것은 쉽지 않은 일이다.

2장

세례 요한과의 관계

본문 누가복음 1:39-43

1. 뱃속에서부터(47절)

제사장 사가랴의 아내인 엘리사벳이 아이를 가졌다. 그 아이가 세례 요한이다. 어머니의 복중에 있었던 세례 요한은 성모 마리아가 그의 집을 방문하고 인사하는 소리를 듣고는 복중에서 뛰놀았다. 어머니 복중에 있었으면서도 마리아의 복중에 계신 아이가 예수 그리스도이신 것을 알았기 때문이다(눅 1:39-43).

이것은 세례 요한이 태아 때부터 영적으로 뛰어났다는 것을 보여준다. 그는 단순히 6개월 된 태아가 아니었다. 세례 요한은 영적으로 볼 때 속사람이 성인이었고, 하늘에서 보내진 영적으로 귀한 존재였기 때문이다. 그 밖에 다른 어떤 설명으로는 불가능하다.

세례 요한과 같이 태아가 태아를 알아보고 뛰는 일은 세상에 흔한 일이 아닐 것이다. 그러므로 요즈음 이런 사람이 주변에서 보이지 않는다고 해서 세례 요한에 대한 기록을 의심한다면 그것은 어리석은 일이다. 지금은 메시아이신 예수님이 어린아이로 태어나실 리가 없기 때문이고, 그렇기 때문에 세례 요한 같은 어린아이도 필요치 않다.

하지만 종말이 가까운 마지막 시대에는 세례 요한 정도는 아니지만 영적 능력이 탁월한 사역자들을 하나님이 많이 보내실 것이다.

2. 세례 요한의 부모

위대한 부모에게서 위대한 사람이 나오는 법이다. 세례 요한의 아버지는 레위 지파의 제사장인 사가랴이다. 사두개인이 성전 운영권을 가진 시절이었지만 그는 열심히 성전 봉사에 임했던 사람이었다.

그는 주의 사자가 성전 향단 우편에 선 것을 보고 놀라고 무서워했으나 영안이 열렸다(눅 1:12). 그는 성전에서 봉사한 제사장이었다. 그는 자기가 체험한 영적 현상을 그대로 받아들였다. 그는 천사가 아내 엘리사벳이 아들을 낳을 것이란 말을 믿지 못하였으나, 천사가 자신에게 나타났을 때 천사 자체를 믿지 못한 것은 아니었다.

예수님 당시 종교 지도자들의 영적 수준이 별로 높지 않은 것을 볼 때 사가랴의 영적 수준은 대단한 편이었다. 대부분은 자기 앞에 주의 사자가 나타났는지 안 나타났는지도 몰랐을 것이다. 그 당시는 영과 부활을 믿지 않는 사두개인들이 활개치고 활동하던 시대라 천사가 나타났을지라도 믿지 않았을 것이었다. 사가랴가 만일 영을 믿지 않는 사람들에게 천사와 대화를 나누었다고 말했다면 그는 졸지에 이상한 사람으로 몰렸을 것이다. 이처럼 영적으로 메마른 풍토 속에서 영적인 사람은 숨이 막힌다.

하지만 제사장 사가랴는 영적인 믿음의 사람이었으며, 성전에서 반차에 따라 봉사한 충성된 사람이었다. 그의 아들인 세례 요한도 특별한 일이 없다면 제사장의 일을 충실히 감당할 수 있도록 잘 키워서 자격을 갖추게 했을 것이다.

어머니 엘리사벳은 레위 지파 아론의 후손이었으며 하나님 앞에서 의로운 사람이었다(1:5-6). 엘리사벳이 예수님의 어머니 마리아와 친족관계였으므로(1:36) 예수님과 세례 요한은 가까운 사이다. 세례 요한과 예수님은 친척 관계라고 할 수 있으며, 모두 영적으로 명문가 출신이라 할 수 있다.

3. 세례 요한은 예수님을 높였다

예수님이 세례 요한에게 세례를 받으시려고 나아오실 때 그는 예수님을 가리켜 "보라 세상 죄를 지고 가는 하나님의 어린 양이로다"(요 1:29)고 하였다. 또한 세례를 베풀 때 "성령이 비둘기 같이 하늘로부터 내려와서 그의 위에 머물렀더라"(요 1:32)고 했다. 그리고 예수님을 하나님의 아들이라고 증언했다(요 1:34).

세례 요한은 당시 일반 백성들에게 영적으로 최고의 지도자였다. 그는 어머니 복중에 있을 때부터 영안이 열린 사람으로 오직 예수 그리스도를 공증하였다. 그는 신부를 취하는 자는 신랑이라고 하면서(요 3:30) 사람들이 예수님께 가는 것을 허락했다. 예수 그리스도만이 진정한 신랑이라는 뜻이었다.

모든 교회와 성도는 주님만 바라보아야 할 신부다. 오늘날 한국 교회가 배워야 할 것은 목회자들이 세례 요한처럼 중매쟁이 역할을 잘 해내야 한다는 것이다. 목회자나 지도자는 예수님을 사람들에게 소개하고 안내하는 역할을 잘해야 하는데, 예수님을 소개하는 듯하다가 자기와 자기 교회를 소개하고 자기에게 오라고 하는 경우가 있다. 자기가 주인공이고 신랑인 듯 행동하려는 것이다. 이것은 예수님을 이용하여 자신을 드러내려는 옳지 못한 행동이다.

또한 성도들도 주님을 바라보는 데 힘쓰지 않고 눈에 보이는 목회자나 지도자를 과도하게 따르기에 이런 문제들이 부추겨지고 있는 것이다. 목회자들과 지도자들은 성도들이 예수님께 가는 것을 가로막아서는 안 된다.

천국을 본 사람들의 말을 들어보면 천국 집에는 여러 공간이 있지만 신방이 따로 있고, 그 탁자에는 의자 2개와 찻잔 2개가 있는데, 꼭 두 사람분만 있는 것은 신랑이신 예수님과 신부의 것만 준비되었기 때문이라고 한다.

세례 요한은 또한 자신이 어떻게 살아야 할지를 알았다. 그는 주님을 바라보면서 "그는 흥하여야 하겠고 나는 쇠하여야 하리라"(요 3:30)고 말했다. 철저한 자기부인인 것이다. 인간의 욕심으로는 '내가 흥하고 예수님이 쇠했으면' 할 것이고, 조금 마음이 넓다 하더라도 '예수님도 흥하고 나도 흥하면 좋을 텐데' 하겠지만 그는 그렇지 않았다.

또한 세례 요한은 자신을 예수님과 비교하면서 "그의 신발 끈을 풀기도 감당하지 못하겠노라"(막 1:7)고 하였다. 자기 자신을 예수님과 조금도 비교할 수조차 없는 종 가운데 종으로 표현한 것이다. 오늘날 주의 일꾼들은 이 점을 명심해야 한다. 우리는 죽도록 주님께 충성하고도 주님 앞에서는 "죄인 중의 죄인입니다" 하고 무릎을 꿇어야 한다.

4. 세례 요한은 광야 성전의 제사장이다

세례 요한은 심령이 강하여지며 이스라엘에게 나타나는 날까지 빈들에서 지냈다. "아이가 자라며 심령이 강하여지며 이스라엘에게 나타나는 날까지 빈들에 있으니라"(눅 1:80). 세례 요한은 어려서부터 심령이 강하였다. 보통 아이들과 달리 심령이 강하였기 때문에 어린아이처럼 칭얼거리거나 다른 사람을 의지하지 않았다. 그러므로 광야에 나갈 수 있었다.

이 말은 당시의 어린이나 젊은이들의 심령이 강하지 못했다는 뜻이고, 세례 요한과 정반대의 삶을 살았을 가능성이 크다고 하겠다. 어쨌든 이것은 좋은 의미이다.

사무엘 선지자가 어릴 때부터 에브라임 지파이지만 자신의 집을 떠나 성전에서 지냈던 것과 같은 구별된 생활을 했다. 어릴 때부터 준비가 되어 있었던 것이다. 교회사적으로 위대한 인물의 대부분은 어릴 때부터 준비된다.

세례 요한은 레위 지파이기에 원래 그는 예루살렘 성전에 있어야 할 제사장의 아들이었지만 빈들에서 자랐고 빈들을 성전으로 삼았다. 제사장인 아버지 사가랴가 아들을 빈들로 보낸 것이었다. 그것은 당시 예루살렘 성전에 부정적 요소가 많았기 때문이었다. 당시 성전의 상황이 어떠했는지를 우리는 역사적 문헌이나 성경에 나타난 예수님의 행동을 통해서 짐작할 수 있다.

예수님은 십자가에 달리시기 바로 전 성전에 들어가셔서 상들을 뒤엎으셨다. 이런 성경의 증언을 통해 당시의 성전이 얼마나 악취로 진동했는지를 짐작할 수 있다.

어린 세례 요한에게 성전은 가까이 해도 배울 것이 없는 곳이었고, 오히려 그가 부정적인 것을 보고 들었을 가능성이 있다. 아버지의 뜻을 따라 그는 빈들에서 젊음을 보냈고 메뚜기와 석청을 먹고 살았다. 자기 또래들과 어울릴 생각조차 하지 않았다. 그는 하나님과 깊은 교제를 나누며 장성해 나갔다.

그는 때가 되자 빈들에서 설교하고 세례를 베풀면서 영적 제사장의 일을 했다. 세례 요한은 광야 성전의 제사장이다. 특히 그는 회개를 외쳤다. 그가 일하는 성전은 눈에 보이지 않지만 하나님이 함께하시는 영적 성전이다. 그리고 회개를 외치던 그 광야 성전에 성전의 본체이시며 대제사장이신 주님이 오셨다.

그가 광야 성전에서 세례를 베풀 때 많은 백성이 나왔지만 바리새인과 서기관들은 세례도 받지 않았다(눅 7:30). 그리고 오히려 세례 요한이 떡과 포도주를 먹지 않으므로 귀신들렸다고 비판했다(눅 7:33). 세상을 멀리하고 성전의 거룩함을 회복하려는 영적인 몸부림을 귀신들린 사람의 몸부림으로 본 것이다.

성전의 본체이신 예수님도 귀신들렸다는 말을 들었으니(요 10:20), 성전의 거룩성을 회복하려던 두 분이 모두 귀신들린 자의 대우를 받은 것이었다.

5. 세례 요한이 예수님에 대한 소문을 들었다

예수님은 많은 기적과 이적을 행하셨다. 그 중 하나가 나인성 과부의 아들을 살리신 일이다(눅 7:14). 그 아들은 과부의 독자였기에 그녀는 죽은 아들로 인해 더욱 슬피 울었다. 주님은 그 여인을 불쌍히 여기셨는데 그분은 이처럼 이 땅의 사람들에게 관심이 많으시다.

이런 큰 이적과 기적들에 대한 소문이 온 유대와 사마리아와 사방으로 퍼졌는데, 예수님이 태어나실 때는 알아본 사람들이 별로 없었지만, 이런 치유의 소문을 통해 예수님이 능력자이자 선지자라는 소문이 퍼져 많은 사람들이 알게 되었다. 세례 요한은 시간이 지나면서 예수님이 초인적인 역사를 일으키신 소식을 들으며 주님의 존재를 신뢰했다.

6. 세례 요한은 고통당할 때 회의가 생겼다

당시 세례 요한은 헤롯을 비판한 죄로 감옥에 갇혀 있었다. 세례 요한은 담대하게 회개를 선포했고, 특히 헤롯 왕이 아내를 취할 때 잘못한 부분까지 말한 것은 선지자로서 제사장으로서의 소임을 다한 것이었다. 한편 그의 담대함은 예수님을 의지하고 믿었기 때문이라고 볼 수 있다. 예수님이 그의 큰 힘이요 배경이었다.

그러나 그가 감옥에 갇혀 있는 동안 예수님이 그를 구해주시기 위해 어떤 행동도 취하지 않으셨기 때문에 그는 고통 속에서 예수님을 의심했다. 자신에게 회개를 외칠 사명은 있었지만 더 크신 예수님의 능력을 믿고 예수님만을 그렇게 높였는데 예수님은 자신을 건져주시지 않으니 의심이 든 것이었다.

예수님이 많은 기적과 이적을 행하신다는 소문도 들었고, 많은 사람이 주님을 따랐기에 주님은 실제로 힘이 있으신 것이었다. 세례 요한이 그 동안 수도 없이 예수님께 말한 것이 사실이 된 것이었다.

그러므로 예수님이 자기가 증거한 대로 그리스도시라면 군중을 동원하든지 아니면 제자들을 무장시켜서라도 당장 헤롯에게 달려와 그를 벌주고 감옥에 있는 자기를 건져줄 것이라고 생각했던 것이다. 세례 요한의 의심은 자기와 관련하여 주님이 자신의 기대에 미치지 못했기 때문이었다.

그래서 자신의 제자들을 예수님께 보내어 "오실 그이가 당신이오니이까 우리가 다른 이를 기다리오리이까"(마 11:3, 눅 7:19)라고 물은 것이었다. 세례 요한은 예수님이 자신의 구명을 위해 어떤 일이라도 해주실 것을 기대했다. 그러나 투옥된 시간이 길어지면서 회의가 찾아왔기에 이와 같은 질문을 한 것이었다.

누구에게나 약한 부분이 있는데 세례 요한의 약점은 바로 여기에 나타나는 대로 '의심'이었다. 그에게는 '의심의 영'이 많은 편인데 아버지인 사가랴도 의심이 많았다. 천사가 사가랴에게 나타나서 아내 엘리사벳이 아들을 낳을 것이라고 했는데, 그는 의심이 많아 천사의 말을 믿지 못하여 아들이 태어날 때까지 벙어리가 되었다. 의심이 컸기 때문에 내린 하나님의 벌이었다(눅 1:20).

세례 요한의 집안은 의심이 많았다. 위대한 인물들도 완전할 수는 없다. 부자가 모두 열심히 하나님의 일을 했음에도 의심의 영에 의한 영향을 완전히 떨쳐버리지 못했다. 그러나 의심이 있다고 해서 천국 보좌나 상급에 큰 지장을 주는 것은 아니다. 인간은 누구나 허물이 있다.

7. 예수님은 자신이 메시아이신 증거를 보이셨다(마 11:2-6)

예수님은 세례 요한의 제자들이 찾아오자 "가서 보고 들은 것을 고하라"고 분명히 말씀하셨다. 예수님이 그들에게 보이신 것은 소경이 보고, 앉은뱅이가 걸으며, 문둥병자가 깨끗함을 입고, 귀머거리가 들으며, 죽은 자가 살아나고, 가난한 자에게 복음이 전파된 것이었다.

희망 없이 살아가던 병들고 가난한 사람들에게 복음이 전파되어 그들의 문제가 해결되고, 희망과 은혜가 넘치는 삶을 살게 되었다. 이런 신적인 역사는 예수님이 약속된 메시아시라는 사실이 분명하다는 뜻이다.

사실 이 중에 어느 것 하나도 쉽게 해결될 수 있는 문제가 아니다. 당시 서기관이나 제사장들은 이 중 어느 한 가지도 해결해줄 수 없었다. 그러나 예수님은 이런 수많은 난제들을 능력과 말씀으로 무엇 하나 걸림이 없이 풀어 보이셨다.

주님은 세례 요한에게 내게는 생명이 살아나는 역사가 있는데 너를 감옥에서 꺼내주지 않는다고 의심하지 말 것을 말씀하셨다. '내가 바라던 문제가 해결되지 않는다'고 지금 수많은 사람들에게 나타나는 생명의 역사가 의심받을 수 없다는 말씀인 것이다. 주님은 이를 통해 "나로 인해 실족하지 말라, 나 믿다가 낙심하지 말라"라고 확실하게 보여주신 것이다(눅 7:23 참고).

예수님은 너무 큰 분이시고 뜻이 깊기 때문에 인간이 이해하지 못하거나 믿지 못하는 일들이 있다. 세례 요한처럼 "여자가 낳은 자 중에 가장 큰 선지자"(눅 7:28)도 "왜 감옥에서 나를 건져주지 않느냐"고 주님을 의심하였다. 세례 요한도 어쩔 수 없는 죄인이고 악한 영이 그 속에서 의심하도록 역사한 것이었다.

세례 요한이 죽고나서 주님은 비로소 힘 있게 일하셨다. 그리고 세례 요한의 제자들이 대거 예수님의 제자가 되는 등 영적 리더십이 예수님 한 분께만 집중되었다. "그는 흥하여야 하겠고 나는 쇠하여야 하리라"고 말한 세례 요한의 예언은 이렇게 이루어졌다. 세례 요한은 예수 그리스도의 가시는 길을 닦은 영적 지도자였다.

3장

예수님의 탄생을 알게 된 사람들

본문 마태복음 2:1–18, 누가복음 2:1–39

예수님이 아기로 탄생하셨을 때 아기를 대하는 사람들의 입장이 각각 달랐다. 예수 그리스도의 탄생을 환영한 사람도 있고, 무관심한 사람, 핍박한 사람도 있었다.

1. 동방으로부터 박사들이 찾아왔다(마 2:1–2)

동방에서 별을 연구하던 박사들은 별의 움직임을 통해 예수님의 탄생을 알고 이스라엘까지 찾아왔다. 이들은 이방 나라의 별 연구가들로서 이스라엘의 본 자손이 아니었다. 그럼에도 예루살렘 성에 와서 "유대인의 왕으로 나신 이"를 찾았다. 유대인의 왕이 탄생하신 소식을 그 많은 유대인도 모르고 있을 때, 멀리 이방에서 먼저 알고 찾아온 것이 참으로 신기하다.

박사들이 왕을 찾은 목적은 왕에게 경배하기 위해서였고, 실제로 이들은 자신들이 찾던 왕이신 예수님을 만났을 때 예물을 드리며 경배했다.

이들은 처음 찾아간 예루살렘에서 왕을 찾지 못하였으나 끝까지 포기하지 않고 베들레헴까지 가서 왕을 만나고는 황금과 유향과 몰약을 드리고 경배했다. 그러므로 예수 그리스도는 유대인을 위해 오셨지만 본 자손들은 대부분 외면했고, 실제로 이방인의 빛이 되시므로 이방 사람들이 먼저 알아보았다.

2. 헤롯 왕이 예수님의 탄생을 들었다(3절)

동방에서 찾아온 박사들은 헤롯 왕과 예루살렘 사람들에게 예수님의 탄생 소식을 전했고, 그들의 말을 들은 사람들 사이에 소동이 일어났다. 이방인 박사들도 알고 있는 유대 왕의 탄생을 유대 사람들이 전혀 모르고 아무 준비도 없었다는 것은 아이러니다. 유대 땅에 태어나신 예수님의 탄생을 이방인들이 먼저 알고 유대 자손들에게 가르쳐주었다.

이에 헤롯 왕은 유대 나라의 대제사장과 서기관들을 모아 그리스도가 어디서 나겠느냐며 물었다(4절). 이들은 즉시 유대 땅 베들레헴에서 그리스도가 나실 것이라 예언된 것을 말하였다.

헤롯 왕은 이방의 박사들에게 그리스도를 찾거든 가만히 자기에게 고하라고 명하였다. 자기도 그에게 경배하기 위해서라고 말했지만 이것은 거짓말이었다. 헤롯은 유대인의 왕이란 말을 듣고 그리스도를 자기 권력의 방해꾼으로 생각했다. 자신이 유대 지역을 다스리는 왕이었기 때문이었다.

그는 예수 그리스도가 장차 자신의 정치적 라이벌이 되어 나타날 것을 두려워했으며, 하나님이 보내신 유대인의 왕을 죽이려고 했다. 헤롯에게는 진리가 중요한 것이 아니라, 자신에게 이익이 되느냐 안 되느냐가 중요한 것이었기 때문이다. 세상 사람들은 진리란 자신들에게 이익이 되어야 진리라고 생각하는 경우가 많다.

박사들이 탄생하신 예수님을 경배한 후 헤롯에게 가서 알려주지 않고 다른 길을 택해 고향으로 돌아가자, 헤롯은 그 지역에 살던 두 살 이하의 모든 사내아이를 죽이라고 명령했다(2:16). 아마 동방박사들로부터 예수님이 계신 곳이 어디인지 말을 들었다면 그 예수님만 죽이려고 했을 텐데, 어떤 아이가 유대인의 왕인지 알 수 없게 되자 그때 즈음에 태어난 모든 사내아이를 죽인 것이었다.

3. 제사장 서기관들도 이론적으로는 알았다(4-6절)

제사장들과 서기관들은 공식적인 종교지도자들로서 탄탄한 조직을 형성하고 있었다. 제사장들과 서기관들은 구약 성경 미가 5장 2절의 연구를 통해 '그리스도가 베들레헴에서 나실 것'이란 사실을 알고 있었다. 그들은 그리스도가 어떤 사람인지, 어떻게 오실 것인지도 알고 있었다. 그러나 그들은 그리스도의 탄생 소식을 맨 먼저 세상에 알리지 못하고 뒤늦게 동방박사들의 말을 듣고서야 알았다.

이해되지 않는 것은 그들은 동방박사들처럼 베들레헴에 가지도 않았고, 그리스도의 탄생 소식을 기뻐하지도 않았다. 그것은 그들의 영적 지식이 부족함으로 인한 기현상이었다. 그들은 설혹 주님께 갔더라도 성경에서 예언된 메시아와 아기 예수님을 연관시키지 못하고 번민했을 것이다.

4. 베들레헴 주민들(눅 2:7)

요셉은 임신한 아내 마리아와 함께 호적을 위해 갈릴리 나사렛에서부터 며칠간 여행한 후 고향인 베들레헴에 도착했다. 요셉이 다윗의 집 후손이었기에 다윗의 동네인 베들레헴에 온 것이었다. 그러나 모처럼 고향을 방문해서인지 요셉과 임신한 마리아를 환영하는 사람은 없었다.

산모이지만 여관을 잡지 못해 짐승이 눕는 구유에서 마리아는 예수님을 낳았다. 미가 선지자가 베들레헴은 구주가 나실 동네로 예언했음에도(미 5:2), 베들레헴 주민들은 메시아를 맞을 영적인 준비가 되어 있지 못했다.

그것은 그 아이가 진정 메시아인지 인간의 지식으로는 분별하고 확인할 수가 없었기 때문이다. 그러므로 메시아의 탄생을 받아들이지도 못하고, 그렇다고 아니라고 부인도 못했다. 따라서 이들은 어린 예수님을 환영할 수 없었다. 동방박사들과 목자들의 방문 소식을 들으면서 그들도 상당히 고통스러웠을 것이다. 성경을 지식적으로만 알아서는 영적 열매를 거둬들이기 어렵다.

5. 목자들이 천사들을 통해 들었다(눅 2:8)

양을 치던 목자는 당시에는 일반적인 직업이었다. 백성의 상당수가 양이나 소를 기르고 있었다. 그 지역의 목자들 중에 어떠한 사람들이 밤에 양을 지키고 있었는데 영광 가운데 천사가 나타나서 그리스도의 탄생 소식을 전해주었다. 목자들은 천사의 말을 믿고 양들을 놓아둔 채 달려가 아기 예수님을 찾았고 만났다.

그들은 성경을 통해 배워왔던 메시아 탄생을 천사가 가르쳐주는 신비한 경로를 통해, 그 탄생의 자리를 찾아가 메시아를 만나는 복된 체험을 하게 되었다.

천사들이 제사장들과 서기관들에게는 나타나지 않은 것은, 그들은 영적인 것에 힘쓰지 않았고 학문적 이론에 치우쳤기 때문이었다. 아마도 그들에게 천사가 나타났다면 그런 영적 현상을 받아들이지 못하고는 '내가 무엇을 잘못 보았나' 하면서 찬물에 세수를 했을지도 모른다.

목자들은 제사장들이나 서기관들처럼 성경이나 율법서적들을 가까이 하거나 연구를 전문적으로 하지 않았지만, 자연과 벗하며 목자의 일을 하면서 자연히 영적이 되었다. 그런 준비된 사람에게 천사들이 나타났고 그리고 천사가 말한 내용까지 믿게 되었다. 아무것도 모를 것 같은 대중들이 지식적인 사람들보다 오히려 영적이며 순수한 경우가 많다.

6. 예루살렘에 시므온이란 사람이 있었다(눅 2:25)

시므온은 예루살렘에 살던 의롭고, 경건하며, 이스라엘의 위로를 기다렸던 사람이다. 그는 그리스도를 보기 전에는 죽지 아니하리라는 성령의 지시를 받았다. 그에게는 성령이 늘 함께하셨다.

이런 지시를 받을 수 있는 사람은 예나 지금이나 많지 않다. 그만큼 시므온은 영적인 사람이다. 이런 사람은 하늘나라에서 보좌 앞에 가까이 갈 수 있는 존귀한 신분이라고 할 수 있다.

그는 메시아의 등장을 늘 고대하다가 어린아이 예수님이 성전에 오신 날, 또다시 성령의 감동으로 성전에 들어가서 예수님을 만나보았다. 그러고는 조금도 주저하지 않고 "이방을 비추는 빛이요 주의 백성 이스라엘의 영광이니이다"(32절)라고 말했다.

예수님을 보는 즉시 메시아이신 사실을 알아본 것을 보면, 그는 영안이 열렸던 것으로 보인다. 성령이 그 위에 계시니 이런 영적 분별력이 있게 된다. 영안이 열리면 메시아, 천사, 택한 자, 사탄의 실체, 사탄에게 붙잡힌 자 등을 알 수 있다. 시므온은 영성가이기에 서기관, 제사장보다 더 영적이다. 이 시대에도 영성가는 얼마든지 있다.

7. 안나 여선지자도 예수님을 만났다(눅 2:36)

안나는 아셀 지파의 사람으로 여선지자였다. 7년 결혼 생활 후 과부가 되었는데 84세가 되었다. 그녀는 성전을 떠나지 않고 주야로 금식하며 기도했고 마침내 어린 예수님을 만났다. 그는 예루살렘의 속량을 바라는 모든 사람에게 주님에 대해 말했다(37-38절).

이 여선지자도 주님을 만나는 즉시 알아보았으니 영안이 열렸다. 세상을 멀리하고, 성전을 가까이하고, 성전 중심으로 산다면 영적인 사람이 될 수밖에 없다. 또한 성전 속에서 살았으니 성전 되시는 예수님을 알아보는 것은 당연하다.

이렇게 안나 선지자처럼 사는 사람은 어느 시대이든지 소수이다. 만일 지금도 이렇게 세상과 단절하다시피 하며 성전에서 거룩하게 산다면 안나 선지자와 같이 영적인 사람이 될 것이다. 안나 선지자와 같이 경건하게 살지 못하면서 그렇게 거룩하게 사는 사람의 영적인 체험을 인정하지 못하는 경우가 있다면 이는 어리석은 일이다.

주님이 나신 때에 주님의 탄생을 알게 된 사람들은 한결같이 신비한 체험을 했다. 별의 인도를 받았고, 천사로부터 소식을 들었으며, 성전에서 기도하다가 영안이 열려서 성령님의 감동으로 주님을 만나고 알아보았다.

누구나 믿음이 크기를 바라지만 주님을 실제로 만나고 체험할 때 진정한 믿음을 갖게 된다. 역사적으로 보면 조직에서 자유로웠던 사람들이 영적으로 깊이가 있으며, 예수님을 알아본 사람도 역시 기득권을 가지고 있는 사람들이 아니었다.

주님을 만나거나 깊은 영적인 체험을 하기 원한다면 모든 지식과 선입견을 내려놓고 성경에 나타난 하나님의 말씀을 믿고 나아가야 한다. 나를 비우면 주님이 나에게 깊이 오신다.

2부 | 갈릴리 전도

4장

출신지 문제

본문 누가복음 4:24-30

1. 고향에서 배척을 받으셨다(24절)

예수님은 자라나신 고향 나사렛 회당에서 말씀을 증거하셨다. 그들은 은혜로운 말씀에 놀라면서도 "이 사람이 요셉의 아들이 아니냐" 하며 조금은 의아하게 생각했다. 그때 주님이 "선지자가 고향에서는 환영을 받는 자가 없느니라"고 하셨다.

당시 고향인 나사렛 사람들은 예수님의 아버지나 어머니 그리고 형제자매들에 대해 잘 알고 있었다. 물론 예수님에 대한 많은 정보도 가지고 있었다. 자신이 너무 잘 알고 있다고 생각하는 사람이 자신이 모르는 말을 하거나 자신이 생각하는 이상으로 높아지면 받아들이기 힘들어진다. 이것이 인간의 속성이다.

2. 과거에도 이방 사람들이 오히려 문제를 해결받았다(26-27절)

주님은 자신을 잘 믿어주지 않는 동네 사람들에게 두 가지 중요한 역사적 사건을 말씀하셨다. 엘리야 시대에 3년 6개월 동안 비가 오지 않았는데 흉년으로 이스라엘 자손들이 고통을 받았다. 그 시대에는 아합 왕이 나라를 다스리며 백성들을 억압하고 힘들게 했기 때문에 백성들은 정치적으로나 종교적으로나 물질적으로 오랜 세월 견디기 힘들었다.

이런 와중에 이스라엘의 변방인 시돈 땅에 있는 사렙다의 과부가 이스라엘의 선지자 엘리야를 집에 모시며 극진히 대접했다. 이방 사람이 이스라엘의 선지자를 귀하게 보고 섬긴 것이다. 그후에 사렙다 과부는 엘리야에게 도움을 받아 집에 양식이 끊어지지 않았다.

특별히 시돈 지방은 이방 땅이면서 당시 악명 높았던 아합 왕 시대의 왕후 이세벨의 출신지로서 이스라엘 사람들이 많은 원한을 가진 지역이었다. 이스라엘 사람들은 왕후 이세벨 때문에 시돈 지방을 업신여기고 욕을 했지만 그곳 출신이 오히려 엘리야를 알아보고 섬겼다. 그리고 엘리야는 시돈 여자에게 은혜를 베푼 것이었다. 이는 이스라엘 백성의 자존심을 상하게 하는 일이었다.

그런데 주님은 이 역사적 사실을 다시 들추어내셔서 엘리야가 같은 민족으로서 가깝다고 생각되는 수많은 이스라엘 과부는 거들떠보지 않고 오직 시돈의 과부 한 사람에게만 찾아가 은혜를 베풀었다고 하셨다. 그들의 나라인 이스라엘의 많은 과부는 하나님의 종에게 어떤 은혜도 받지 못했다는 사실을 강조하셨다.

엘리사 시대에도 엘리사를 잘 안다고 생각한 이스라엘 사람 중에 나병으로 고생하는 사람들이 많이 있었지만, 본 자손은 한 사람도 고침 받지 못했고, 엘리사 선지자를 모를 것 같은 오직 수리아의 나아만 장군이 나병을 고침 받았다.

특별히 수리아의 장군 나아만은 항상 이스라엘을 쳐들어와 크게 괴롭힌 사람이었기 때문에 그가 엘리사 선지자를 통해 고침 받은 것은 이스라엘 사람들의 자존심을 상하게 했다.

가까운 곳에 살던 본 자손들은 선지자 엘리사에게 나아오기 쉬우므로 더 쉽게 고침을 받았을 텐데, 먼 나라에서 예물을 듣고 찾아온 나아만 장군만 은혜를 입은 것이었다. 주님은 묘하게도 치료받지 못한 본 자손과 치료받은 이방인을 비교하셨다.

그 당시 이스라엘 백성들이 하나님께 사랑받지 못한 중요한 이유는 엘리야와 엘리사 선지자를 그들 나라 출신 선지자임에도 크게 존경하고 따르지 않았기 때문이었다. 그리고 그에게 찾아와서 어떤 병이든, 어떤 중요한 문제든 의논하지 않았다. 선지자로서 믿고 따르지 않은 것이었다. 그러므로 그들은 사랑을 받을 수 없었다. 이 말을 들은 유대인들은 주님께 분노했다.

3. 꼭 본 자손이어야 한다는 편견을 버리자

예수님이 하시고 싶은 또 하나의 말씀은 변방 출신도 믿음이 있다는 것이다. 사렙다 과부와 나아만 장군은 둘 다 본토 자손이 아닌 이스라엘 접경의 이방 사람들이었다. 그리고 더 기가 막힌 것은 이스라엘을 괴롭힌 원수 나라 출신이었다. 그런데 그들이 하나님의 사랑을 받았다. 그들에게 믿음이 있었기 때문이다.

예수님도 이스라엘의 변방 나사렛이 고향이셨고, 나사렛에서 무슨 선한 것이 날 수 있겠느냐는 말을 들으셨다. 주님은 동네 사람들이 이방 출신에 대해 무시하고, 역시 나사렛 출신인 자신을 무시했기에 그들의 시각을 교정시켜주셨다.

마태복음 8장 11-12절에서 주님은 백부장의 믿음을 칭찬하시고는 "동서로부터 많은 사람이 이르러 아브라함과 이삭과 야곱과 함께 천국에 앉으려니와 그 나라의 본 자손들은 바깥 어두운데 쫓겨나 거기서 울며 이를 갈게 되리라"고 하셨다. 하나님을 잘 믿을 수 있는 환경에 있는 사람에게 믿음이 없고, 하나님을 잘 모를 것 같은 사람에게 믿음이 있는 경우가 많다.

4. 사랑 받아야 본 자손이다

예수님은 본 자손들도 받지 못한 은혜를 이방 사람들이 받은 것을 이야기하시면서 의도적으로 아픈 부분을 꼭 집어 상처받을 말을 하신 것이다. "너희 본 자손이 하나님께 무슨 사랑을 받았느냐 사랑 받아야 본 자손이지"라고 말씀하신 것이다.

주님이 항상 온유하고 사랑 많으신 분이라고만 생각하는데, 주님은 때로 이렇게 사람들이 충격을 받도록 정곡을 찔러서 말씀하시기도 한다. 그래서 분노한 본 자손들은 예수님을 동네 밖으로 붙들어 나가서 낭떠러지 아래로 밀어버리려고 했다(29절).

예수님은 이런 집단 살인 행위로부터 몸을 피하셨다. 이스라엘 사람들이 그렇게 화가 난 것은 예수님이 자신들을 그토록 민족적으로 미워하는 이방 나라 시돈과 수리아 지역의 사람들과 비교하고는 그들보다 믿음이 부족하고 은혜를 많이 받지 못했다고 말씀하셨기 때문이다.

그들은 이론으로 예수님을 이길 수 없었다. 주님이 말씀하신 내용이 역사적인 사실이기 때문이다. 그러나 이스라엘 백성들은 수긍하지 않았고,

역사적 사실에 입각한 이론을 포기한 채 이제는 집단적으로 연합하여 힘으로 예수님을 공격했다.

주님은 사악한 곳, 쓰레기통 같은 데서 일꾼을 선택하여 쓰시고 은혜를 베푸신다. 주님 자신도 나사렛 출신이시다. 악한 가문, 무당 가문이라고 낙심할 필요가 없다. 삼사 대 믿은 가정이라도 하나님의 사랑을 받았는지가 중요하다.

5장

이렇게 기도하라

본문 마태복음 6:8–13

유대인은 어릴 때부터 성경을 배우고 기도를 해왔다. 그런 종교 모범생 같은 그들에게 주님이 새롭게 기도를 가르친다고 하신 것은 상식적으로 말이 되지 않을 수 있다. 그들은 자신들이 이미 기도 전문가라고 자부하고 있었기 때문이다.

그러나 예수님의 시대는 기도에 문제점이 많은 시대였다(5–8절). 그러므로 주님은 기도가 무엇인지를 본 뿌리부터 다시 가르치신 것이다. 그들의 가장 큰 문제는 '사람에게 보이려고' 기도하는 것이었다.

기도란 하나님과 택한 성도와의 영적인 대화의 통로인데, 하나님을 바라보지 않고 사람에게 보이려고 했다는 것은 이미 기도가 아니다. 외형적으로는 기도의 형태를 취했으나 내용이 잘못되었기 때문에 엄밀한 의미에서 기도의 범주로부터 벗어난 이상한 형태가 되었다. 변질된 기도요 왜곡된 기도다.

1. 문제 있는 기도

첫째, 유대인들은 외식하는 기도를 많이 했다(5절).

사람에게 보이고 자랑하고 과시하고 광고하기 위해 기도했다. 따라서 효과적으로 그 목적을 달성하려면 사람이 많아야 하기 때문에 의도적으로 사람이 많이 있을 만한 곳을 찾아다녔다. 그래서 회당과 큰 거리 어귀 같은 곳으로 가 사람이 많이 보는 앞에 서서 두 손을 들고 기도했다.

그런데 그 당시에는 이런 행위가 크게 비판받지 않고 통했다. 종교가 부패했고 혼돈에 빠졌기 때문이었다.

예수님은 사람들 앞에서 기도한 사람들에게 "자기의 받을 상을 이미 받았다"고 말씀하셨다. 그들의 기도가 가짜라고 하지는 않으셨다. 기도의 정의는 하나님과의 대화이므로 외식적인 그 기도도 하나님의 이름을 불렀으므로 형태로는 기도인 것이 맞지만, 기도 응답으로 말미암는 하나님의 상은 없다는 것이다.

왜냐하면 그들은 하나님이 들으시라고 기도한 것이 아니라 사람들의 칭찬을 듣기 위해 기도했고, 또 사람들이 칭찬했으니 하나님이 주실 것이 없다는 뜻이었다. 사람에게 칭찬 받은 것으로 기도의 목적이 달성되었고 계산은 끝났다.

하나님은 은밀한 중에 만나기를 좋아하신다(6절). 골방에서 하나님과 일대일로 만나야 한다. 그것이 기도이다. 다른 사람은 기도자와 하나님 사이에 끼어들 필요가 없다. 그리고 은밀한 중에 기도한 것을 아버지는 듣고 갚아주신다. 자기의 문제를 남에게 말해보아야 소용이 없고, 오직 신랑과 신부가 단 둘이 만나 대화하듯이 기도해야 거기에 열매가 있다는 뜻이다.

둘째, 그들은 이방인, 즉 하나님을 모르는 자가 하는 기도인 중언부언하는 기도를 많이 했다(7절).

이방 사람들은 말을 많이 하고, 기도 시간도 길어야 효과가 크다고 생각하여 뜻에 의미를 두기보다 그냥 계속 반복되는 말을 했다. 시간만 최대한 길게 끄는 것이었다. 이는 기도를 듣는 신과 기도하는 자와의 감동과 사랑이 없는 기도이고, 인격적 만남이 아닌 별 의미 없이 하는 말이니 염불을 외우는 것과 다를 바 없다.

염불은 의미가 중요한 것이 아니라 소리가 더 중요하다. 외운 것을 멋들어지게 염불하는 것이다. 서로 사랑하는 사람들은 만나서 속삭이는 대화와 교제가 중요하지, 요란한 소리가 중요한 것이 아니다.

이방인은 하나님을 모르기 때문에 이렇게 기도하지만, 하나님의 백성이라는 이스라엘 사람들조차도 하나님을 제대로 알지 못한 채 이렇게 기도하고 있어 실망스럽다. 예수님 당시의 이스라엘 백성은 말로는 본 자손이라고 하지만 실제로는 이방인과 다를 바가 없었다.

셋째, 신랑의 소리를 들으려고 애쓰는 기도가 되어야지, 신부가 자기 말만 한다면 그것은 문제가 된다.

성도들 대부분은 자기 뜻만 전달하는 기도와 떼쓰는 기도에 익숙하다. 금식 기도를 하는 것도, 새벽 기도나 철야 기도를 하는 목적도 대부분 회개하여 깨끗해지고 거룩한 삶을 살려는 것보다는 물질과 능력을 주시고, 자녀들을 축복해달라는 기도이다. 기도는 데모나 깡패가 공갈협박 하듯이 하는 것이 아니다.

기도는 하나님과의 대화이다. 서로 간에 진정한 의사소통이 필수이다. 무엇보다 응답받는 기도가 되려면 나를 깨끗이 하여 하나님이 나에게 말씀하시는 세미한 음성을 들어야 한다. 음성을 들어야 하나님이 나에게 원하시는 것을 들을 수 있고, 그 범주 안에서 내가 또 구할 것을 요청하는 것이다. 기도에 깊이 들어가면 내가 말하는 시간보다 하나님의 세미한 음성에 귀와 마음을 기울이는 시간이 많아짐을 알게 된다. 이러한 기도가 수준 있는 기도이다.

2. 하나님은 우리를 잘 아신다(8절)

하나님은 기도하기 전에 이미 내 형편을 아시고, 내 기도의 내용도 아신다. 그러므로 지나치게 말을 많이 할 필요가 없다. 주님은 내게 필요한 것이 무엇인지 알아서 준비해주시기를 더 원하신다. 그러므로 하나님과 내가 어떤 관계가 형성되어 있는지도 모른 체 떼를 쓰는 기도는 유익하지 않다.

하나님이 나를 탐탁하지 않게 생각하시거나, 내가 구하는 내용에 대해 하나님이 옳지 않다고 생각하시면 아무리 밤을 새며 간구해도 하나님은 허락하시지 않기 때문이다.

하나님의 도우심이 꼭 필요하다면 오히려 진정성을 가지고 자신의 허물을 회개한 후 하나님이 말씀하시도록 자신을 비우고 기다려야 한다.

3. 주님이 친히 기도문을 가르쳐주셨다(9절)

하늘에 계신 우리 아버지여(9절)

하나님은 하늘 보좌에 앉아 계시는 온 우주의 왕이시며 나의 왕이시다. 그런 분이 우리의 아버지시고 우리 생명의 근원이 되신다. 그분이 아니면 우리의 존재란 없다. 하나님이 아버지가 되시기 때문에 우리에게 큰 관심을 가지고 계신다. 그분 안에서 인생은 행복을 누릴 수 있다. 그러므로 우리는 거룩하신 그분만을 섬기고 그분께만 영광을 돌려야 한다.

이름이 거룩히 여김을 받으시오며(9절)

하나님은 창조주이시고, 우리 인생을 지으신 아버지이시며, 우리를 구원하여주시고, 죄가 없는 거룩한 분이시기에 우리는 하나님의 거룩하심을 칭송해야 한다. 하나님의 거룩하심 앞에서 우리는 고개가 숙여지고 겸손할 수밖에 없다.

우리는 성화되기 위하여 하나님의 은혜를 구하고 힘써야 하지만 완전한 거룩함에 도달할 수는 없다. 죄를 깊이 회개하고 세상을 버린다 해도 죽는 순간까지 그 거룩함을 유지한다는 보장이 없고, 그 거룩함도 온전치 않다. 그러므로 죽을 때까지 죄인인 사람은 하나님께만 영광을 돌려야 한다.

인간은 아무리 훌륭한 일을 했어도 영광을 받을 수 없다. 아무리 진리를 발견하거나 위대한 업적을 남겨도 그 공로는 하나님의 몫이다.

나라가 임하시오며(10절)

하나님의 임재를 통한 하나님의 나라가 이 땅과 내 가정과 모든 영역에 임해야 한다. 주님이 오셔서 모든 것을 통치하시는 것이다. 주님의 통치가 이루어져야 모든 것이 정상이 된다. 주의 나라가 임하여지려면 죄를 회개하여 깨끗해져야 한다. 더러움이 사라지고, 부정과 부패가 없어지며, 귀신이 나가고 병이 나으면 그 자리에 하나님의 나라가 이루어진다.

더러운 곳에는 주의 나라가 임하실 수 없다. 만일 하나님이 임하실 깨끗한 공간, 즉 내 몸이나 내 가정이나 내 교회를 깨끗하게 만들지 않고 하나님의 나라가 임하기를 원한다면 그것은 이치에 어긋난다.

하나님의 나라는 큰 나라, 큰 지역만 가리키는 것이 아니고 사람 몸의 아주 작은 부분도 회복되면 그 부분에 하나님 나라가 이루어졌다고 할 수 있다.

뜻이 하늘에서 이루어진 것 같이 땅에서도 이루어지이다(10절)

하나님의 뜻은 이미 하늘에서 계획되었다. 우리 개인이나 단체가 축복을 누리고 정상이 되려면 하늘의 뜻과 땅의 뜻이 같아야 한다. 하늘의 뜻과 땅의 뜻이 다르면 축복의 통로가 열릴 수 없다.

또한 인간의 뜻보다 하늘의 뜻이 우선되어야 한다. 왜냐하면 하나님은 거룩하시고 죄가 없으시기 때문에 계획에 틀림이 없으시다. 또한 우리가 하늘의 뜻대로 움직여야 하나님이 축복하실 수 있다. 그러므로 진실로 기도하기를 원한다면 하나님의 뜻이 자신에게 이루어지길 기도해야 한다.

이 땅은 사탄이 오래전부터 장악하고 있기 때문에 예수님을 믿어도 하나님의 뜻과 사탄의 뜻을 분별하지 못했다. 그런 중에 알게 모르게 사탄의 뜻이 우세하여 하나님의 뜻이 왜곡되고 사탄의 뜻을 하나님의 뜻으로 오인하여 살아가므로 우리 인생과 이 세상이 지옥과 같이 되었다.

우리는 하나님의 계획과 뜻이 이 땅에서, 즉 개인과 교회 그리고 국가와 세계의 구원으로 이루어지기를 기도해야 한다. 하나님의 뜻대로 이 땅이 되어야만 모든 것이 정상이 되고 온전해진다. 자신의 뜻을 하나님께 아뢰고 그렇게 해달라고 하는 것은 순서가 바뀐 기도이다.

오늘 우리에게 일용할 양식을 주시옵고(11절)

우리는 매일 음식을 먹어야 하고 먹지 않으면 죽는다. 또한 우리는 매일 매일 육의 양식과 함께 영의 양식도 공급받아야 한다. 음식을 한꺼번에 몰아서 며칠 분을 먹을 수 없듯이 하늘의 은혜도 매일 매순간 공급 받아야 한다.

특별 집회에 참석하여 은혜를 받았다고 해서 며칠 동안 영적 부분에 소홀하면 어느새 은혜가 사라지고 마음이 강퍅해진다. 그러기에 우리는 영의 양식을 먹기 위해 날마다 힘써야 한다. 하지만 지금의 그리스도인들은 영의 양식을 얻기 위해 크게 힘쓰지 않는다.

오히려 성도들이 세상에서 맛있는 음식을 찾아다니고 있고, 사탄은 우리를 음식으로 먹으려고 우는 사자와 같이 돌아다닌다. 영적으로 보면 사탄과 사람은 영적인 먹이사슬과 같다.

성도 중에는 속사람이 영양 섭취를 못해 말라버린 사람이나, 자라지 못해서 기형이 된 사람이 많다.

우리가 우리에게 죄 지은 자를 사하여 준 것 같이 우리 죄를 사하여 주시옵고(12절)

우리 인간은 아담 이후로 모두 죄인이고 죄의 삯은 사망이다(롬 6:23). 죄로 심판을 받아 죽는다는데 두렵지 않을 수 없다. 어떻게 하든 사람은 하나님의 심판을 피해야 한다. 심판을 피하는 길은 죄를 용서 받는 길이다. 우리는 우리 자신도 하나님께 죄를 용서받고, 다른 사람들도 하나님께 지은 죄든 사람에게 지은 죄든 용서받도록 도와주어야 한다.

우리는 우리에게 죄 지은 자의 죄를 적극적으로 용서해야 한다. 그래야 주님도 우리의 자세를 보고 우리를 용서하신다(14-15절). 다른 사람이 내게 지은 죄를 용서해야 주님이 나를 용서하실 수 있고, 또 진정으로 용서해야 원망과 저주의 마음으로 얼룩지고 더러운 심령 상태가 깨끗해진다.

심령 상태가 더러우면 그곳에 죄가 찾아오고, 악한 영도 그런 곳에 자리잡게 된다. 그러므로 서로의 죄를 용서해야 자신에게 있던 악한 영들이 떠난다.

죄는 빚진 것이라고 할 수 있다. 우리가 죄를 지음으로 인해 빚쟁이들이 우리에게 들어오는 것이다. 빚의 차용증서는 악한 영들이다. 지금 빚쟁이들이 우리 집 안에 들어와서 행패를 부리고 있다. 빚을 갚지 않으면 빚인 악한 세력이 우리 몸과 환경에 그대로 남아 있어 고통을 주므로 우리 자신이 살려면 회개하여 빨리 빚을 갚아야 한다. 회개하는 것이 빚을 갚는 일이다. 하나님께 지은 죄를 철저히 회개한 후 죄책감을 떨쳐내고 당당하게 주님을 바라보아야 한다.

우리를 시험에 들게 하지 마시옵고(13절)

우리 주님도 사탄에게 시험을 받으신 적이 있다. 시험은 괴로운 일이다. 시험을 잘 이긴다면 좋은 열매가 기다리지만 대부분 시험을 이기지 못한다. 시험으로 큰 고통을 당하고 열매는 전혀 없는 억울한 일이 많다.

하늘 상급이 쌓이는 길이 반드시 성도가 시험을 받고 이겨야 되는 것이라면 시험을 받아야 하겠지만, 하늘 상급은 주의 일을 충성스럽게 했을 때 더 크다. 그러므로 시험은 고생한 것에 비해 큰 실익이 없다. 그 이유는 시험이란 주로 나의 죄 때문에 일어나기 때문에 공로를 인정받기 어렵다. 또한 사탄의 공격 때문에 발생하는 경우라고 보여도 깊이 들여다보면 거기에도 죄가 발견되는 것이 대부분이다.

시험의 원인이 어떤 것이든 성도는 시험에 흔들리고 진리에서 떠나면 안 된다. 어떤 경우이든 항상 하나님의 뜻을 이루며 살아야 한다.

성도가 시험을 당하는 경우가 있는데 하나님이 우리에게 시험하시거나 시험을 주시지 않는다. 알아야 할 것은 우리가 죄를 짓지 않으면 시험은 거의 없다.

그러므로 시험에 들지 않게 해달라고 겸손히 요청하는 것이다. 또한 기도의 의미는 '사탄을 우리에게 풀지 마소서, 묶어두소서'라고 기도하는 것이다.

다만 악에서 구하시옵소서(13절)

이 세상에는 많은 악이 있다. 악의 출발은 사탄이다. 그런데 그 악의 바다 속에 사람들은 이미 빠져 있다. 그러므로 사탄에게서 나를 구해달라고 기도해야 한다. 가만히 있다가는 사탄이 우리를 죄의 바다에 완전히 집어넣으려고 시도할 것이다.

지금 거룩하게 산다거나 조금씩 거룩해진다고 안심할 일이 아니다. 죄를 짓지 않게 해주시고, 죄 지은 것을 용서해달라고 해야 한다. 죄에서 건짐을 받아야 정상적인 성도가 된다. 그리고 천국 백성으로 살아갈 수 있다. 이렇게 주기도문은 죄와 회개에 대한 것이 주된 내용이다.

나라와 권세와 영광이 아버지께 영원히 있사옵나이다(13절)

나라와 권세와 영광은 사탄에게나 사람에게 있는 것이 아니라 오직 아버지 하나님께 있는 것이다. 하늘나라든 이 세상 나라든 결국 하나님 손에 달려 있다. 또한 하나님은 권세가 있는 분이시니 세상도 다스리시고 성도들도 간섭해주신다. 또한 성도들이 요청하는 모든 기도가 가능하다. 그리고 모든 권세가 하나님께 있으므로 기도한 대로 이루어질 수 있다.

이 땅에 영광이 있다면 모두를 다 하나님께 올려드려야 한다. 이 땅에서 교회를 부흥시켰거나, 선교사의 일을 잘 완수하였거나, 봉사와 섬김을 잘 했어도 모든 영광은 당사자가 아닌 하나님이 받으셔야 한다. 그러므로 사람을 지나치게 높이거나 박수를 보내는 것은 조심할 일이다.

아멘: 그대로 이루어질지어다(13절)

기도한 내용이 이루어지지 않는다면 헛된 기도 시간을 보낸 것이다. 진실한 기도는 그대로 이루어진다. 성도는 기도한 그대로 이루어지는 기도를 해야 한다. 그리고 주님과 신랑 신부의 관계를 맺었으므로, 그리고 신랑의 뜻 안에서 기도했으므로 그대로 이루어지는 것은 당연하다.

6장

원수 사랑

본문 누가복음 6:27-36

원수란 나와 관계가 좋지 않아서 내가 그를 미워하든지 그가 나를 미워하든지 서로 대적하는 사이이다. 심한 경우는 상대를 해하거나 죽이고 싶은 마음까지 갖게 된다. 그러므로 원수 맺는 것은 폭탄이나 칼을 옆에 두고 사는 것과 같으므로 될 수 있는 대로 원수를 맺지 말아야 한다. 그것이 평화롭게 사는 지혜이다.

1. 원수를 사랑하라는 이유(27절)

주님은 원수를 사랑하라고 하셨다. 원수를 미워할 때에는 생각이나 감정에 이미 상처가 있어서 그렇게 나타나는 것인데, 누가 사랑하라고 해서 미운 감정과 생각이 단순하게 바뀌고 정리가 되는 것은 아니다. 그러므로 정말 힘든 명령이지만 주님의 명령이니 지켜야 한다. 하지만 생각해보면 나를 위해서는 꼭 그렇게 해야 한다.

사실 원수 맺은 사람들을 보면 당사자 서로는 마음이 괴롭다. 자기 혼자만 상대를 원수로 생각하고 상대는 영문도 모르고 있을 경우도 있겠지만, 한쪽이 원수로 생각하면 상대도 대부분 원수로 생각한다. 원수를 맺은 사람은 상대를 해하고 싶어 할 수도 있기에 더욱 죄를 짓게 된다. 상대에 대해 악한 생각을 하고 이를 갈면 갈수록 악한 세력들이 그 자신의 몸에 들어가 생각이 복잡해져 잠도 못 이루고, 때문에 몸은 병들고 마음이 피폐해지며 심하면 망하게 된다.

원수 맺은 사람들은 서로를 두려워한다. 내가 그에게 나쁜 감정을 갖고 해하고 싶은 마음이 있는 것처럼, 상대도 그런 마음을 가질 것으로 추측하기 때문에 자기를 해롭게 할지 모르고 혹시 죽일지도 모른다는 생각에 겁을 내게 된다. 그러므로 서로서로 불쌍한 상태가 되는 것이다. 또한 그 원수가 앙심을 품은 채 나를 저주하고 여기저기 나를 비판하고 다닌다면 피차 유익이 없다.

알아야 할 것은 원수를 향해 내 마음에서 칼을 갈 때 그 칼이 실제로는 내 살을 먼저 베고, 원수를 향한 바늘은 내 살을 먼저 찌르게 된다는 것이다. 칼을 가는 자는 자기를 향해 칼을 겨누는 것이다. 그러므로 원수 맺는 것은 서로를 망하게 할 수 있다.

2. 원수에 대한 대처 방법(29절)

"너희를 저주하는 자를 위하여 축복하며 너희를 모욕하는 자를 위하여 기도하라"(28절)고 말씀하신 것은 관계가 더 악화되는 것을 막기 위함이다. 원수를 맺는 것은 너 죽고 나 죽자는 미련한 짓이다.

원수가 악독하게 나오면 순응하고 지혜를 발휘하여 목숨만 빼놓고 손해 보고 넘어가야 한다. 성경은 우리에게 한 쪽 빰을 때리면 다른 빰도 돌려대고, 겉옷을 빼앗으면 속옷도 주라고 말씀하신다. 상대의 마음을 안정시키는 것이 가장 중요하다.

만일 나를 저주하는 자가 있다면 나 자신이 괴로운 일이다. 세상에 '죄 없는 사람은 없다'는 대전제 하에서, 나와 원수 된 자가 나를 원수로 생각하고 미워할 때에는 나 자신에게도 무엇인가 몇 퍼센트라도 죄와 잘못이 있을 것이다. 미워할 만한 분명한 이유가 있다는 것을 인정해야지 나는 조금도 잘못이 없다고 생각하는 것은 위험하다.

그러므로 상대가 나를 저주한다면 저주의 이유가 아주 조금이라도 충족되므로, 저주로 인하여 조금이라도 나에게 좋지 않은 악한 영의 역사가 있을 수 있다.

정말 중요한 것은 원수가 마음이 평안해야 나에게 저주하지 않을 것이다. 속담에 '미운 놈에게 떡 하나 더 주라'고 했듯이 그런 측면에서 내 원수가 마음이 평안해야 한다. 그러기 위해서는 나를 저주하는 자를 위해 날마다 축복을 빌어주어 더 이상 나를 저주하거나 미워할 필요가 없는 좋은 조건을 위해 기도하는 것이 지혜롭다.

좋은 여건이란 하나님을 잘 섬겨서 그 자신이 죄인임을 깨닫고 사랑의 마음을 품는 일이다. 이것이 축복이다. 그리고 나를 모욕하는 자를 위해 기도하여 그가 더 이상 나를 욕하거나 해롭게 하지 않도록 해야 한다. 나를 미워하는 원수를 내가 비판하거나 더 괴롭게 한다면 불에 기름을 끼얹는 무지한 일이다. 그렇다면 훨씬 더 큰 고통이 나에게 따라온다. 그를 축복하며 기도할 때 상대에게 있는 악한 영들이 힘을 잃는다.

3. 원수 맺지 않는 방법

원수를 맺지 않으려면 남을 잘 대접해야 한다. 성도는 다른 사람의 마음을 알아주고 형편을 살펴주며 불쌍히 여겨 도와주어야 한다. 그러면 상대가 나를 미워할 이유도 없고 나를 대접해준다. 그러나 그보다 더 주님께 인정받는 삶은 나의 사랑과 봉사에 보답해줄 수 없는 사람에게 아무 조건 없이 사랑을 베풀고 대접하는 것이다. 주님은 "만일 너희를 사랑하는 자만을 사랑하면 칭찬받을 것이 무엇이냐 죄인들도 사랑하는 자는 사랑하느니라"(32절)고 하셨다.

사랑에 대한 보답으로 대접을 받는다면 하늘에서의 상급이 없다. 원수를 사랑하고 아무것도 바라지 않고 빌려주면 하늘에서 상이 클 것이다. 그리고 또 하나의 상급은 지극히 높으신 이의 아들이 된다(35절).

하나님의 아들이 된다는 것은 영광스러운 일이다. 그런데 왜 아들이 되는지를 알아야 한다. 그 이유는 주님도 악한 자, 은혜를 모르는 자에게도 자비를 베푸시는 분이시기 때문이다. 주님은 바로 오늘 우리에게 은혜를 베푸셨다. 그 은혜로 우리는 사랑을 베풀 수 있으니 하나님의 아들인 것이다.

7장

새로운 술이 내려오다

본문 누가복음 5:36-39

주님은 술과 포도주에 관계된 말씀을 많이 하셨다. 술과 포도주는 둘 다 발효된 식품이고, 성경은 거의 같은 것으로 본다. 이스라엘 백성들은 술과 포도주를 사용했다. 주님은 가나의 혼인 잔치에서는 물을 포도주로 만드셨고, 죽으시기 전날 밤에는 만찬을 베푸시며 "이 포도주는 내 피니 받아 마시라"고 말씀하셨다.

제자들이 마가의 다락방에서 기도한 후 성령에 충만했을 때 어떤 이들은 조롱하며 "그들이 새 술에 취하였다"(행 2:13)고 말했다. 본문의 비유도 술에 관한 내용이다.

1. 새 술은 새 부대에 담아야 한다(37절)

유대인에게 있어서 술은 잔치에 많이 사용되므로 빠질 수 없는 식품이기에 미리미리 꼭 담가두어야 한다. 여기서 중요한 것은 술을 담는 부대와 술이다. 술을 담글 때는 가죽 부대가 필요하다. 그런데 여러 번 사용했던 낡은 부대에 새 술을 담으면, 새 술이 발효되면서 팽창하여 그 힘에 의해 오래된 부대는 견디지 못하고 찢어지게 된다.

가죽이 어느 정도 늘어날 수는 있지만, 여러 번 사용하면 낡은 부대는 이미 늘어날 대로 늘어난 상태가 된다. 그러므로 낡은 부대는 발효되는 새 술의 팽창을 감당하지 못한다. 그래서 가죽 부대도 찢어져서 쓸 수 없게 되고 기껏 담근 포도주도 쏟아져서 버리게 된다.

가죽이 아닌 천도 마찬가지이다. 오래되어 해진 천에 새 천 조각을 대고 꿰매면 헌 천은 견디지 못하고 찢어진다. 그것은 새 천은 탄력이 있고 강해서 웬만한 당김도 감당하지만, 옛 천은 느슨하고 약해서 새것을 대고 꿰매면 당김을 감당하지 못하기 때문이다. 그래서 옛 조각은 찢어지고 새 천도 볼품이 없어진다.

새 가죽 부대에 새 술을 담으면 새 가죽 부대는 단단하기 때문에 발효되어 팽창이 되더라도 그것을 수용할 수 있다. 그렇기 때문에 담았던 술을 다 먹고 또 포도주가 필요하면 옛날 사용했던 가죽 부대를 사용하지 말고 새로운 부대에 담아야 한다. 그러므로 '새 술은 새 부대'에 담아야 한다.

2. 바리새인이 낡은 부대이다(39절)

예수님 당시의 바리새인들은 하나님을 잘 믿어보려고 애쓰는 듯이 보였지만, 사실은 이미 자기들끼리 형성된 조직의 기득권과 전통을 방어하고 유지하기 위해 애쓰고 있었다.

그들은 가죽 부대로 말한다면 낡은 가죽 부대이다. 그러므로 바리새인들은 원천적으로 새 술을 인정도 하지 않았고, 새 술을 담을 마음도 없었으며, 현재의 술에 만족하고 있으므로 새 술을 담을 그릇의 자격이 없었다.

바리새인이라는 가죽 부대에 예수님의 교훈이라는 새 술을 담으면 부대가 너무 낡아서 쉽게 터질 수밖에 없다. 그래서 예수님의 말씀을 듣고도 받아들이지 못하여 부대가 터져버렸다. 터져버린 그들은 분개하여 새 술이 터져 없어지듯이 주님을 십자가에 못 박아 죽인 장본인들이 된 것이다.

사실 바리새인들을 분석해보면 진짜 가죽 부대인데 시간이 지나면서 조금 낡은 가죽 부대가 된 것이 아니라, 진짜 가죽 부대와 비슷해 보일뿐인 가짜인 낡은 부대이다. 그렇게 말할 수 있는 근거가 있다. 주님은 율법을 폐하러 오신 것이 아니라 완성시키러 오셨다. 율법과 주님은 좋은 관계이다. 그러므로 구약 성경이나 율법은 원래 낡은 가죽 부대가 아니다.

문제는 구약 성경이나 율법이 낡은 부대가 아니라, 바리새인이 만들어 놓은 종교가 낡은 부대라고 할 수 있다. 분명한 것은 구약이나 율법은 낡아지거나 찢어진 적이 없다. 더 이상 쓸모가 없어서 폐기 처분된 적이 없었다. 주님이 말씀하신 것은 바로 바리새인들이 낡은 가죽 부대였던 것이다.

바리새인들은 구약 성경을 연구하고 율법을 준수하며 살았지만 하나님과 성경이 말하는 것을 순수하게 지킨 것이 아니라, 자기들 나름대로 덧붙이고 추가하여 변형된 율법을 만들었다. 그런데 선한 의도로 추가한 율법의 내용들은 하나님의 뜻과 다르거나 지나친 것이 많았다.

자신들이 만든 가짜 종교를 유일한 진리인 양 붙잡고는, 율법을 완성하기 위해 오신 주님의 가르침을 거절하고 "묵은 것이 좋다"(39절)고 하는 것이다. 그들이 옳다고 붙잡은 것은 진정한 성경이나 하나님의 뜻이 아니라 자기들이 만든 삐뚤어진 종교이다. 그러므로 바리새인들은 사이비 집단이라고 할 수 있다.

스스로 만든 부대에 담근 묵은 포도주에 스스로 취해서 주님이 주시는 새 포도주를 담지 못하고, 매일같이 터져 흘러내려서 품질 좋은 포도주를 생산하지 못했다.

바리새인의 종교는 사람을 억지로 쥐어짜는 교리를 가지고 있다. 한 예로 구약에서는 속죄일에 금식하라고 했는데 자기 마음대로 일주일에 두 번 금식을 해야 한다고 하고, 안식일에는 사람을 지나치게 속박하는 등 사람을 얽어매는 온갖 율법들을 만들어내 지켰다.

여러 문헌들을 보면 누구라도 지키기 어려운 내용이 많다. 그들은 자기들의 종교를 만든 것이다.

3. 예수 그리스도는 새 술이다

예수님은 가나 혼인 잔치에서 물을 포도주로 만드는 첫 번째 이적을 행하셨다(요 2:11). 이것은 예수님의 사역과 관련되어 중요한 의미를 지닌다. 예수님은 '나는 술이고 내 집은 잔치집'이라고 말씀하신 의미이다. 주님께 가면 잔치하고, 맛있는 술을 마시며, 기뻐할 수 있다는 뜻인 것이다.

당시 이스라엘의 지도자들은 포도주의 맛을 잃은 맹물과 같았기 때문에 백성들에게 맹물만 줄 수밖에 없었다. 그러므로 백성들에게 진정한 영적인 기쁨과 즐거움을 주지 못했다. 원래 이스라엘은 하나님을 알았기 때문에 하나님이 주신 신령한 은혜 가운데서 잔치하는 기분으로 살아야 정상이었다.

그러나 대부분의 지도자들이 영적 즐거움을 제공하지 못했다. 맹물과 같은 세상과 심령 속에 어떤 영향을 주어서 맛과 영양이 있는 것으로 만들지 못했다. 그 이유는 지도자 안에 진리와 능력, 시원함 등 아무 맛도 없었기 때문이다. 그러나 예수님은 맛이 있으신 분이기에 맹물을 포도주로 만드셨다. 맹물을 포도주로 만들고 포도주를 나누어주어 모든 백성의 기쁨이 되게 하는 것, 이것이 예수님이요 또한 그분의 사역이다.

마가의 다락방에서 제자들이 모여 기도할 때 성령의 은혜가 내려왔다. 이것이 새 술이다. 사람들이 조롱하면서 "그들이 새 술에 취하였다"고 말한 것은 사실이었다. 오늘날도 새 술이 내려온다. 주님이 이 마지막 때에 큰 은혜를 준비하고 계신다. 그리고 지금도 새 술을 주시고 있는 중이다.

살아계신 주님을 만나고 그분이 주신 은사를 사용하여 그 은혜 속에 사는 것은 거룩한 술에 취해 사는 것과 같다. 목회자나 성도들은 새 술에 마음껏 취해야 한다. 이 귀한 새 술을 진짜 새 부대에 담아야 한다.

한국 교회가 지금까지 행하고 있으며 전통이 된 제도들을 새 부대라고 말하기는 곤란하다. 진정 성경이 말하는 기독교의 색깔을 잘 드러내고 있는지 심각하게 고민해야 한다. 교회는 어디까지 달려왔던지 항상 성경으로 돌아가야 한다.

"나는 묵은 것이 좋다"고 붙들고 있는 경우는 말할 것도 없고, 나름대로 이것이 새 부대라고 말하는 것들 중에도 낡은 것이 많다. 새로운 은혜를 바란다면 마음과 사상이 새로워져야 한다.

가장 좋은 가죽 부대를 준비하려면 모든 신학과 전통과 사상을 잠시 내려놓고 겸손히 성경으로 돌아가야 한다. 가톨릭이 성경의 권위 이상으로 전통을 귀하게 여긴 것이 개신교가 발생하는 계기가 되었다. 우리 개신교가 지난 500년 가까이 알게 모르게 신학과 전통이 굳건해졌는데, 이것을 성경의 권위와 동일시하거나, 그 이상으로 권위를 둔다면 가톨릭의 실수를 반복하게 될 가능성이 있다.

어느 시대이든지 전통이나 신학이 아니라, 오직 성경만이 최후의 권위를 가진다. 우리는 하나님이 오늘날 우리에게 하시는 성경 말씀을 겸허히 들어야 한다. 그것만이 새 가죽 부대를 준비하는 태도이다. 새로운 부대를 가지고 주님이 지금도 주시는 새 술을 받아야 한다. 그리고 사도들처럼 힘있게 주님의 일을 해나가야 한다.

8장

성령 훼방 죄

본문 마가복음 3:20-30

1. 사람들은 예수님이 귀신들렸다고 하였다(21절)

예수님이 활동하시던 당시 많은 사람들은, 예수님이 성령에 충만하여 병을 고치고 귀신을 쫓아내고 능력을 행하는 것을 하나님이 행하시는 일로 받아들이지 못한 채 주님이 '귀신들린 것'이라고 매도했다. 예수님의 친족들도 예수님이 귀신들렸다는 소문을 듣고 기가 막혀 예수님을 붙들러 나왔다(21절).

예수님의 친족들까지도 예수님의 사역을 비판적으로 말하는 주변 사람들의 말에 어느 정도 동의한 것 같다. 아마도 친족들이 미친 사람 붙잡듯이 주님을 붙잡고는 집에 가든지, 아니면 정신병원에 가자고 하는 것과 같은 상황이었을 것이다.

예수님의 동생들과 사촌들은 예수님께 애원하며 '집안 망신이고 가문에 먹칠을 하는 것이니 제발 귀신을 내보내느니 병을 고치느니 하는 것을 그

만두라'고 하였을 것이다. 예수님을 붙잡으러 나왔던 행위는 예수님에 대한 인격 모독이며 영적 사역에 대한 모독이다.

이때는 서기관들도 예수님의 소문을 듣고 진상을 파악하러 예루살렘에서 내려왔다(22절). 그들은 70인 공의회 회원으로 활동하는 유력한 사람들이다.

그들은 예수님이 사역하시는 현장에 와서 예수님에 대해 말하기를 "바알세불을 지폈다 하며 또 귀신의 왕을 힘입어 귀신을 쫓아낸다"(22절), "더러운 귀신이 들렸다"(30절)며 악평을 했다. 종합하면 한마디로 '예수님이 무당'이라는 말이다. 귀신이 역사하는 무당이 아니면 결코 이런 능력이 나올 수 없다는 의미였던 것이다.

그런데 예수님만 이런 말을 들은 것이 아니다. 예수님보다 먼저 활동을 시작한 세례 요한도 똑같은 말을 들었다. 누가복음 7장 33절을 보면 예수님이 바리새인과 율법사들에게 "세례 요한이 와서 떡도 먹지 아니하며 포도주도 마시지 아니하매 너희 말이 귀신이 들렸다 하더니"라고 말씀하셨다.

당시는 영적으로 너무 어두운 시대라 조금만 영적으로 흐르고 능력이 나타나면 귀신들린 사람이 되어버리는 시대였다. 결국 세례 요한에 이어 예수님까지 '무당'이 되었다.

가족과 주변 사람들 그리고 서기관들 모두가 주님을 귀신들렸다고 말했다. 학문적으로나 정치적으로 유력하거나 친밀한 사람들에 의해 주님은 귀신들린 사람으로 확정된 것이다. 하나님의 아들이며 또한 하나님이신 주님은 어디를 가나 이런 혹독한 비평의 말을 많이 들으셨다. 주님께 성령이 임하셨는데 도리어 귀신이 임했다고 사람들이 말을 했으니, '성령 하나님이 귀신'이 되어버린 어처구니없는 일이 발생한 것이다. 당시 사람들의 눈에는 '성령이 귀신'이었다.

성령이 함께하시는 것과 귀신이 들렸다는 것은 극과 극의 평가이며, 천국이냐 지옥이냐 하는 극단적인 문제와 같다. 이 문제는 생명이 달린 것이고 죽고 사는 문제라고 할 수 있다. 만에 하나라도 판단이 잘못되었을 경우 당사자뿐 아니라 수많은 사람들에게 엄청난 파장이 있는 것이다.

그런데 안타까운 것은 종교 지도자이며 학문이 깊은 서기관의 판단이 틀렸다는 것이다. 그리고 잘못 판단한 서기관과 그 말을 믿고 따른 수많은 사람들이 비참한 골짜기로 들어갔다.

주님은 바리새인이나 사두개인 그리고 서기관과 제사장을 막론하고 주님의 사역을 귀신들린 것이라고 폄하했을 때, 한 번도 좌절하거나 낙심하지 않으셨다. 오히려 강력하게 대응하시고 그들을 비판하셨다. 주님은 성령이 역사하시는 것을 체험하셨기 때문이다. 영적 능력이 있는 사람이 영적 능력이 없는 사람의 비난을 듣고 사역을 중단할 수는 없다.

주님을 섬기는 기독교는 생리적으로 여러 사람들의 이론보다는 무엇이 진리이냐를 묻고 살피며 나가는 종교이다. 다수의 사람들이 주장하는 말이라고 진리가 될 수 있는 것은 아니다.

루터를 비롯하여 종교개혁자들은 다수가 아닌 소수였으며, 로마 가톨릭의 비난과 박해는 말로 다 할 수 없었다. 그러나 목숨을 걸고 진리를 따라 로마 가톨릭에 대항하여 싸우고 나온 것이다. 귀를 열어 듣기를 싫어하고 다수결을 주장하는 사람은 뭔가 기득권이나 전통을 가지고 이익을 누리려는 사람들이다. 기독교는 다수결이 아닌 진리 중심이어야 한다.

성경을 연구한다는 사람들이 주님을 귀신들렸다고 잘못 말하는 것과는 달리, 귀신들은 도리어 예수님의 정체를 잘 알고 있었다. "더러운 귀신들도 어느 때든지 예수를 보면 그 앞에 엎드려 부르짖어 이르되 당신은 하나님의 아들이니이다"(11절). "당신은 하나님의 아들이니이다." 이 말은 귀신들린 사람의 입을 통하여 나온 귀신의 말이다. 말은 사람이 한 것 같으나 그 속의 귀신이 언어 체계를 잡고 말한 것이다. 귀신들은 주님을 하나님의 아들로 알고 두려워했으며, 주님 명령에 의해 사람 몸에서 떠나갔다.

한마디로 말하면 귀신은 주님을 '하나님의 아들'로 정확히 알아보는데, 종교 지도자들은 예수님을 그분이 지금 호통 치시며 쫓아내고 있는 귀신에게 도리어 붙잡힌 사람으로 보았다. 귀신들린 사람이 귀신을 야단친다는 논리이다. 당시 종교 지도자가 '귀신만도 못한' 영적 지식을 가지고 있는 모습인 것이다.

귀신은 주님을 아는데 종교 지도자들은 몰랐고, 안다고 주장하는 것도 정반대로 알았다. 그들은 귀신보다 못하니 귀신들이 가는 지옥에 함께 갈 자들이다. 이 세상에는 더러운 귀신보다 영적 지식이 적은 사람들이 너무 많다. 그런 무지한 서기관들이 예수님을 판단하겠다고 예루살렘으로부터 파견을 나왔다. 영적으로 무지한 자들이 영적 실력도 없이 거들먹거리면서 여기저기 활동을 하고 다녔다.

2. 자기 집안 식구끼리 싸우느냐(23절)

주님은 서기관들을 불러놓고 말씀하셨다. "사탄이 어찌 사탄을 쫓아낼 수 있느냐… 만일 사탄이 자기를 거슬러 일어나 분쟁하면 설 수 없고 망하느니라"(23-26절)고 말씀하셨다. 한마디로 "왜 자기 편끼리 죽이고 내쫓겠느냐"고 되물으셨다. 나라가 스스로 분쟁하면 그 나라가 설 수 없고, 만일 집이 스스로 분쟁하면 그 집이 설 수 없다.

이 말씀은 사탄에게만 한정된 것이 아니라 당시 교회에도 한 것이었다. 즉, 교회가 하나님의 나라 안에서 다툼을 하고 있었기 때문이다. 예수님을 비판하는 것은 집안 식구끼리 싸우는 꼴이다. 집안에서 서로 싸우면 망할 수밖에 없다. 예수님께 대항하여 제사장, 서기관들과 힘을 모아 싸우는 형국이 되어버렸다. 구약 교회나 신약 교회를 볼 때 서로 물고 뜯고 비평하며 싸우는 모습이 너무 흔하다.

하나님의 나라인 구약 교회는 서로 싸워서 망했지만, 유사 이래로 사탄의 나라는 서로 싸우지 않고 아직까지 망하지 않은 채 날마다 부흥하며 세를 넓혀가고 있다. 교회가 서로 싸우는 것은 사탄보다 더러운 짓이다.

3. 성령 훼방 죄에 대해 말씀하시다(29절)

성령 훼방 죄는 성령이 행하신 일을 사탄이 했다고 주장할 때 성립된다. 당시 종교 지도자들이 하나님의 아들이신 예수님을 귀신들린 자로 폄하하며 무시했고, 그분의 사역을 사탄의 역사로 정의했다. 이는 영안이 어두워져서 분별을 못한 참혹한 결과이다.

종교 지도자라는 사람들이 '하나님의 영과 귀신의 영'을 구분하지 못했다. 서기관과 바리새인들이 아무리 영안이 열리지 못했어도 하나님의 아들이며 성령이 충만하신 주님을 알아보지 못하는 것은 말이 안 된다.

하나님의 신이 임한 자에게는 나름의 형태가 나타난다. 영광과 은혜의 빛, 능력, 열매 등이 나타나며, 능력이 있으므로 명령할 때 귀신이 떠나간다. 얼마나 영안이 어두우면 하나님의 일과 귀신의 일을 혼돈할까. 모세가 하나님을 뵙고 얼굴이 빛났던 것처럼 예수님도 영안으로 보면 얼굴에 거룩함과 경건함으로 빛이 가득했다. 서기관이나 사람들이 그 빛을 보지 못했으니 성령의 역사하심을 몰랐던 것이다.

분별력이 없는 사람의 극치는 거룩한 목사와 무당을 구분하지 못하는 것과 같다. 거룩한 목사의 이미지와 무당의 이미지는 분명히 존재한다. 거룩한 목사와 무당을 함께 서게 하고 지나가는 사람에게 알아맞혀보라고 하면 거의 밝혀낼 것이다. 그만큼 표시가 나게 되어 있다. 쉽게 말하면 목사는 목사같이 생기고, 무당은 무당처럼 생겼다. 목사는 성령이 계셔서 거룩해 보이고, 무당은 귀신이 있으니 무당처럼 보인다. 그런데 지금 서기관들은 예수님을 신들린 무당이라고 말한 것이나 다름없다. 도대체 어떻게 이들이 종교 지도자들인지 이해가 되지 않는다.

그들의 죄가 큰 것은 생명을 살리는 성령의 역사를 생명을 죽이는 마귀의 역사로 본 것이다. 하나님의 사람을 귀신의 사람으로 보는 것은 하나님에 대한 모독이요, 하나님은 그것에 대해 진노하신다.

귀신 들린 자는 희망 없이 살다 지옥 백성이 될 뻔 했는데 주님이 그를 건져내어 사망에서 생명으로 옮겨주셨다. 그런데 이런 성령의 역사를 방해하는 것은 약자와 소망 없는 자를 영원히 죽이는 못된 행위이다.

서기관들의 말에 순종하면 귀신들려 병에 걸렸거나 생활을 정상적으로 하지 못하는 사람들의 치유의 길이 막힌다. 백성들은 평생 귀신에게 조롱당하다가 인생이 끝날 것이다. 서기관들은 백성들을 사망으로 끌어가고 있었다.

4. 성령 훼방 죄는 사하심을 얻지 못하고 영원한 죄에 처해진다(29절)

주님은 사탄을 쫓아내는 일을 훼방하는 자는 하나님의 뜻을 막고 사탄을 돕는 일이기 때문에 결코 용서될 수 없다고 하셨다. 하나님의 역사를 훼방하는 것은 "집이 스스로 분쟁하면 그 집이 설 수 없고"라고 말씀하셨으니 그것은 하나님의 집을 부수는 행위이다. 예수님의 사역을 훼방하는 것은 하나님의 나라를 파괴하는 행위이다.

또한 생명을 살리는 자를 오히려 죽이는 것이니 살리는 영, 즉 성령의 역사를 훼방하는 죄가 되는 것이다. 이런 죄를 지은 사람은 영원히 사함을 받지 못하고 지옥에 간다. 그들은 결코 '사함을 받을 길이 없다.' 성령의 역사를 귀신의 역사라고 한 '성령 훼방 죄'는 이처럼 무서운 죄이다. 인간에게 지은 죄는 용서가 되어도 이 죄는 용서가 되지 않으므로 정말 조심해야 한다.

이와 반대로 신성 모독 죄도 존재할 가능성이 있다. 이 죄는 성령 훼방 죄와 반대의 의미인데, '악한 영이 행한 것을 성령이 했다'고 하는 죄이다. 이 죄 또한 용서받지 못할 것이다. 이러한 자도 기독교 안에 존재한다고 할 수 있다.

9장

씨가 다르다

본문 마태복음 13:24-30

주님은 천국이란 좋은 씨를 제 밭에 뿌린 사람과 같다고 예화를 들어 말씀하셨다. 좋은 씨를 뿌리는 사람이 바로 예수님이시다. 하나님은 자기 밭에 씨를 뿌리시는데 밭은 세상이고 좋은 씨는 천국의 아들들이며, 가라지는 악한 자의 아들들이고, 가라지를 뿌린 원수는 마귀이며, 추수 때는 세상 끝이요, 추수군은 천사들이라고 하셨다(37-41절).

주님의 관심은 언제나 천국에 있다. 주님은 마태복음 5장에서도 천국에 대해 말씀하셨고, 이 본문에서도 여러 종류의 밭을 말씀하시면서 천국에 대해 이야기하셨다.

1. 성도는 밭이다

이 세상은 하나님의 밭이다. 주인인 예수님이 이 밭에 각각 다양한 좋은 씨를 뿌리신다. 주님은 농부처럼 결실을 기대하고 세상이라는 밭에 씨를 심으신다(24절). 이 씨는 천국에 속한 아들들이다. 천국에 속한 아들들이 이 세상에 뿌려지고 심겨진다.

씨앗을 심을 때는 밭의 상태가 축축한지, 마른지, 비옥한지 등을 알아보아 씨앗을 심기 적당한 때를 살핀다. 그리고 그 땅에 어떤 곡식을 심을지 씨앗을 고른다. 정말 좋은 결실을 맺어 주인인 예수님을 기쁘게 할 것을 기대하신다.

천국에 속한 하나님의 아들들은 씨 자체가 알곡이고 천국에 속해 있기 때문에 분명히 좋은 알곡을 맺을 것이고 또 맺어야 한다. 씨는 좋은데 열매가 시원치 않다고 하면 참으로 아쉬운 일이다. 곡식이 잘 자라면 그것을 수확하여 창고에 쌓기도 하고 양식으로 삼아 많은 사람을 배부르게도 할 수 있다.

2. 곡식과 가라지

그런데 문제는 밤에 원수가 주인 몰래 와서 알곡이 이미 심기어진 밭 위에 가라지를 덧뿌리고 간 것이다. 주인의 허락 없이 몰래 와 알곡에 피해를 주면서 양식과 관계없는 가라지를 심은 것이다. 여기에서 가라지를 뿌린 마귀는 주님의 밭인 이 세상에서 천국의 아들들이 하나님을 찬양하고 거룩하게 사는 것을 보고 시샘한 것이다. 그러므로 가라지를 뿌린 자들은 악한 자의 아들이니 바로 마귀에게 속한 자들인 것이다.

이 세상은 분명 주님의 나라인데 마귀가 더러운 자들을 여기저기 뿌리고 다녀서 세상이 더럽고 혼탁해졌다. 마귀는 이 세상에서 자기에게 속한 가라지 같은 인생들이 알곡 같은 천국 백성들을 이기고 누르고 훼방하기를 원한다.

마귀는 근본이 훼방꾼으로서, 밭에서 가라지가 알곡의 성장을 방해하는 것처럼 거룩한 성도를 훼방하는 것이 악한 자들의 본업이다. 좋은 밭에 찾아가서 알곡이 심겨진 곳에 잡초를 뿌리는 것과 같다. 마귀는 이미 잡초 밭이 된 곳에 가서도 잡초 씨를 또 뿌린다. 마귀는 사방천지 안 다니는 곳 없이 다니면서 가라지든 잡초든 퍼트리고 다닌다.

주인은 밭에서 곡식이 나기를 바라며 기다리고, 마귀는 자기가 뿌린 가라지가 나기를 기다린다.

그리고 마귀는 일꾼들이 잠든 사이에 와서 악한 자들인 가라지를 뿌리고 갔다는 것을 유의해야 한다. 즉, 영적 지도자들이 세상을 지키고 천국에 속한 백성을 잘 관리하고 돌보지 않는 사이에 마귀가 그 틈을 노리고 악한 자를 심어놓은 것이다.

만일 지도자가 낮이나 밤이나 늘 깨어 있었다면 사탄이 몰래 와서 가라지를 심을 수 없다. 분명 지도자는 빈틈을 보였고 사탄은 그때 공격한 것이다.

그래서 이 세상에는 천국의 아들들과 마귀의 아들들이 섞여 살고 있다. 이 세상은 이렇게 빛과 어두움이 공존한다. 우리의 몸과 우리의 가정 그리고 우리의 교회도 역시 마찬가지이다.

3. 잡초나 가라지를 제거해야 한다

농부는 밭에 씨앗을 심어놓고 그냥 방치해두지 않는다. 부지런한 농부는 잡초나 가라지가 자라기 전에 처음부터 뽑아버린다. 대부분 농부들은 밭을 열심히 가꾸고 잡초나 가라지를 제거하여 식물이 잘 자라도록 돌본다.

그렇지만 여기저기 다녀보면 잡풀 하나 없이 깨끗이 김매기가 잘 된 논밭이 있고, 곡식과 잡초 그리고 가라지가 섞여 있는 논밭이 있다.

어느 집은 잡초나 가라지가 주인공이고, 곡식은 오히려 잡초나 가라지 사이에서 셋방살이하는 것 같은 논밭도 있다. 알곡들이 잡초나 가라지에게 피해를 입고 있는 것이다. 열매를 많이 거두려면 잡초나 가라지를 제거하는 것이 농사의 중요한 일이다. 잡초나 가라지가 많으면 영양분을 빼앗기기 때문이다. 그렇기 때문에 보다 못한 주인의 종들이 말하되 "그러면 우리가 가서 이것을 뽑기를 원하시나이까"(28절)라고 했다.

4. 가라지를 뽑지 말라는 이유(29절)

종들이 밭에 가라지가 난 것을 보고 그들이 가서 가라지를 뽑을지 주님께 여쭈었을 때 주님은 가만 두라고 하셨다(29절). 가라지를 뽑는 것은 심판의 의미가 있다. 주님은 즉결 심판처럼 가라지를 뽑는 일을 하지 말라고 하셨다. 이유는 악한 것인 가라지를 뽑다가 천국의 아들인 알곡이 다칠까 염려된다고 하신 것이었다.

알곡과 가라지가 비슷하여 천국의 아들인지 마귀의 아들인지 분별하지 못하고 실수로 알곡을 뽑을까 하여 알곡이든 가라지든 추수 때까지 그냥 두고 기다리라고 하셨다(30절). 사실 하나님의 일꾼인 천사들도 가라지를 뽑다가 알곡을 뽑을지도 모른다.

그 이유는 알곡이 제대로 자라지 못하면 가라지처럼 보일 수 있고, 가라지가 살이 찌면 알곡처럼 보일 수도 있기 때문이다. 아직 한창 자라고 있는 중이기 때문에 분별이 잘 되지 않는 것이다.

또 다른 이유는 심판의 때를 이미 놓쳤다는 것이다. 알곡도 많이 컸지만 이미 가라지도 너무 커버렸다. 밭에 알곡이건 가라지건 서로서로 뒤섞여서 무성하게 온 밭을 뒤덮고 있기에, 그 중에 가라지만 골라 쉽게 뽑을 수 있는 상황이 아닌 것이다. 어느 틈에 가라지가 알곡과 친구처럼 되어버렸다. 같이 먹고 같이 마시며 살고 있는 중인 것이다. 그렇기 때문에 쉽게 뽑지 못한다.

가라지는 눈에 보이지 않을 정도로 작을 때 뽑아내야지 이미 커버렸을 때 뽑는다는 것은 때를 놓쳐버린 것이다. 너무 커버린 가라지를 뽑다가는 알곡을 맺어야 할 곡식에 부작용을 일으킬 수 있다.

5. 추수 때가 있다(30절)

알곡이든 가라지든 다 자란 마지막 때가 있다. 일꾼들이나 알곡인 천국의 아들들은 왜 주인이 마귀의 아들을 뽑아버리지 않느냐고 원망할 필요가 없다. 곧 추수 때가 되기 때문이다. 또한 가라지는 자기가 남의 밭에 끼어들어 잘 먹고 잘 살았고 뽑히지도 않았다고 좋아할 것이 없다. 조금만 지나면 뽑힐 때가 있기 때문이다.

추수하는 날, 가라지는 불살라버리고 곡식은 창고에 들이는데 가라지 때문에 곡식의 수확량이 줄어드는 피해를 보았으니 억울한 일이다. 밭의 크기는 정해져 있기에 곡식이든 가라지든 키울 수 있는 분량에는 한계가 있는데, 가라지가 많으면 자연히 알곡의 양이 적어질 수밖에 없다.

이것은 이 세상에는 구원받은 성도와 구원받지 못한 사람이 양쪽 다 많이 있음을 보여준다. 가라지 같은 악한 자들은 심판 때에 풀무 불에 던져질 것이고 그곳에서 울며 이를 갈게 될 것이다. 이곳이 지옥임은 두말할 필요가 없다(42절).

그때 천국의 아들들인 알곡들은 어떻게 될 것인가? 의인들은 마지막 때에 자기 아버지 나라에서 해와 같이 빛날 것이다(43절). 같은 밭에서 같이 물을 마시며 서로 뒤엉켜 햇볕을 쬐며 살았으나 결과는 천지 차이인 것이다.

6. 씨가 다르다

우리가 알아야 할 것은 알곡은 아무리 열매를 못 맺어도 알곡이라는 사실이다. 가라지에게 시달려 알곡의 숫자가 줄거나 빈약할지라도 알곡은 알곡이다. 또한 가라지는 아무리 통통하게 살이 쪘어도 가라지이다. 알곡이 가라지가 되거나, 가라지가 알곡이 되는 종자의 변형은 일어날 수 없다. 그러므로 천국의 아들과 마귀의 아들들은 출생부터 다르다고 할 수 있다.

10장

밭에 감추인 보화

본문 마태복음 13:44

세상에는 다이아몬드, 진주, 루비 등 다양한 보석들이 많이 있다. 요한계시록에 보면 하늘나라 천국에도 많은 보화들로 가득 차 있다. 보석으로 이루어진 천국에 비하면 이 땅의 보석은 부스러기에 지나지 않는다.

보화는 그 아름다움과 희귀성 등 보화로써 가치를 인정받고 귀중히 여김을 받는다. 그러나 진정한 보석의 가치는 보석 전문가가 알아본다. 보석을 알아보는 눈이 필요하다.

보통 사람의 눈에는 이것이 진짜인지 가짜인지 분별하지 못하는 경우가 허다하다. 그러므로 가짜를 소지하고 굉장한 것을 가진 것처럼 좋아하기도 하며, 진짜 보석을 알아보지 못하고 허술하게 대하기도 한다. 진짜를 볼 줄 아는 눈이 진짜 눈이다. 이런 진짜 눈을 소유한 자는 복이 있는 자이다. 성도는 천국에 속해 있는 보화들을 잘 알아야 하는데, 영 분별이 되거나 영안이 열려야 이런 분별이 가능하다.

1. 보화의 발견(44절)

어느 사람이 남의 밭에서 일을 했다. 아마도 자신의 밭이 없거나 적었을 것이고 생활이 넉넉지 않았을 것이다. 그런데 남의 밭에서 열심히 일을 하던 중에 밭에 숨겨져 있던 보화를 우연히 발견했다.

그는 품삯을 바라고 또한 곡식을 잘 가꾸기 위해서 일을 했지 결코 보화를 찾아나선 것은 아니었다. 만약 보화를 원했다면 그는 광산으로 갔거나 귀금속 가게의 쓰레기통을 뒤졌을 것이다. 이 보화를 발견한 비결은 거저 그렇게 된 것이 아니라 열심히 일을 했기 때문이다.

충실히 일을 해야 보화를 찾는다. 밭에서 크고 작은 돌 같은 덩어리들을 골라내며 자세히 보았기 때문에 보석을 발견할 수 있었다. 이처럼 일을 할 때는 자신의 일이든 다른 사람의 일이든 철저히 해야 한다. 일을 하는 것은 하나님의 뜻이고 명령이다.

사람은 보수를 바라보고도 일하지만 일 자체도 중요하다. 일하기 싫거든 먹지도 말라고 하셨으니 모든 인생은 열심히 땀 흘려 수고해야 한다. 무엇보다 하나님의 종은 하나님의 일을 철저히 해야 한다. 그럴 때 보화를 발견할 수 있다.

보화를 발견한 그 사람은 그것이 진실로 가치가 있다는 것을 알아보았다. 가치를 모르는 사람도 있겠지만, 그는 그것을 알아보는 눈을 가졌다. 그는 진실하게 맡겨진 일을 하다가 보화를 발견했고, 그것의 가치를 알아본 것이다.

하나님의 사람은 하나님 나라에 속한 것들에 대해 가치를 알아야 한다. 하나님의 종, 하나님의 일꾼으로서의 가치를 알고 열심히 주의 일을 하며, 주님께 속한 모든 것이 귀하다는 사실을 분명히 알아야 한다. 그러므로 주의 나라를 바라보고 일할 때 가슴이 뛰어야 한다.

2. 보화의 가치

그는 보화를 발견하고 너무나 기뻐했다. 가슴이 터질 것 같았고 '이게 꿈이냐 생시냐 횡재했다'라고 생각했을 것이다. 그는 기쁨이 넘쳐서 주체할 수 없었을 것이었다. 그래서 그것을 어떻게 하면 자신의 것으로 만들 수 있을지 생각했을 것이다. 보화를 발견하고 그 가치를 알아보는 것으로 끝나면 안 된다.

그것을 내 것으로 만드는 것이 더 중요하다. 너무 귀해서 결코 누구에게 양보할 수 없는 것이기 때문이다. 그래서 보화를 다시 땅에 묻어두고 대책을 생각했다. 주인은 지금까지 오랫동안 밭을 소유하고 경작했지만 이 보화를 발견하지 못했으니 그것을 가질 자격이 없다. 그 보화를 발견하고 가치를 알아본 사람이 소유의 우선권을 갖는 것이다.

보화를 발견한 사람이 만일 주인에게 그 사실을 말한다면 밭주인은 그 보화를 가져갈 것이 분명하다. 자신이 발견했으니 나누자고 해도 그 보화가 나눌 수 없는 성질의 것이라면 그 보화를 주인에게 빼앗길 수밖에 없다.

아니 그것이 여러 개이고, 나눌 수 있는 것일지라도 하나도 나눠줄 수 없을 만큼 주인에게 소중한 것일 수도 있다. 그래서 발견한 일꾼은 아무에게도 말하지 않고 이것을 다시 원래대로 돌려놓았다. 그는 그 보화를 발견했지 아직 그 보화를 얻기 위해 어떤 대가를 지불한 것이 아니다. 보화를 얻으려면 정정당당히 값을 치러야 한다.

3. 보화를 얻는 방법

그는 다시 집으로 돌아갔다. 그리고 자기가 남의 밭에서 발견한 보화를 정정당당하게 얻기 위한 방법으로 그 밭을 사기로 했다. 밭을 사야 그곳에 묻혀 있는 보화를 소유할 수 있기 때문이다. 우선 밭을 소유해야 하지만 그는 당장 밭을 살 돈이 없었다. 그는 그 자금을 마련하기 위해서 자신의 모든 것을 희생할 각오가 되어 있었다.

그는 자신의 소유를 모두 팔았다. 소유를 팔지 않으면 그 밭을 살 수가 없다. 한번 팔면 소유물은 없어지지만 할 수 없었다. 집도 팔고 밭도 팔고 다른 보석도 팔고, 팔 수 있는 것은 다 팔았다. 자기 것을 모두 판 이후에야 자금이 마련되었고 그제서야 보화가 있는 밭을 통째로 살 수 있었다.

그는 그 보화를 소유하기 위해 자신의 전 재산을 바꾼 것이다. 그동안 애지중지하고 아끼고 사랑했던 것들을 하루아침에 미련 없이 정리했다. 여러 가지 재산은 사라지고 달랑 밭 하나만 소유하게 되었다. 그는 올인 했다. 그의 눈에는 오직 보화가 있는 밭밖에 보이지 않았다. 다른 모든 것을 희생했지만 그럼에도 불구하고 밭에 있는 보화는 모든 것을 보상해줄 수 있는 것이라고 확신했다. 지금까지 소유했던 그 모든 것의 가치보다 새로 얻게 된 보화의 가치가 더 높은 것이 분명하다.

4. 보화는 천국이다

그는 그 밭과 보화를 얻은 후 어떻게 했을까. 자기가 투자한 금액보다 더 많은 차익을 남기고 팔아서 이익을 얻은 후, 밭을 사기 위해 팔았던 집과 가구 등을 다시 샀을까. 그는 또다시 세상 물건을 사지 않았다. 그는 그 밭을 팔지 않았다.

이익을 남기기 위한 장삿속으로 그 보화를 얻은 것이 아니었다. 그는 그 보화 자체를 소유하려고 밭을 샀다. 그 보화는 팔아도 되는 것이 아니었다.

영원히 간직하고 있어야 하는 것이었다. 값이 비싼 것이긴 하지만 팔아버릴 수는 없었다.

주님은 그 보화가 "천국"이라고 하셨다(44절). 그렇기 때문에 팔 수가 없다. 그것을 팔아서 다른 것을 살 수도 없다. 한번 천국을 샀으면 다른 것으로는 교환도 불가능하다.

천국이라는 보화는 모든 사람의 눈에 보화로 보이는 것이 아니다. 어떤 사람들은 그저 쓸모없는 돌덩어리라고 생각할 수도 있다. 밭주인이 아무리 그 땅을 가지고 있었어도 보화를 발견하지 못한 것처럼, 항상 교회 옆에 살고 교회 문턱을 밟으며 살아도 천국을 소유하지 못할 수도 있다.

5. 유대인과 이방인

이스라엘 백성은 자기 땅에 오신 '예수 그리스도라는 보화'를 발견하지 못했다. 자기가 매일 밟고 다니며 농사짓는 밭에 보화가 있는지도 몰랐다. 주님은 자신이 천국이고 개인과 가정에 천국을 이루어주실 수 있는 분이시다. 그런데도 주님을 보고 즐거워하지 못했다. 결국 이스라엘은 그의 소중한 유업인 밭을 팔아야 했다. 엉뚱하게 남이 주인의 밭을 산 것처럼, 보화의 값어치를 알고 있는 이방인이 그 밭을 샀다. 그리고 이방인이 그 밭에서 보화를 보고 만지고 자랑하고 즐기면서 살게 되는 것이다. 밭주인은 이스라엘이고 모든 것을 팔아 산 사람은 이방인이다.

6. 천국의 가치

천국은 세상 것을 다 팔아서라도 사야 하는 고귀한 것이다. 이 천국은 예수 그리스도가 주인이시며 주님이기도 하다. 너무 귀하기에 이것을 다시 팔아서 이익을 남겨 다른 것을 살 수는 없다. 그러나 갖고 있으면 너무나 좋은 보화다. 천국을 소유하고 있으면 내가 소중해지고 가치 있게 된다. 주님을 소유한 자는 가장 부유한 자이다.

천국인 보화를 가진 자는 모든 것을 팔아서 산 것이니 그 가치가 그 천국 안에 있다. 즉, 천국 안에는 집, 자동차, 건물, 다른 보석 등이 다 들어가 있다.

보석이 나온 밭을 샀으니 일을 할 수도 있고, 곡식도 있으며, 보석도 있게 된 것이다. 그야말로 광맥을 발견한 것이다. 이렇게 천국은 가치 있고, 팔수록 계속 좋은 것이 나오며, 보화가 끝이 없다.

보석과 같은 천국을 소유하면 예수님을 소유한 것이고, 은사와 능력을 소유한 것이며, 기쁨과 평안을 누리게 된다. 모든 것을 버리고 '주님과 천국'을 사라.

11장

그물 안에 있는 고기들

본문 마태복음 13:47-50

1. 그물과 물고기(47절)

이것은 천국을 비유하는 예화 중에 나오는 말이다. 바다에 그물을 쳐서 많은 물고기를 잡았다. 물고기는 사람을 가리키고, 그물은 교회를 가리킨다. 즉, 교회가 넓은 바다와 같은 세상에서 사람들을 교회 안으로 불러들인 것이다. 물고기들은 원하여 들어왔든 원하지 않고 들어왔든 그물 안에 들어왔다.

물고기들은 엄격히 말하면 그냥 잡힌 것이지 스스로 그물 안에 들어온 것이 아니다. 어떤 것은 놀다가, 어떤 것은 엉겁결에 들어왔다. 어느 것은 도망치려고 시도했으나 결국 붙잡힌 것도 있다. 물고기들은 그물 안이 어떤 곳인지 잘 모른다.

잡힌 물고기들은 여러 종류로 나누어진다. 크기가 큰 것과 작은 것이 있고, 색깔이 다 다르며, 사나운 것도 있고 순한 것도 있다. 또한 값이 비싼 것도 있고 싼 것도 있다. 그 모양새도 차이가 많다. 이와 같이 교회 안에는 그야말로 각양각색의 물고기들이 있다.

그러나 바다에서 잡혀온 물고기가 많은 물고기 중에 일부인 것처럼 세상에는 아직도 많은 사람이 교회 안에, 주님 안에 들어오지 않은 무리가 많다. 세상이 바다와 같이 넓은 것에 비해 그물은 적다.

2. 잡힌 고기를 꺼내서 나눈다(48절)

물고기를 그물로 잡은 다음에는 그물 안의 물고기를 꺼내어 분류 작업을 하게 된다. 잡힌 물고기들이라고 다 좋은 물고기는 아니다. 그러므로 잡힌 물고기들이 다 똑같은 대우를 받는 것은 아니다. 넓은 바다에서 그물을 치고 물고기들을 종류를 가리지 않고 닥치는 대로 잡기 때문이다.

좋은 고기

값나가는 물고기는 싸구려 물고기와는 비교가 되지 않게 비싼 가격을 받을 수 있다. 또한 살아 있는 물고기는 죽은 물고기보다 더 비싼 값을 받는다. 큰 물고기, 살찐 물고기 등 좋은 물고기는 따로 모아 종류와 등급에 따라 비싼 대우를 받는다. 이런 비싸고 쓸모 있는 물고기는 그릇에 잘 담아 둔다. 주인은 이런 물고기를 보면서 기뻐할 것이다.

나쁜 고기

싸구려 물고기도 등급이 있어서 그나마 좀 나은 것은 낮은 가격으로라도 팔 수 있다. 그러나 이미 죽었거나 썩었거나 토막이 났거나 아니면 독성이 있어서 먹을 수 없는 것이거나 팔 수 없는 것, 가격이 안 나가는 물고기들은 분류해서 버린다. 분명 똑같이 그물에 들어왔는데 형편없는 처지가 된 것이다. 어떤 물고기는 살아 있었다면 값이 나갔을 텐데 죽었으므로 무가치하게 되는 경우도 있다.

3. 세상 끝에 천사들이 와서 사람을 구별한다(49절)

그물로 물고기를 건져 올렸으나 나쁜 물고기를 버리듯 세상 끝에도 이렇게 될 것이다. 천사들이 '의인 중에서 악인을 갈라내어' 풀무 불에 던지게 되고, 던짐 받은 사람은 거기서 울며 이를 가는 것이다(49절). 악인이 풀무 불에 던져진 것은 지옥에 떨어졌다는 의미이다.

그리고 이를 가는 것은 주님이나 천사에게 앙심을 품고 이를 가는 것이 아니다. 지옥의 환경이 너무 처참하고 자신의 지난 삶을 돌아보고 후회하며 이를 가는 것이다. 버림받은 인간이 감히 심판 후에 창조주에게 대항할 수 없다.

주님은 풀무 불에 던져버릴 수밖에 없는 이런 쓰레기 같은 사람이 그물 안과 같은 교회에 있다고 말씀하신다. 교회 안에 의인이 있는데 의인 사이에 살짝 붙어 있는 악인을 떼어내 풀무 불에 던지는 것이다. 바다에서 아직 잡히지 않은 물고기가 심판을 받은 것이 아니라, 분명히 그물 안에 들어왔음에도 버림을 받은 것이다.

그물을 교회라고 할 때 구약 교회나 신약 교회나 상황은 마찬가지이다. 그들은 불쌍하게도 멋진 구원과는 거리가 한참 멀다. 설혹 풀무 불로 던져지는 것은 간신히 피했으나, 부끄러운 구원을 받는 사람들이 많다.

그들은 주님 앞에 가까이 나아가지 못하고 바깥 어두운 데서 슬피 울게 된다. 그물 안에 들어왔어도 결국에는 슬피 울거나 지옥에 가는 사람도 무수히 생긴다.

오늘날 현대 교회에서 좋은 물고기로 분류될 자는 많지 않다. 더구나 거룩하고 성결하여 주님이 신부로 맞이할 사람은 소수에 지나지 않을 것이다. 성도들은 정신을 차리고 깨어서 주님을 잘 섬겨야 한다.

12장

거라사 지방의 걸인

본문 마태복음 8:28-34

거라사 지방에 걸인이 있었다. 이곳은 갈릴리 바다의 동쪽에 위치한 도시이다. 예수님이 몰려오는 사람들을 피하여 배를 타고 갈릴리 바다를 건너서 가신 동네이다.

이곳은 이방 땅이며 그곳의 주민들은 주로 돼지를 키우고 살았다. 유대인들은 돼지고기를 먹거나 성전 제사에 사용하지 않으므로 하나님 나라와는 관계가 없는 짐승이다. 이곳은 전적으로 이방인이 이방 나라의 풍습을 좇아 살았다고 할 수 있다.

1. 귀신들린 두 사람(28절)

예수님과 제자들이 배에서 내려 도시로 향하여 들어가시는데 길 옆에 무덤이 있었다. 그 무덤이 있는 길을 주님이 지나가시는데 귀신들린 두 사람이 무덤 사이에서 나왔다(28절). 그들은 생업을 위해 일도 하지 않고 무덤 주변에서 횡설수설하며 헛된 시간을 보내고 있었다. 그들은 옷을 입지 않았다(눅 8:27). 원래 그들은 하도 소란을 피워서 쇠사슬과 고랑으로 묶어 두었었는데 끊고 도망한 자들이었다(눅 8:29).

지금까지 귀신이 그들을 이리저리 끌고 다녀서 인간의 소중한 모습을 잃어버리고 짐승처럼 살았다. 그들은 심히 사나워서 사람들에게 위협이 되었기 때문에 그 무덤 옆에 있는 길로 사람들이 제대로 다닐 수가 없었다.

2. 귀신들린 두 사람과 예수님

귀신들린 두 사람이 길을 지나시던 예수님을 만났다. 아무도 다니지 않는 그 길을 예수님은 조금도 두려워하지 않고 지나시다가 만난 것이다. 그들은 예수님께 소리를 질렀다. 귀신이 그 사람의 언어 체계를 잡고 귀신이 말하는 것이었다.

귀신이 심하게 들리면, 특히 입이나 머리나 가슴에 들어오면 이렇게 말로 자기의 정체를 드러내는 경우가 많다. 그 귀신은 길을 지나가시는 사람이 하나님의 아들임을 알고 있었다(29절). 그리고 예수님께 "하나님의 아들이여 우리가 당신과 무슨 상관이 있나이까 때가 이르기 전에 우리를 괴롭게 하려고 여기 오셨나이까"(29절)라고 말했다.

평상시 주님이 전도하기 위해 다니실 때에도 더러운 귀신들은 어느 때든지 예수님을 보면 그 앞에 엎드려 부르짖어 이르되 "당신은 하나님의 아들이니이다"(막 3:11)라고 했다. 역설적으로 귀신들린 사람이나 귀신들이 예수님을 가장 잘 알아보았다.

여기에서 귀신들이 예수님께 한 말의 의미를 살펴볼 필요가 있다. 귀신이 한 말의 내용, 즉 "때가 이르기 전에"는 아직 자기들이 괴로움을 당할 때가 되지 않았다는 말이다. 괴로움이란 하나님께 심판을 받고 무저갱에 들어가 고통당하는 것을 말한다.

즉, 아직 심판의 때가 되기 전인데 왜 벌써 이곳에 오셔서 사람들 속에서 잘 있는 자신들을 지옥 무저갱으로 보내려고 하느냐는 말이었다. 예수님은 틀림없이 귀신들을 사람에게서 나오라 하실 것이기 때문이다. 실제로 예수님은 귀신에게 "그 사람에게서 나오라"(눅 8:29)고 하셨다.

귀신들의 말은 일리가 있었다. 예수님은 두로와 시돈 지방에서 가나안 여자에게 "나는 이스라엘 집의 잃어버린 양 외에는 다른 데로 보내심을 받지 아니하였노라"(마 15:24)고 하셨기 때문이다.

그러므로 예수님은 본 자손만 구원하시면 되신다. 이방 나라에 복음을 증거하는 것은 주님의 몫이 아닌 제자들이 할 일이다. 그런데 벌써부터 이방 땅인 거라사 지방에 오신 것은 이해할 수 없다는 뜻이다.

3. 길이 막히다

거라사는 이방 땅으로 귀신이 그 땅에서 마음 놓고 이방인들 속에 들어가 역사하고 있었기 때문에, 갑작스러운 예수 그리스도의 방문은 귀신들을 당혹스럽게 했다. 귀신들은 이곳이 아직까지는 자기들의 활동 영역이라고 주장한다.

거라사 지방 사람들은 배를 타고 갈릴리 호수로 나가거나, 그곳에서 바다 건너 갈릴리 지방으로 가고 싶어도 귀신들린 사람들이 길목에 있었기 때문에 갈 수가 없었다. 이방 사람이 본 자손의 땅으로 가는 길을 귀신들린 자들이 길목에서 차단했다.

그리고 귀신들린 자들 때문에 갈릴리 사람이 이방 땅으로도 들어갈 수 없었다. 축복의 길목은 완전히 막혀 있었다. 길을 막고 있는 '귀신들린 자와 무덤', 그 음산함은 모두를 죽음으로 몰고 가는 어둠의 장막이 되었다. 이런 귀신의 장막을 주님이 걷어내시고 서로 왕래할 수 있도록 문을 여셨다.

4. 돼지 떼에 들어간 귀신들(31절)

두 사람 속에 있던 귀신들은 심판 받고 무저갱으로 들어갈 때가 아직 되지 않았기 때문에, 지금 사람에게서 나오게 된다면 너무 억울하며 무저갱 속으로도 갈 수 없으니 돼지 떼 속에라도 들어가게 해달라고 주께 요구했다(31절).

귀신의 입장에서 어쩌면 일리 있는 요구이다. 악한 영은 마지막 심판 전까지 이 땅에 머무르면서 악행을 저지르기 원한다.

주님은 그 귀신들의 요구가 영적으로 보면 합리적이기 때문에 거절하실 수 없어서 할 수 없이 돼지 떼 속에 "가라"고 허락하셨다(32절). 주님의 사명이 이방에게도 복된 소식을 전하는 것이라면 귀신의 말을 무시해버리고 호통도 치시며 당장 무저갱으로 보내셨을 것이다. 예수님이시라도 때가 되지 않았기 때문에 귀신들을 무저갱으로 보내실 수가 없었다.

주님이 허락하시니 귀신들이 사람 몸에서 나와 돼지 떼 속으로 들어갔다. 그러자 돼지 떼가 갈릴리 호수 속으로 뛰어들어가 다 죽었는데 그 숫자는 거의 2천 마리나 되었다(막 5:13). 귀신들이 돼지들을 혼미하게 만들고 죽음으로 몰고 갔다.

두 사람 속에 있던 귀신이 이렇게 많은 돼지를 죽일 정도로 수가 많았다. 그 귀신들은 돼지 한 마리 한 마리에 분리해 들어갈 수 있었다. 귀신은 군대같이 많은 숫자였다(30절).

귀신은 이렇게 사람이든 짐승이든 들어가기만 하면 혼란스럽게 만들고 망하게 한다.

5. 온전해진 사람들(막 5:15)

주님은 두 사람을 살리기 위해 돼지 떼의 희생을 묵인하셨는데 주님이 돼지 떼 속에 들어가는 것을 허락하신 이유가 있다. 돼지는 이스라엘 백성들이 먹을 수 없는 짐승이라고 가르쳐주셨고, 특히 하나님께 제물로 드릴 수 없으니 값어치가 없었다. 오히려 정욕적이며 세속적인 의미만 있었다. 그러므로 돼지가 죽는 것은 미안하지만 아깝지 않은 일이었다.

주님이 보실 때 사람의 생명이 회복된다면, 수천 마리의 돼지를 희생할 수도 있었다. 만일 귀신들이 송아지나 양 떼들 속으로 들어가겠다고 했다면 주님이 허락하셨을까 하는 궁금증은 가질 수 있다.

귀신이 나가자 그 사람은 옷을 입고 정신이 온전한 상태로 앉아 있었다. 공연히 날뛰고 돌아다니지 않았다. 지금까지 그 사람의 비정상적인 생활은 곧 귀신 때문이었음이 증명되었다. 군대귀신이 들어가면 누구에게나 큰 문제가 생긴다. 보통 사람들은 작고 조그만 영들이 들어가기 때문에 사소한 문제밖에 나타나지 않는다.

온전해진 사람은 주님이 배에 오르실 때에 따라가겠노라고 하였으나 받아주시지 않았다. 오히려 가족에게 돌아가서 이 모든 사실을 알리라고 하셨다. 귀신들렸던 사람은 주님의 말씀대로 자신에게 일어난 역사를 알렸고 많은 사람이 놀랐다(막 5:20).

6. 거라사 거민의 태도

돼지를 키우던 자들이 놀라 도망가서 읍내와 여러 마을에 이 사실을 알렸다(막 5:14). 그 도시 사람들은 궁금하여 현장에 찾아왔다. 그리고 지금까지 이 모든 일들을 지켜본 사람들의 증언을 들었다(막 5:16).

모든 상황을 이해한 그 도시 사람들은 예수님께 이곳을 떠나달라고 간구했다(34절). 그들의 판단은 예수님이 자기 동네에서 활동하시면 조용할 날이 없고 물질의 손해까지 입으리라 생각했기 때문이었다.

거라사 사람들은 어리석었다. 주님이 그 지방에 계셨더라면 하나님을 알고, 천국의 소식을 들으며, 병이 치료되는 등 더 큰 은혜를 입었을 것이다. 그들은 영적으로 무지하여 진정 무엇이 귀한 것인지 알지 못했기 때문에 주님을 거절했다.

역사적으로 보면 백여 년 후 그곳은 지진이 일어나 도시 전체가 파괴되었다. 주님은 그 지방의 불행한 미래를 보셨기 때문에 서둘러 가셔서 길목을 열어놓으신 것이다. 마음껏 축복의 땅으로 오라고 말이다. 가슴 아프게도 그 도시에서 은혜를 받은 사람은 역설적으로 귀신 들려 고생하던 사람이었다. 예수님을 만나는 사람은 그 누구라도 인생에 꽃이 핀다.

13장

혈우병 여인

본문 마가복음 5:25–34

큰 무리가 예수님을 따라다녔다(24절). 무리들은 예수님을 에워싸고 서로 밀었다. 주님 곁에 조금이라도 더 가까이 가고 싶어 하는 마음에서였을 것이다. 이런 장면은 예수님이 대중에게 큰 관심과 존경을 받고 있다는 증거이다.

예수님을 따라다닌 사람들을 보면 다양한 직종에 종사하는 사람들이었다. 또한 부자도 있고 가난한 사람도 있었다. 똑똑하고 잘난 사람도 많았지만, 여러모로 부족해 보이는 사람도 적지 않았다. 건강한 사람도 많았으나 병든 사람이 더 많았다.

주님을 따르는 사람들의 목적은 영적이든 육적이든 자신들의 갈급함을 해결하고 싶었기 때문이었다. 물론 어떤 이는 목적을 달성하였으나, 상당수는 그저 거리를 두고 따라다니다 별 소득 없이 끝나버렸을 것이다.

1. 12년 동안 혈우병을 앓던 여인

12년 동안 혈우병을 앓던 여인이 있었는데, 여러 해 동안 여러 의원들을 찾아가서 많은 괴로움을 당하며 치료를 받았으나 효과가 없었다. 의원들에게는 사실 여인의 중한 병을 치료할 능력이 없었고, 오히려 그녀의 심신만 괴롭게 할 따름이었다.

그 여인은 가지고 있던 재물을 다 허비하고나서도 아무 효과를 보지 못하고 병은 더 중하여졌다(26절). 여인은 건강에 물질까지 다 잃어버리고 마음의 고통까지 더하여진 채 말로 다 할 수없는 불행한 사람이 되었다. 그 여인은 이제 어떻게 살아야 할지 더 이상 희망이 보이지 않았다.

2. 예수님의 소문을 듣고 따라 나갔다(27절)

혈우병에 걸린 여인은 예수님이 여러 가지 병을 고치신다는 소문을 들었다. 여인은 그 소문이 사실일 것이라고 믿었다. 본인 눈으로 직접 확인하거나 누구에게 설득을 당한 것이 아니었다. 소문만 들어도 귀가 열려 그 놀라운 일이 믿어졌다. 하나님이 들을 귀를 주셨음이 분명하다.

세상에는 아무리 붙잡고 가르치고 설득해도, 주님의 능력을 믿지 못하겠다고 고개를 설레설레 흔드는 사람이 많다. 그러나 이 여인은 듣는 즉시 믿어졌고, 그 기적을 자신이 체험하고 싶어 적극적으로 행동했다.

혈우병에 걸린 여인의 몸에서는 불쾌한 냄새가 나기 때문에, 다른 사람들에게 가까이 접근하거나 손조차 잡을 수 없었다. 그러므로 여인은 막상 예수님을 따라갔지만 예수님 앞에 나서거나 그 몸에 손을 대지 못했다. 한편 병도 병이지만 여성으로서 남성인 예수님의 몸에 손을 대거나 당당하게 병 치료를 요청할 수가 없었다. 그래서 여인은 치료의 길을 찾아냈다. 무리 가운데 뒤섞여 주님 뒤를 따라가면서 몰래 예수님의 옷에 손을 대는 것이었다.

예수님의 옷만 만져도 혈우병이 치료될 것이라는 여인의 태도는 다소 미신적인 것처럼 보이지만 그것은 분명히 효력이 있는 믿음이었다(28절). 이 여인뿐 아니라 당시 사람들은 예수님의 몸에 손을 대려고 힘썼는데 이는 능력이 예수께로부터 나와 손을 댄 사람마다 치료되었기 때문이다(눅 6:19).

여인의 믿음은 몸을 만져서 병이 치료되었다면 옷만 만져도 치료될 것이라고 믿고 예수님의 옷을 만졌다. 그리고 즉시 자기의 혈루 근원이 곧 말라서 병이 나은 줄 깨달았다(29절).

3. 예수님의 태도(30절)

예수님은 병을 치료하는 능력이 자기에게서 나간 것을 아셨다. 옷에 손을 대었을 뿐인데 예수님의 몸에서 능력이 나갔다. 이것은 예수님 안에 능력이 머물러 있다는 중요한 원리가 된다. 그리고 그 능력은 예수님의 명령이 없어도 몸에서 흘러 나갈 수가 있었다.

주님의 몸은 능력이라고 할 수 있는 영적 에너지가 늘 충만해 있기 때문에, 전기를 저장해둔 것 같은 상태가 된다. 그리고 다른 사람의 손이 옷에 닿으면 이를 통해 전기가 흐르듯이 능력이 흘러 나간 것이다. 옷은 몸에 붙어 있기 때문에 몸과 옷은 하나와 같고, 그러므로 옷이 영적 능력이 흐르는 통로가 되었다.

여기서 중요한 것은 예수님이 옷을 잡은 그 여인이 불쌍해 보여서 몇 마디 말을 시켜보셨거나, 믿음이 있나 확인해보시고 고쳐주신 것이 아니라는 사실이다.

여인의 믿음이 예수님의 몸에 저장되어 있는 영적 에너지와 접촉되니, 치료하는 능력이 예수님에게서 여인의 몸으로 흘러들어가 역사하여 병이 치료된 것이었다. 물론 예수님은 창조주이시므로 이 모든 일이 이루어질 것을 사전에 아셨겠지만, 주님이 적극적으로 치료하시려는 의도가 있었던 것은 아니었다.

4. 치료의 도구

능력자의 몸을 직접 만지는 것은 말할 것도 없고, 입고 있는 옷을 통해 혹은 손에 들고 있는 지팡이를 통해서도 능력이 흘러 나가 기적이 일어난다. 성경에 보면 하나님의 명령에 따라 아론이 바로와 그의 신하 앞에 모세의 지팡이를 던지니 뱀이 되었다(출 7:10).

엘리야 선지자는 자기의 겉옷을 말아 요단강 물을 쳤더니 물이 이리저리 갈라지고 마른땅이 되었다. 그리고 제자인 엘리사와 함께 강을 건넜다. 이 장면을 보고 엘리사는 "당신의 성령이 하시는 역사가 갑절이나 내게 있게 하소서"(왕하 2:9)라고 했다. 엘리사는 놀라운 능력을 보면서 스승 이상으로 큰 능력자가 되고 싶었다.

엘리야 선지자는 하늘로 올라가면서 입고 있던 겉옷을 떨어뜨리고 갔다. 제자 엘리사는 자기의 겉옷을 두 조각으로 찢어버리고, 스승인 엘리야의 몸에서 떨어진 겉옷을 주워 자기의 겉옷으로 삼았다. 그리고 돌아가는 길에 요단강 앞에 서서 엘리야가 주고 간 겉옷으로 물을 치니 물이 갈라졌고, 엘리사는 스승과 똑같이 물을 건넜다. 능력자의 옷을 들고 있으니 그 사람은 없는데도 옷에서 능력이 나타난 것이다.

이와 비슷한 일이 신약 시대에도 있었다. 하나님이 바울의 손으로 놀라운 능력을 행하게 하셨는데, 심지어 사람들이 바울의 몸에서 손수건이나 앞치마를 가져다가 병든 사람에게 얹으면 그 병이 떠나고 악귀도 나갔다(행 19:12).

예수님과 모세와 아론, 엘리야와 엘리사 그리고 바울에게 한 가지 공통점이 있다. 그것은 몸에 입고 있었던 것이라는 점이다. 몸에 지금까지 붙어 있었기 때문에 능력이 나타난 것이지, 단지 오랜 세월이 지난 것이기 때문이거나 명목상의 소유물이 아니었다는 것이다.

능력자의 몸에 있던 옷과 도구들에서 능력이 발생한다고 하는 것은 미신이 아니며 거룩한 영적 현상이다. 물론 이와 비슷한 현상은 기독교 밖에서도 일어난다. 무당들이 사용하는 물건에도 귀신들이 붙어 있어 어둡지만 영력이 있다. 물론 그 영력이 생명을 살리고 축복의 자리로 인도하는 것은 아니지만 사탄에게도 능력이 있다는 증거이다.

주님은 능력이 나가는 것, 영적 접촉이 일어난 것을 아셨다(30절). 그래서 뒤를 돌아보시며 "누가 내 옷에 손을 대었느냐"고 물으신 것이다. 그 말을 들은 제자들은 무리가 에워싸며 밀고 있는 것을 보시면서 "누가 무슨 의도로 손을 대었느냐"고 되물었다. 혈우병 여인이 의도적으로 주님께 접근하여 손을 댔지만 그녀가 병이 나은 것을 몰랐기 때문이다. 그러므로 이런 말씀을 하시는 예수님을 이해하지 못했다.

5. 축복의 말씀(34절)

주님이 가던 길을 멈추시고 그 여인을 보시니, 그 여인은 자기가 주님의 허락도 없이 취한 행동 때문에 두려워 떨었다. 그리고 자신의 행위를 솔직하게 주님께 고했다. 주님은 그 여인의 이야기를 들으신 후 "딸아 네 믿음이 너를 구원하였으니 평안히 가라" 그리고 "네 병에서 놓여 건강할지어다"(34절)라고 축복의 말씀을 해주셨다. 주님은 그 여인의 행동을 믿음으로 보시고 인정해주셨다.

예수 그리스도는 자체가 빛이시며 능력 덩어리와 같다. 한편 이 세상은 어둠의 세력인 귀신이 모든 구석구석에 퍼져 있는 곳이다. 주님은 이 땅에 오셔서 강력한 빛과 능력으로 사탄의 세력을 물리치셨다. 엘리야의 제자 엘리사가 능력을 이어받았듯이, 이 시대에도 주님의 제자인 사역자들에게 이와 같은 능력이 필요하다.

혈우병 여인이 예수님의 옷에 손을 대어 능력을 체험했듯이, 영적으로 준비된 사람이 주님이나 엘리야와 엘리사 같은 능력자를 만나고 접촉하고 함께 기도하면, 능력이 전이될 가능성도 있다. 만일 무당을 가까이하면 무당에게 역사하는 귀신 때문에 어려움을 겪을 수 있다.

영적으로 어떤 사람과 접촉하는지에 따라 결과가 판이하게 달라진다. 그러므로 회개하지 않아서 영적 상태가 좋지 않은 사람과 가까이 지내는 것은 좋지 않은 영향을 받을 수 있다.

또한 예수님에게서 능력이 나갔다고 예수님께 있는 능력이 소모되는 것이 아니다. 주님의 능력은 무궁무진하기 때문이다. 그것은 이 세상 모든 사람에게 나누어주고도 남는 창조주의 능력인 것이다.

6. 여자의 병이 나은 것이 소문으로 퍼졌다

여자가 예수님의 옷에 손을 대어 혈우병이 나은 이후, 그 소문은 온 땅으로 퍼져나갔다. 그러므로 예수님이 게네사렛 땅에 이르렀을 때에 그곳 사람들이 많이 몰려왔다. 그리고 다만 예수의 옷자락에라도 손을 대게 해 주시기를 간구하니, 손을 대는 자는 어떤 병이든지 다 나음을 얻었다(막 6:36). 혈우병에 걸렸으나 주님께 손을 대어 나은 여인은 병이 나은 사람의 모델이 되었다.

14장

맹인들

본문 마태복음 9:27–31

예수님은 가르치시고, 전도하시며, 병든 사람들을 불쌍히 여기시고, 치료하셨다. 예수님이 병을 잘 고치신다는 소문이 온 땅에 퍼졌다(26절). 가버나움에서는 하인의 중풍병을 낫게 하셨고(8:13), 베드로의 장모의 열병을 고치시는(8:15) 등 많은 사람들의 병을 고치셨다.

바람과 바다를 잔잔케 하기도 하셨고(8:27), 거라사 지방의 귀신들린 자를 고치셨으며(8:32), 회당장의 딸을 죽음에서 건지기도 하셨다(9:25). 특히 죽은 소녀가 살아났다는 소문이 퍼지면서 주님을 만나면 산다는 이야기가 돌았다.

주님은 인간과 자연계, 영계 모든 부분을 다스리셨다. 그러므로 주님은 모든 세계의 주인이시며 진정한 왕이시다.

1. 길에서 맹인들이 소리를 질렀다(27절)

주님이 길을 가시는데 두 맹인이 따라오며 소리를 질렀다. 그들은 예수님께 "다윗의 자손이여 우리를 불쌍히 여기소서"(27절)라고 했다. 주님은 그들이 길에서 외치는 소리에 특별한 반응을 보이지 않으셨다. 조금 지나서 주님이 어느 집에 들어가셨을 때, 조금 전에 소리치던 맹인들이 다시 주님 앞에 나아오자 조용히 물으셨다.

주님은 "내가 능히 이 일 할 줄을 믿느냐"고 물으셨고, 그들은 "주여 그러하오이다"라고 대답했다. 이러한 그들의 믿음을 인정하신 예수님은 그들의 눈을 만져주시며 "너희 믿음대로 되라"(29절)고 말씀하셨다.

주님의 사역 방법은 사람에 따라 다르기 때문에 정해진 형식은 없다. 지금 이 맹인에게 말씀만 하셔도 치료가 될 텐데 손으로 만져주신 것은 그들에 대한 애정의 표현이었다. 그들이 주님께 불쌍히 여겨달라고 말했기 때문이다. 주님은 맹인의 눈에 있던 막힌 것을 제거해주셨고, 상한 것들을 온전케 하셨다.

그리고는 병이 나은 그들에게 이 사실을 아무에게도 말하지 말라고 하시며 자신의 일을 숨기셨다(30절). 이것은 수많은 병자 가운데 한 사람이 나은 것 이상의 의미를 가지고 있는데 그 이유는 다음과 같다.

맹인들이 주님을 따라오며 "다윗의 자손이여"(27절) 하고 길거리에서 큰 소리로 불렀는데 이는 '메시아'라는 의미를 갖는다. '메시아'는 모든 백성이 따라야 할 최고의 종이다. 메시아 앞에서는 오직 순종만 있을 뿐이다. 예수님이 메시아이신 것은 맞지만 지도자나 백성들은 영적으로 무지하기 때문에, 이 사실을 받아들이려면 시간이 더 필요했다.

그런데 사역을 시작하여 백성들에게 예수님이 차츰차츰 알려지기 시작한 시점에서 이런 엄청난 비밀이 맹인들의 입을 통하여 세상에 너무 일찍 알려진다면 아직 받아들이지 못하는 사람들의 반발을 살 수가 있었다. 때문에 주님은 두 맹인을 처음 만난 자리에서 즉각 반응하지 않으셨다. 그래서 길거리에서 맹인을 고치지 않으시고 집안에 들어가서 주변이 조용해진 후, 그들의 믿음을 확인하시고 눈을 고쳐주셨다. 그리고 이 일을 아무에게도 말하지 말라고 당부하신 것이다.

주님이 이들을 치료하실 때 "너희 믿음대로 되라"고 말씀하신 것은 하나님께 치료해달라고 기도하신 것이 아니라 선언이었다.

기도와 선언은 다르다. 기도는 능력의 주인공에게 소원하여 그렇게 되기를 바라는 것이지만, 선언은 누구를 의지하지 않고 자기에게 있는 권세로 말하면 된다. 주님은 능력을 소유하고 계시기 때문에 어떻게 되라고 명령하시면 그대로 된다. 예수님은 지금 하나님께 기도하심으로 기적을 일으키신 것이 아니라 명령하셨다.

만일 예수님처럼 능력이 있다면 이렇게 되길 바란다고 선언이나 명령을 하면 된다. 만일 오늘날 사역자들이 선언하고 명령을 하여 성도들의 커다란 문제가 해결된다면, 이 나라의 성도들은 병으로 신음하거나 여러 문제로 고통당하는 사람이 없어야 한다.

우리는 주변에서 아무리 예수 그리스도의 이름으로 선언하거나 사탄에게 명령해도 문제가 해결되지 않고 병이 치료되지 않는다고 하소연하는 경우를 많이 본다. 그 이유는 간단하다. 주님께로부터 큰 능력을 부여받지 못했기 때문이다.

2. 맹인들의 믿음이 남달랐다

주님을 부르는 말은 믿음에 따라 다르지만 거의 대부분 "주여"라는 호칭으로 불렀다. 이것은 주인이나 높은 사람을 부르는 것으로 메시아를 부르는 말이 아니다. 그런데 두 맹인은 "다윗의 자손이여"라고 불렀으니 위대한 믿음이다.

많은 사람들이 주님을 '미친 사람'으로 폄하했고, 거라사 지방의 귀신들린 자만 '하나님의 아들'이라고 말했는데, 이 또한 귀신이 한 말이었다. 맨 정신으로는 아무도 이렇게 예수님을 '다윗의 자손'으로 부른 사람이 없었다. 이 말에 주님은 매우 기뻐하셨을 것이다.

다윗은 하나님의 마음에 합한 자로서 그리스도의 모형이다. 그의 후손에게서 메시아가 탄생할 것이라 예언되었고, 유대인들은 다윗의 자손인 메시아를 기다려왔다.

다윗의 자손은 예수님에 대한 정확한 호칭으로서, 맹인이었던 사람들은 예수님이 바로 메시아이심을 믿었기에 그렇게 불렀던 것이다. 맹인으로 살아서 많은 공부를 하지 못했기 때문에 성경을 연구하여 예수님이 메시아이신 것을 알지 못할 것이라고 생각할 수 있지만, 하나님이 그들에게 은혜를 주셔서 소문만 듣고도 메시아이신 것을 알았다. 그리고 예수님을 실제로 만나서 치료를 받았기 때문에 맹인이었던 사람들은 더 깊고 실제적인 영적 지식을 소유하게 되었다.

비록 그들이 육신의 눈은 멀었으나 영적인 눈은 열렸기에 예수님의 발소리와 예수님의 냄새만을 맡고도 하나님의 아들이심을 알아본 것이다.

3. 눈 뜬 맹인이 세상에 가득하다

바리새인과 서기관, 장로들과 백성들은 예수님을 바로 알아보는 눈이 없어 예수님을 비판하다가 결국 하나님의 아들인 예수님을 죽인 죄를 범했다.

당시의 서기관은 요즘의 신학교수급이라고 볼 수 있는데, 그들은 맹인들이 성경 공부도 제대로 하지 못하고 지식도 없는 것으로 보았기 때문에 그들이 메시아에 대해 이야기하는 것을 듣고는 그들을 욕했다. 학문이 깊은 데다 눈을 뜨고 앞을 볼 수 있는 서기관은 예수님을 몰라보고, 학문이 없고 눈이 먼 사람은 주님을 알아보았다.

이 땅에는 영적인 맹인이 있고 영적으로 눈을 뜬 사람이 있다. 영적인 눈을 뜬 사람은 축복 받은 사람이다. 오늘날 눈 뜬 맹인들이 많은데 그들은 하나님의 영적인 손길을 느끼지 못하고, 성령의 역사와 임재를 믿지 않는다.

육적 맹인은 숫자가 적지만, 영적 맹인은 너무나 많아서 신자든 불신자든 거의 대부분의 사람들이 이에 속한다.

가장 심각하고 두려운 일은 개신교 안에서 바리새인처럼 영적으로 맹인인 자신의 상태를 전혀 눈치 채지 못한 채 높은 직책에 버젓이 앉아 있거나 학문이 높다고 자랑하고 있는 것이다.

4. 영의 눈을 떠야 한다

영적인 눈을 뜨는 방법은 성경을 깊이 읽고 기도를 많이 하는 것이다. 특히 회개를 많이 해 영혼과 몸이 깨끗해져야 한다. 육적인 것에 스스로 맹인이 되어 세상 것에 눈을 감고, 기도하며 회개할 때 영적인 눈이 열리고 주님을 볼 수 있다.

영적인 눈을 뜨면 하나님의 세계가 보인다. 천국이 보이고 하나님이 하신 일들을 깨닫게 되며, 하나님이 언제나 함께하시는 것을 알게 된다. 또한 하나님은 언제나 우리의 기도를 들으시고, 내 속에 성령으로 함께 계시는 것을 느낄 수 있다.

성령의 역사가 보이고 마귀의 역사도 보인다. 그리고 나 자신을 바로 알고 겸손하게 되며, 모든 자연 현상들 속에서도 하나님의 섭리를 알게 된다. 나뭇가지가 흔들리고 나뭇잎이 움직이는 것을 볼 때 하나님이 키우시고 하나님을 찬양하는 것을 알게 된다. 하나님의 손길과 숨결을 느끼게 되는 것이다.

영적인 눈을 뜨면 겉으로 드러난 현상을 보지 않고 그 속을 보게 된다. 하나님은 중심을 보시기 때문이다. 눈을 감아도 세상이 보인다. 예기치 않은 사건이 일어날 때 그 배후에 있는 하나님의 역사와 마귀의 역사를 보게 된다. 사람의 영혼도 꿰뚫어보고 그 상태를 여러 면에서 알게 된다. 그리고 성도로서 하나님 앞에 바로 서고 실수가 줄어들게 된다.

이제 하나님의 사람들은 세상적으로는 맹인이 되고, 영적인 눈을 떠야 한다. 그래서 주님의 심판이 가까웠음을 볼 수 있는 믿음을 가져야 한다. 그래야 주님이 믿음 있는 자에게 오셔서 은혜를 주신다. 하나님만 바라보자.

15장

잃으면 얻는다

본문 마태복음 10:34-39

주님은 “사람의 원수가 자기 집안 식구리라”(36절)고 말씀하셨다. 원수라는 끔찍한 상대가 가족이라면 원수와 동거하고 동침하며 살고 있다는 뜻이다. 여기서 원수는 하나님을 온전히 믿고 따르는 사람을 반대하는 자를 말한다.

하나님을 증거할 때 가정에서부터 먼저 반대를 받게 된다. 그러나 반대가 있다고 해서 예수 그리스도에 대해 증거하지 않을 수 없다. 이렇게 계속 진리를 드러내기 때문에 그것을 받아들이지 못하는 가족과 충돌하게 되는 것이다. 그리고 지금까지 사랑했던 가족이 복음의 반대자로 등장하게 되고 드디어 분쟁이 싹트게 되는 것이다.

1. 하나님 나라에 합당치 않은 자(37절)

다윗은 하나님께 “내 마음에 합한 자”라는 말을 들었는데, 반대로 하나님께 합당하지 않은 자가 있다. 그렇다면 어떤 사람이 하나님께 합당하지 않은지를 알아야 한다.

놀랍게도 아버지와 어머니, 아들과 딸을 하나님보다 더 사랑하면 합당치 않은 자라고 하셨다(37절). 성도들은 혈육이나 부모 형제를 주님보다 더 사랑할 수 없다. 주님의 요구는 주님을 이 세상 누구보다 더욱, 가장 사랑하라는 말씀이다.

가족과 친척이 하고자 하는 일이 죄를 짓고 우상을 섬기고 제사를 지내는 등의 일이라면, 그것은 하나님의 뜻에 위배되기 때문에 동의하고 협력할 수 없다. 함께 살고 한 식탁에서 식사를 해도 주의 뜻을 양보할 수는 없다.

그렇다고 가족을 버리고 떠나거나 관계를 끊는 것도 하나님의 사명에서 벗어난다.

2. 십자가를 져라(38절)

또한 십자가를 지고 주님을 따르지 않는다면 주님께 합당치 않다고 하셨다(38절). 하나님의 사람에게는 여러 십자가가 많은데 그 중에 사람이 십자가이다.

남편과 아내가 서로 십자가이다. 결혼을 하고 부부가 된 후 갈등을 겪는 경우가 많다. 어느 때는 결혼을 후회할 정도로 생각과 문화가 달라 괴로울 때가 있다. 제일 큰 문제는 주의 나라를 위해 사역을 할 때 방해가 되는 경우이다. 그러나 어떤 경우이든 주님이 나에게 주신 배필이라고 믿고 돕고 이해하며 살아야 한다. 배후에 악한 영들의 훼방이 있음을 기억해야 한다.

자식이 십자가이다. 자식이 부모에게 순종하며 부모의 지도를 잘 따라주는 경우가 많지 않다. 괴로운 일이지만 자녀에게 역사하는 악한 영들을 살피고, 그 좋지 않은 영향들이 나로부터 연유되었다고 생각하고 자신과 자녀를 위해 끊임없이 기도해야 한다.

부모가 일평생 같이 가야 할 십자가다. 우리는 부모로부터 좋은 것과 나쁜 것 모두를 물려받았다. 내가 죄인인 것처럼 부모도 죄인이다. 부모도 회개할 것이 많은 연약한 사람이다. 부족한 것이 보이면 불쌍히 여기며 그것을 놓고 하나님께 기도해야 한다. 그들도 인생을 살면서 많은 상처가 있다는 것을 인정해주고 영적으로 도와주어야 한다.

사명이 십자가가 된다. 성도들은 하나님께 받은 사명이 있다. 내 마음속에서 사명을 감당하기 위해 열정을 갖기도 하지만 어느 때에는 포기하고 싶을 때에도 있다. 그러나 하나님이 원하시는 사명을 인간인 우리가 거역하거나 피해 갈 수는 없다. 그러므로 힘들고 벅찬 일이 있어도 기도하면서 나아가야 한다.

건강의 십자가가 있다. 우리는 부모로부터 여러 가지를 물려받는데 특히 건강에 많은 영향을 받는다. 생각지도 못한 불치병으로 고난을 당할 때도 있고, 예기치 않은 사고로 생활과 사역에 지장을 받을 때도 있다. 그렇다 할지라도 하나님께 불평하거나 인생을 포기하려는 생각은 금물이다. 바울에게도 찌르는 가시가 있었고, 우리에게도 건강에 문제가 있을 수 있다. 다른 이유이지만 악한 영으로 인해 건강에 문제가 생길 수 있는데 이것은 회개함으로 해결할 수 있다.

물질의 십자가가 있다. 하나님은 각 사람마다 여러 은사들을 주신다. 어떤 사람에게는 많은 물질을 주신다. 어떤 사람은 믿음도 훌륭하고 하나님을 사랑하지만 적은 물질밖에 하나님께로부터 받지 못하는 경우가 있다. 그 이유는 조상들의 여러 부정적인 죄 때문에 그럴 수도 있고, 자신의 영적이며 육적인 문제 때문일 수도 있다. 물질의 풍성함을 위해 노력하고 기도해야 하지만 이것으로 인해 심각하게 낙심하는 것은 옳은 일이 아니다.

3. 목숨을 잃어라(39절)

주님은 죄인들을 위하여 십자가를 지셔야 하고, 많은 사람들을 가르치고 치료하시는 자신의 사명이 너무나 힘들고 고통스러운 일이었음에도 회피하지 않으시고 결국 십자가를 지셨다. 주님은 시간을 정해놓고 산에 오르셔서 하나님께 기도하시며 사명을 불태우셨다. 주님이 하나님의 아들이시라고 거저 일하신 것이 아니다.

우리도 예수님을 닮아가기 위해서는 먼저 자신의 욕심과 싸우고 주변의 죄와 투쟁해야 한다. 대강 같이 살려는 마음으로 부모와 자식의 죄를 함께하거나 묵인해서는 안 된다. 주님의 나라와 뜻에 순종하기 위해 목숨을 잃어야 한다(39절).

의도적으로 목숨을 버리는 것이 아니라 원치 않게 잃게 되는 것이다. 자살이 아니라 타살인 것이다. 목숨이 아깝지만 주의 뜻을 위해 할 수 없이 잃는 것이다.

사람의 욕심과 생명까지 버리고 광야로 나가면 하나님을 만나고 하나님의 생명을 얻게 된다. 주님은 우리가 잃으면 얻게 된다고 하셨다(39절). 주님은 십자가에서 죽으심으로 잃은 것 같았지만, 부활하심으로 다시 얻으셨다. 하늘의 권세를 얻으시고 온 우주의 왕이 되셨다. 누구든지 진실로 주님을 위해 잃으면 진실한 기쁨을 얻어 다시 세상에 온다. 세상적인 요구를 다 포기하면 주님이 새 생명을 주신다.

주님의 나라를 위해 투쟁하는 사람은 이 땅에서 대부분 좋은 결과를 얻게 된다. 가정 구성원의 대부가 되고 선구자가 된다. 사회와 사람을 바로 세워 존경을 받는 리더가 된다. 그리고 후대 사람들이 그를 흠모하고 본받으려 한다.

자신의 목숨, 자신의 인생을 그리스도 안에 버려야 한다. 그분의 뜻에 따라 살고 그분을 만나기 위해 고독을 마다하지 말아야 한다. 주님도 목숨을 버리셨을 때 하늘 보좌가 그분을 기다린 것처럼, 우리도 주님을 위해 목숨을 버리면 천국의 영광스러운 보좌가 우리를 기다릴 것이다.

3부 | 갈릴리 전도 말기

16장

너희가 먹을 것을 주어라

본문 마태복음 14:13-21

오병이어 기적에 대해서 사람들의 관심이 많은 것은 그 일이 성경에 기록되었기 때문이기도 하지만, 어떻게 보리떡 다섯 개와 물고기 두 마리로 오천 명이 먹을 수 있었는지 궁금해하기 때문이다. 교회에는 출석하지만 믿음 없는 사람은 그 사건이 사실이 아니라고 확신을 가지고 말하기도 하고, 어떤 사람은 성경의 기록이니까 맞을 것이라 여기며 받아들이기도 할 것이다. 어찌 되었든 이 이야기 속에서 몇 가지만이라도 영적인 교훈을 얻으려 한다.

1. 빈들로 가시다(13절)

예수님은 세례 요한이 옥에서 죽으셨다는 말씀을 듣고 그 자리에서 떠나사 사람이 없는 빈들로 가셨다(13절). 이것은 순교한 세례 요한에 대한 예의이며 배려이셨다. 주님은 세례 요한이 죽기를 기다렸다는 듯이 대중들에게 나서시고 세례 요한의 제자들을 자신의 제자로 끌어 모으실 수는 없었다.

한편으로 주님도 자신을 생각해보시기 위함이었다. 빈들은 주님이 사역하시기 전 처음 40일 동안 금식하셨던 곳이며 마귀에게 시험을 받으셨던 곳이다. 항상 중요한 일이 있을 때에는 빈들로 가는 것이 영적인 사람의 행동 원리이다.

또 한편 빈들로 가시는 주님의 뒤를 계속 따르던 무리가 있었는데 그 이유는 무엇이었을까? 그것은 예수님의 인기가 좋아서이기도 했지만, 세례 요한의 죽음으로 일반 백성들에게 믿고 따를 수 있는 영적 지도자는 예수님밖에 없으셨기 때문이었다. 그러므로 희망을 걸고 따라온 무리들 중에 남자만 해도 5천 명이나 모이게 되었다.

당시 백성들은 영적으로, 육적으로 말할 수 없이 갈급했다. 빈들에 모인 백성들은 주님을 향한 열심이 있었는데, 그들은 예상치 못한 가운데 오병이어의 기적에 동참하게 되었다. 그들 중에는 병자들도 많이 있었을 텐데 그곳까지 따라오는 것은 쉽지 않은 일이었을 것이다(13절).

저녁이 되자 제자들이 주님께 건의했다. 이곳은 빈들이고 때도 이미 저물었으니 무리를 보내어 마을로 들어가 먹을 것을 사먹게 하자는 것이었다. 상당히 합리적이며 지혜로운 건의였다. 그런데 주님은 "갈 것 없다 너희가 먹을 것을 주라"(16절)고 하셨다.

주님은 자신을 따라온 많은 무리를 육적으로도 먹이기를 원하셨다. 낮에는 영의 양식을 주었지만 이제는 육의 양식을 먹을 시간인 것이었다. 주님은 목자 잃은 양 같은 백성들의 먹는 문제에 관심을 가지셨다.

그러나 제자들은 이 많은 무리의 식사를 해결할 능력이 없었다. 빈들에는 식당도 없었고, 음식 만들 재료와 도구도 없었으며, 음식을 살 큰돈도 문제였다. 빈들은 그야말로 빈들이었다. 어떻게 하라고 "너희가 먹을 것을 주라"고 하시는 것인지 이해하기가 힘들었다. 분명한 것은 주님이 제자들의 무능함을 들추어내고 약을 올리려고 말씀하신 것은 아니며 '실제로 제자들이 할 수 있는 일이기에' 그렇게 말씀하셨다는 것이었다. 제자들이 할 수 있는 일이 무엇이었을까?

2. 도시락 주인이 되신 예수님(17절)

마침 그때 한 아이가 자기가 먹으려고 가져온 음식을 주님께 드렸다. 아이는 주님도 시장하실 테니 음식을 드셔야 한다고 생각했다. 그런데 그 보잘것없어 보이는 음식을 예수님이 축사하시고 나누어주시자 남자 숫자만 5천 명이 먹을 수 있었다. 도시락 하나에 5천 배의 능력이 나타난 것이다. 만일 그 아이가 도시락을 혼자 먹었다면 5천 명 중에 1의 역사밖에 안 되는 일이었다.

만약 어린아이가 자기 손으로 직접 옆 사람에게 자신의 음식을 하나씩 나누어주었다면, 혼자 먹을 때보다는 몇 사람이 더 혜택을 받았을 것이지만, 배고픈 수많은 무리를 만족시킬 수는 없었을 것이다. 옆 사람 몇 명만이 적은 양의 음식을 먹었을 테니 간단한 요기만으로 끝나게 되었을 것이었다. 음식을 받지 못한 사람들의 원망을 들으면서 말이다.

어린아이가 스스로 주체가 되어 나누어주었다면, 이렇게 큰 역사가 나타날 수는 없었다. 사람들은 대개 겉으로 드러나는 일은 자신이 하고 싶어 한다. 내 이름으로 하여 내 명예가 높아지길 원하고, 내가 감사를 받고 싶어 한다. 그렇지만 그렇게 하면 역사는 줄어든다.

그 아이는 과감하게 그 도시락을 주님께 드렸다. 그리고 그것을 주님이 혼자서 드시든지, 가까운 제자와 나누어 드시던지, 통째로 남을 주든지 상관하지 않았다. 주님이 제자들에게 떡을 나누어주실 때, 그 떡은 주님께 드린 것이므로 주님이 마음대로 하시도록 맡겼다. 어린아이는 자신이 드린 것을 왜 남에게 주느냐고 불평하거나 섭섭하게 생각하지 않았다.

주님께 드린 이상, 이제 내 것이 아니고 주님의 것이라는 사실을 확실히 인식하고 있었던 것이다. 일단 드렸다면 주인이 바뀐 것이다. 이제 그 떡과 물고기는 주님의 소유가 되었다.

누구든지 주님께 드린 후에는 영원토록 주인 노릇을 하면 안 된다. 우리가 주께 몸을 헌신했다면 이제 주님이 주인이시고, 물질을 드렸다면 더 이상 드린 것에 대한 주권 행사를 해서는 안 된다. 주님께 주인의 권한을 드렸다가 다시 찾아와 소유권을 행사하는 것은 악한 일이다.

3. 축사하고 나누어주시다(19절)

주님이 그 도시락을 받으시고 하늘을 우러러 축사하신 후 나누어주실 때 기적이 일어났다. 주님은 이런 역사를 일으킬 준비를 하셨고, 실제로 제자들이 이런 기적을 일으키는데 앞장서기를 바라셨다. 놀랍게도 서로가 떡을 떼어 나누어줄 때 떡이 계속 불어났다.

똑같은 음식인데 주의 것이 되면 커지고 불어나고 많아진다. 자기 몫은 자기가 갖고 나머지 일부를 떼어주었는데도 여전히 큰 것이다. 나누어주고 나누어주어도 여전히 풍성하다.

떡을 받은 사람은 모두 만족하고 배불리 먹었다. 나누어주면서 자신의 배도 채워야 한다. 자신의 배가 불러야 나누어줄 수 있다. 주기만 하면 자신은 배가 고파서 구호 대상자가 된다.

떡을 떼어 나누어주면 그대로 떡이 많아지는 것이지 다른 음식이 나오는 것은 아니다. 또한 그것이 다른 음식으로 변하지도 않는다. 그렇기 때문에 떡을 떼면 떡이 되고 뱀을 나누면 뱀이 된다. 좋은 것을 나누어야 좋은 것이 커지고 많아져 풍성하게 된다. 사람은 결국 자신이 가지고 있는 것을 나누어주게 되는 것이다.

4. 제자들이 기적의 주인공이 되다(19절)

주님은 처음 나누어주실 때 떡을 떼어 제자들에게 주셨고, 그 떡을 받은 제자들은 다른 사람들에게 또다시 나누어주었다. 주님이 어느 한 사람에게만 모든 떡을 다 주신 것도 아니고, 5천 명을 줄 세워놓고 혼자 다 주신 것도 아니었다. 제자들을 통해 다른 사람들과 떡을 나누게 하셨다. 주님은 처음부터 너희가 먹을 것을 주라고 말씀하셨고(16절), 그것이 지금 그대로 이루어지고 있는 현장이 되었던 것이다.

예수님은 제자들과 사람들로 하여금 떡을 받고 남에게 떼어주면서 예수님의 능력으로 떡이 불어나는 것을 보고 배우게 하셨다. 주님은 제자들은 들러리를 서게 하고 자신만 기적을 베푸는 주인공이자 영웅이 되려고 하지 않으셨다. 떡은 제자들이 나누어주었고 옆의 사람이 나누어주었다. 그 자리에 있던 모두가 기적을 만들어낸 주인공이 되었다. 오병이어의 역사는 사실 제자들과 떡을 나눈 사람들이 맛보았다. 이 사건을 통해 주님도 드러나셨지만 주님의 제자들은 한껏 고무되었을 것이다. 주인공은 제자들이었다.

5. 그리스도가 생명의 떡

우리가 이 사건에서 배우는 것은 예수 그리스도를 다른 사람들에게 자꾸 떼어주어야 한다. 주님은 '내가 생명의 떡'이라고 하셨기 때문이다. 빈들에서 제자들과 사람들은 떡을 떼어 나누어주는 것을 배운 것이었다. 맛있고 영양 있는 떡을 자기 혼자 먹으려고 하면 안 된다. 나 혼자 살면 하나의 생명이 살게 되지만, 나누면 나누는 만큼 기하급수적으로 떡이 많아져 수많은 생명이 살게 된다.

특히 생명의 떡이신 그리스도를 나누어주고 나에게 있는 은사도 나누어 주면 모든 사람에게 좋은 것으로 가득 차게 된다. 이와 반대로 여기저기에 나쁜 것을 주면 그것이 가득 차게 될 수밖에 없다.

예수님의 말씀을 듣고 싶어서 빈들까지 함께 걸어온 이들은 세례 요한이라는 지도자를 잃어버린 희망을 잃은 자들이었고 병자였으며, 가난했고 배고팠지만 주님으로 인해 행복해하며 돌아갔다. 갈망과 고통의 문제에서 벗어나 주님의 풍성함을 체험하고 돌아갔다. 이 세상은 그 빈들과 같고 그 빈들 안에 수많은 병자들이 있다. 그들 모두에게 주님의 풍성함을 체험할 수 있도록 그리스도를 나누어주자.

17장

은과 고을을 주심

본문 누가복음 19:11-27

예수님을 따르던 사람들 중에는 당장에 하나님의 나라가 이루어질 줄 알고 예수님이 예루살렘으로 올라가실 때 흥분했다(11절). 주님이 왕이 되거나 권력자가 되시면 주님의 측근들인 자신들도 높아지기 때문이었다. 주님은 제자들의 조급함을 보시고 지금은 시기적으로 아니라는 것을 말씀하시려 했다. 이를 위해 주님은 제자들에게 므나의 비유를 말씀하셨다.

1. 귀인이 길을 떠나다(12절)

주님은 자신을 상징하는 귀인이 먼 나라에 간다고 말씀하셨는데, 이것은 주님의 나라가 당장 임하는 것이 아니라 먼 일이라는 것이었다. 또한 왕위를 받아가지고 오려고 떠났으니, 아직은 완전한 왕위를 물려받으신 것이 아니었다. 그리고 왕위를 받아가지고 오실 때는 종들을 심판하시는 때이다. 즉, 주님의 나라가 세워지는 것과 이 세상의 심판은 아직은 아니라는 뜻이었다. 이 심판의 때는 곧 재림을 가리킨다고 할 수 있다.

귀인이 길을 떠나기 전, 그 집에서 일하는 종 열 명을 불러 은 열 므나를 가지고와 한 사람에게 한 므나씩 나누어주었다(13절). 은 한 므나는 큰돈이었다.

귀인은 종들을 믿고 큰 재물을 맡겼기면서 장사하여 이윤을 남기라고 했다. 귀인은 모든 종에게 똑같은 기회를 제공했다. 종은 어쨌든 주인을 위해 일을 하는 것이 사명이다. 종들이 그 므나를 받아 가지고 장사를 하듯 우리도 주님의 나라를 위해 충성해야 한다.

그러나 이 일은 쉽지 않다. 제일 큰 문제는 백성들이 그 귀인을 미워하고 있기 때문이었다(14절). 백성들이 주인을 싫어하니 그 집에 속한 종들도 주인이 없는 상황에서 장사하여 이윤을 남기는 것은 쉽지 않은 일이다. 백성들의 반대와 핍박이 많을 수밖에 없다. 또한 일을 잘 하든 못 하든 주인이 간섭하거나 감시하고 있는 것이 아니기에 게으름을 피우려면 얼마든지 가능한 상황이었다.

2. 귀인이 돌아오다

귀인은 왕위를 받아가지고 돌아왔다(15절). 주님이 재림하신 때이다. 귀인은 은화를 나누어준 종들을 불러 그 장사한 것을 셈하였다. 그들 중에 첫 번째로 보고한 사람은 한 므나를 가지고 열 므나를 만들었다. 무려 열 배로 부풀린 것이다. 주님은 그를 "착한 종"이라고 칭찬하셨다(17절).

이익을 남겨야 착한 종이지, 외모가 특출하거나 공부를 많이 했거나 인격이 훌륭하거나 심성이 좋다고 착한 종이 아니다. 주인의 평가 기준은 무조건 이익이다. 그러므로 열심히 일한 충성한 종이 착한 종이다.

그리고 주인은 종에게 "작은 일에 충성하였다"고 말씀하셨는데 그 의미는, 일 자체는 크고 어렵지만 주님이 갚아주실 상에 비교하면 작은 일이기 때문이다. 하늘나라에서 종들이 받는 상과 맡겨주시는 일은 심히 크고 황홀한 일들이 많다. 그것에 비하면 이 땅의 종들이 수고한 일은 아주 작아 보인다.

사실 우주적으로나 역사적으로 볼 때 인간이 하는 일이라는 것이 얼마나 크겠는가. 그 칭찬은 종이 행한 일이 작은 일이라는 것을 증명한다. 왜냐하면 주님이 갚아주신 것이 너무 크기 때문이다.

주인은 열 므나를 남긴 충성된 종에게 "열 고을 권세"를 차지하라고 말씀하셨다. 천국에서 고을을 차지하는 데 한 므나에 무려 한 고을씩을 계산해서 주셨다. 그렇다면 고을에 대한 설명이 필요하다. 박윤선은 열 고을의 권세가 무엇인지 모른다고 조심스럽게 말하면서도 큰 상급이라고 말했다. 이 열 고을은 말 그대로 열 고을이다. 하늘나라에는 많은 고을이 있고, 그 고을에는 구원받은 영혼들이 모여 산다.

한 고을을 도시 하나로 생각하면 좋다. 그렇지만 도시들은 각각 규모가 다르다. 그런 도시 규모의 고을을 한 사람에게 많게는 열 고을까지 다스리는 권세를 주신다고 하셨다. 이 정도의 권세는 왕권을 가진 "왕 같은 제사장들이다"(벧전 2:9). 이런 권세를 받는 종은 옛날이나 지금이나 소수에 불과하다고 할 수 있다.

한 므나를 받아 다섯 므나로 만든 종도 있었다. 주님은 그 종도 칭찬하시며 다섯 고을을 다스리는 권세를 차지하라고 하셨다(19절). 역시 한 므나에 한 고을로 계산하셨다. 다섯 고을도 큰 상급이고, 이것을 다스리는 것도 역시 큰 권세가 있는 '왕 같은 제사장'이다.

잘 모르는 성도들은 예수님만 믿으면 하늘나라에 가서 왕 같은 제사장들이 된다고 하는데, 그것은 영적 세계의 원리가 아니다. 어설프게 예수님을 믿은 사람 모두가 다 '왕 같은 제사장'이면 일반 백성을 할 사람은 아무도 없다.

왕이 있고 제사장이 있다는 것은 일반 백성이 존재한다는 의미이다. 대부분 성도들은 구원을 받아도 일반 백성이 되며, 이렇게 여러 배로 남긴 충성된 종들이 큰 상급을 받고 다스리는 자가 될 것으로 믿는다.

마지막으로 한 므나를 가지고 아무런 노력도 하지 않고 수건에 싸두었다가 그대로 가지고 나온 사람이 있었다(20절). 그 은화를 가지고 일을 하지 않은 불충성의 사람이었다. 그는 주인의 말을 어긴 죄인이다. 주인은 분명히 장사하여 이윤을 남기라고 했기 때문이다.

이윤을 남기지 못한 종의 말에서 더 큰 문제를 발견할 수 있는데, 그는 주인을 악한 분으로 생각했다. "당신이 엄한 사람인 것을 내가 무서워함이라 당신은 두지 않은 것을 취하고 심지 않은 것을 거두나이다"(21절). 이렇게 말하는 종은 주인에 대해 완전히 잘못 알고 있었다.

그의 말을 들으면 그는 주인을 정당하고 정의로운 분이 아니라, 날강도 같은 사람으로 잘못 알고 있었다. 그는 주인을 섬기는 종으로서 주인에 대한 올바른 지식을 소유하지 못했다. 바르게 서지 못한 사람은 충성하지 못한다. 그가 충성하지 못했던 것도 바로 올바른 지식이 결여되었기 때문이다. 주인은 그를 악한 종이라고 하였고 "내가 네 말로 너를 심판하노니"(22절)라고 하셨다. 그의 말에는 큰 문제가 있었고 그렇게 된 이유는 '잘못된 지식' 때문이었다.

그 종은 불충성에 대한 벌로써 갖고 있던 은화 하나를 도로 빼앗기게 되었다. 그 종은 은과 고을 둘 다 잃었고, 한 고을도 차지하지 못한 자가 되었다. 그리고 그 빼앗긴 은은 열 므나를 남긴 종에게로 돌아갔다. 최고의 실적을 낸 사람에게 추가로 더 얹어주신 것이다. 하늘나라에서는 충성하지 않은 사람에게 예비된 집이나 땅을 빼앗아 충성된 자에게 주신다.

한 므나를 받았던 자는 이제 아무것도 없는 빈털터리로 전락했다. 그리고 충성된 자는 열 고을도 얻고 열한 므나의 은을 소유하게 되었다.

곁에 있는 사람들이 혹시 주인이 잘못 말했는지 싶어 그에게 이미 열 므나가 있다고 했지만, 주인은 "무릇 있는 자는 받겠고 없는 자는 그 있는 것도 빼앗기리라"(26절)고 했다.

하늘나라에는 다양한 보상이 있다. 땅과 집과 보화와 일할 사람과 다스릴 사람을 주신다. 그리고 충성한 것에 걸맞는 직분도 주신다. 하늘나라에 가더라도 받는 상급의 차이는 지금의 재벌과 노숙자를 연상할 만큼의 차이가 있다. 왕 같은 제사장도 있고, 빈털터리요 간신히 구원을 얻는 자도 있다.

교회에 근근이 다녔음에도 천국에 들어가고, 천국에 가서는 바울이나 베드로, 스데반 같은 분들과 함께 어울리면서 살 것이라고 생각하는 '잘못된 지식'을 가진 사람들이 예상 외로 많다. 천국은 침노하는 자가 차지하기 때문에 충성된 만큼 은혜가 있다.

3. 예외가 없다

은은 변하지 않는 것이고 하나님의 은사이다. 사람으로 태어난 모든 사람은 크든 작든 다양한 은사를 선물로 받았다. 더구나 구원받기로 예정된 사람은 한 므나라도 받지 않은 사람이 없다. 성령이 믿는 자에게 오시고 구원을 인 치실 때, 특별한 은사가 성도에게 들어온다. 모두가 많든 적든 은사를 받았다. 주님께 받은 대로 힘써 재생산을 해야 한다.

또한 하늘나라에 가서 주님을 만난 후 계산대 앞에 서지 않을 자도 없다. 주님께 조금이라도 은사를 받고 사명을 받은 사람은 한 사람도 예외 없이 주님과 결산해야 한다는 것을 알아야 한다. 그러므로 많이 받은 것을 자랑하지 말고 충성하는 데 집중하고 최선을 다해야 한다.

4. 귀인의 원수들(27절)

귀인은 자신이 왕이 되는 것을 원하지 않던 저 원수들을 이리로 끌어다가 "내 앞에서 죽이라"(27절)고 명령했다. 그들은 주인이 왕 되는 것을 싫어한 백성들이었다. 그들은 자기가 싫어한 주님 앞에서 심판을 받고 죽임을 당하는 혹독한 대가를 치른다.

세상 마지막에 주님은 심판의 주로서 원수 된 자가 사람이든 사탄이든 죽이라고 그들에게 사형을 명령하신 것이다. 최후의 심판에 이르면 하나님은 냉정하게 원수들을 처단하신다. 주님을 왕으로 모시지 않고 자신이 왕처럼 행세하거나, 세상이나 사탄을 왕으로 섬긴 자는 처참한 결과가 기다릴 것이다.

예수님은 모든 말씀을 마치시고 왕으로서 예루살렘 성에 앞장서서 담대하게 입성하신다.

18장

교회를 세우는 자

본문 마태복음 16:13–18

주님은 베드로와 나누신 대화에서 예수 그리스도가 교회의 머리 되심을 말씀하고 있다. 하나님은 이 세상에 가정과 교회를 세우신다.

1. 교회가 세워질 때 믿음이 필요하다(16절)

주는 하나님의 아들이시고 기름 부음 받은 그리스도이시다. 주님은 왕이시고 선지자이시며 제사장이시다. 그리고 말세에 유일한 심판자이시다. 주는 이 세상 어떤 것과 비교할 수 없는 분임을 성경에서 발견하고 믿을 때 온전한 신앙생활을 할 수 있다.

제자들은 예수님과 3년여 동안 같이 지내면서, 예수님의 능력 있는 말씀과 수많은 사람들의 병을 치료하시는 모습, 귀신을 쫓아내는 것과 기도하시는 모습을 지켜보고 경험하면서 더욱 믿음이 성장하였다. 믿음은 자신의 의지를 수반한다. 자신의 지식과 감정, 영적인 것을 합하여 예수님이 그리스도이신 것을 행동으로 믿는다.

주님은 사람들이 인자를 누구라 하느냐고 물으셨다. 제자들은 사람들이 예수님을 세례 요한, 엘리야, 예레미야나 다른 선지자라고 한다고 전했다. 주님은 너희는 나를 누구라 하느냐고 물으셨고, 베드로는 "주는 그리스도시요 살아 계신 하나님의 아들이시니이다"(16:16)라고 대답했다.

베드로의 대답은 정답이었다. 주님은 시원스런 대답을 한 베드로를 칭찬하셨지만, 듣고 있던 여러 제자들에게 자신이 '그리스도'이신 것을 아무에게도 이르지 말라고 하셨다(20절). 주님이 '그리스도'이신 것을 믿는 무리들은 주님을 존귀하게 생각하고 받아들이지만, 믿음이 없는 자들은 예수님이 그리스도라고 하면 콧방귀를 뀌면서 받아들이지 않을 것이다. 그리고 주님의 사역을 훼방하고 공격할 것이기 때문이다.

신앙생활을 위해서는 주님을 그리스도로 믿는 것이 우선되어야 하지만, 성경 지식과 영적인 경험과 의지와 감정 등 모든 것이 총동원되어 믿는 것이며, 그래서 많은 시간이 요구된다.

결국 믿음 있는 사람이 교회를 세워나가는 것인데, 믿음이 있는 것 같으나 하늘나라에 대한 지식이 없고, 하나님을 경험하지 못했을 때에는 그 믿음이 견고하다고 인정하기 힘들다. 믿음은 자신의 노력만 가지고 되는 것이 아니다.

베드로가 "주는 그리스도시요 살아 계신 하나님의 아들이시니이다"(16절)라고 고백하였을 때, 주님은 "이를 네게 알게 한 이는 혈육이 아니요 하늘에 계신 내 아버지시니라"(17절)고 말씀하셨다.

육신의 아버지가 아무리 성경을 놓고 그리스도를 가르쳐도 하나님이 허락하지 않으시면 믿을 수 없고, 예수님 곁에서 많은 기적을 보고 듣고 체험해도 하나님이 허락하지 않으시면 믿을 수 없는 것이며, 내가 아무리 예수님이 구주이심을 믿는다고 입으로 말할지라도 하나님이 허락하지 않으시면 진실로 믿을 수 없다. 그러므로 교회가 내 마음에 세워지든, 이 세상 어디에 세워지든 믿음이 가장 중요하다. 믿음이 강해지는 것은 여러 요소가 다 필요하지만 하나님이 특별히 믿음을 선물로 주셔야 한다.

2. 교회는 신앙 고백이 필요하다(18절)

주님은 베드로의 신앙 고백을 들으시고 "내가 이 반석 위에 내 교회를 세우리니"(18절)라고 말씀하셨다. 믿음으로 고백된 반석 위에 주님은 몸 된 교회를 세우신다. 그리고 주님을 철저히 믿는 반석 같은 교회에 은혜를 주신다. 사실 주님은 모든 면에서 반석이시다.

하나님의 아들 예수 그리스도는 말씀이 육신을 입고 이 땅에 오신 분으로 예수님은 이 세상 전체의 반석이시다. 베드로 자신이 반석이 아니라 그가 믿는 바 믿음이 반석이고, 그가 믿는 주님이 반석이시다. 또한 반석 위에 세워진 교회의 주인도 주님이시다.

그러므로 교회의 주인은 목사도 성도들도 아니다. 오직 주님 한 분이시다. 주님이 주인 되신 교회는 음부의 권세가, 사탄의 권세가 해하지 못한다(18절). 주님이 창조주이시며 반석이 주님이신데 사탄이 반석과 교회를 흔들 수 없다. 교회는 주님이 지키시고 주님이 일하신다. 사람이 주인이 되는 교회는 망하는 길로 간다.

3. 믿는 자는 권세가 있다(19절)

주님은 진실한 신앙 고백을 한 베드로에게 "내가 천국 열쇠를 네게 주리니"(19절)라고 말씀하셨다. 진실로 믿는 자, 교회가 마음에 세워진 자, 참된 성도에게 주님은 베드로에게 주신 것처럼 '천국의 열쇠'를 주신다. 천국의 열쇠를 소유하면 천국을 열고 들어가 천국 백성이 되고, 천국에 있는 자신의 집과 모든 방들을 열고 닫으며, 자기가 다스리는 나라의 모든 것을 열고 닫는 권세가 있다. 구원 얻은 자에게는 천국의 열쇠가 있다. 하지만 수준의 차이가 많아서 하나의 문을 열 수 있는 사람과 천 혹은 만 개의 문을 열 사람이 있다. 단순하게 '천국 열쇠를 소유했다'는 것으로 만족한다면 천국에 대한 지식이 부족한 사람이다.

또한 주님은 베드로에게 "네가 땅에서 무엇이든지 매면 하늘에서도 매일 것이요 네가 땅에서 무엇이든지 풀면 하늘에서도 풀리리라"(19절)고 하셨다. 베드로는 분명히 매고 푸는 이런 능력을 소유하게 되었다. 베드로가 매고 풀면 하늘나라에서 매고 풀린다. 이 세상도 하나님의 나라이니 이 땅에서도 베드로의 매고 푸는 것이 말대로 이루어진다. 이러한 권세는 남달리 받은 은혜이다.

그러나 이러한 권세가 베드로 오직 한 사람만 독점하는 은혜는 아니다. 하늘 보좌에는 이십사 장로가 있으니, 최소한 이십사 명은 베드로와 비슷하던지, 아니면 베드로보다 이상일 것이다. 그러므로 이런 권세는 특정한 사람에게만 있는 것이 아니다.

베드로와 같이 최상급은 아니지만 진정한 믿음이 있고 주의 일을 행하는 종이요, 특히 그 마음에 예수 그리스도의 교회가 세워졌고, 하나님의 나라가 이루어졌다면, 그는 어느 정도는 매고 푸는 권세가 있는 사람이 된다.

이 시대에 베드로와 같이 주님이 행하신 모든 것을 보고 듣고 행하고 하나님이 허락하신 믿음으로 중무장한 사람은 소수일 것이다. 이런 인물은 교회사 전체로도 발견하기 쉽지 않다. 그러므로 베드로가 우리와 같은 사람이고 단점도 많지만 그 수준을 인정하는 것이 마땅하다. 그는 실제 교회의 기초가 된 사도이다. 우리는 베드로만큼은 하지 못할지라도 큰 믿음을 소유하고 강력한 주의 사람으로 살아가기를 소원해야 한다.

19장

어린이와 천국

본문 마태복음 18:1–10

1. 천국에서 누가 큰가(1절)

“천국에서는 누가 크니이까”(1절) 하고 제자들이 예수님께 나아와 물었다. 아마도 베드로, 야고보, 요한의 이름을 말씀하실 것으로 짐작했을지 모른다. 그들 외에 ‘누가 또 있을까’ 하고 생각하고 있는데 주님이 정말 깜짝 놀랄 만한 의외의 인물을 언급하셨다. 바로 한 어린아이를 불러 제자들 가운데 세우신 것이다(2절).

제자들은 누구일까 추측하며 서로의 얼굴을 쳐다보고 있었고, 어린아이는 감히 예수님 가까이 갈 수가 없어 저쪽에 떨어져 있었는데, 예수님 가까이 앉아 있던 제자들이나 다른 어른들이 아닌, 예수님은 어린아이 하나를 불러 제자들 앞에 세우셨다. 그리고 주님은 “이 어린아이와 같이 자기를 낮추는 사람이 천국에서는 큰 자니라”(4절)라고 선언하셨다. 제자들의 안색이 변했음은 물론이다.

여기에서 주님은 큰 자의 자격으로 '내용'이 중요하다고 말씀하신 것이다. 남자냐 여자냐, 제자냐 아니냐, 유대인이냐 이방인이냐, 나이가 많으냐 적으냐, 부자냐 가난하냐 등등의 조건은 전혀 관계가 없다는 뜻이다.

2. 어린아이와 같아야 천국에 간다(3절)

이 세상에서 제일 귀한 것이 천국이고, 천국은 생명을 얻은 자가 가는 곳이다. 그리고 지금 제자들이 묻는 것도 "천국에서 누가 크니이까"라고 하면서 천국을 대화의 주제로 삼았다. 그런데 주님은 천국이 어린아이와 같이 된 자만 들어갈 수 있다고 하셨다(3절). 지금 비록 사도이고 제자라 할지라도, 혹 주님의 선교 사역에 물질로 후원을 하는 자라도 어린아이와 같은 믿음이 없이는 천국에 갈 수 없다는 말씀인 것이다.

영적으로 어린아이의 특징은 무엇일까? 사람은 나이만큼 죄를 짓기 때문에 어린아이는 실제로 죄가 많지 않고, 악한 영도 아주 적은 편이라 영혼과 육체가 깨끗하다. 영혼이 하늘나라에서 이 땅으로 왔지만 처음의 순수성을 잘 간직하고 있다. 그래서 어렸을 때 복음을 받아야 믿음이 잘 성장하고 죄를 잘 회개한다. 또한 힘이 없으므로 교만할 수 없고, 부모에게 전적으로 의지하려는 마음이 있다. 이런 부분이 어른과 다르다.

그러나 무엇보다 주님의 말씀은 "이 어린아이와 같이 자기를 낮추는 사람이 천국에서 큰 자니라"(4절)고 하셨다. 어린아이는 바로 자기를 낮추는 것이 특징이다. 천국에서 큰 자가 되려면 어른도 자신을 낮추어 어린아이의 자세를 가져야 한다고 하시는 것이다. 부모가 어린아이를 보호하고 가르치지만 부모 중에 죄 없는 사람이 없고, 어린아이보다 더 죄가 많은 죄인일 경우가 많다. 부모일지라도 죄가 더 많을 수 있기 때문에 자식을 책망하는 것은 조심스러운 일이다. 다만 부모의 권위로 책망하는 것뿐임을 알아야 한다.

어린아이와 같이 낮추는 자, 즉 자신은 아이요 힘도 없기 때문에 도움을 필요로 하고 주님께 의존하는 자가 천국을 얻고 생명을 얻는다. 하지만 어린아이일지라도 어른 행세를 하며 교만해진다면 소용없다. 철저하게 낮아지는 자일수록 천국에서는 큰 자가 된다. 큰 교회를 섬기거나, 부유하거나, 신학자로 성경을 많이 아는 것으로 천국에서 큰 자가 될 수는 없다는 말씀이다.

3. 하나님이 어린아이의 천사를 만나신다(10절)

주님은 주님 앞에 있는 어린아이를 상당히 존귀하게 생각하셨다. 그래서 "내 이름으로 이런 어린아이 하나를 영접하면 곧 나를 영접함이니"(5절)라고 하셨다. 이렇게 말씀하신 데는 이유가 있었다. "그들의 천사들이 하늘에서 하늘에 계신 내 아버지의 얼굴을 항상 뵈옵느니라"(10절).

이 어린아이는 현재 예수님을 믿고 자기를 낮추고 있으니 천국 백성이다. 하나님을 진실로 믿는 사람에게는 옆에 천사가 있는데, 그 아이들의 수호 천사가 하나님과 교통하고 있다는 말씀이다. 어린아이가 직접 교통하지 않아도 천사가 오고 가면서 아이와 하나님 사이에 소식을 전달한다.

그의 일거수일투족이 하늘 하나님께 실시간으로 알려지고 있다. 죄를 짓든 충성을 하든 하늘에 기록된다. 그는 천국에 속한 자로서 하나님과 이토록 친할 수가 없는 관계이다. 그러므로 어린아이에게 한 모든 것이 하나님께 알려지므로 어린아이를 함부로 대하면 안 된다.

그와 반대로 어른들은 대부분 죄를 많이 지어서 하나님과 관계도 멀고,

그의 천사가 하나님께 가는 것이 아니라 욥기서의 내용과 같이 사탄이 매일같이 하나님께 가서 그가 또 죄를 지었다고 참소한다. 이는 천사가 하나님께 잘했다고 보고할 만한 것이 별로 없기 때문이다. 하나님은 천사를 만나는 것보다 사탄을 더 자주 보게 되니 괴로우시다. 이런 사람은 하늘에서 작은 자가 될 수밖에 없다.

우리가 행하는 모든 일을 천사가 수시로 하나님께 보고하고 있다는 것을 잊어서는 안 되고, 이 내용을 믿지 않는다면 그리스도인이 아니다.

4. 천국에서 큰 자

진정 천국에서 큰 자는 예수님의 제자라고 되는 것이 아니요, 목사와 장로라는 직분을 소유했다고 되는 것이 아니다. 어린아이와 같이 낮아져서 하나님과 사귀고 교통하는 자가 큰 자다.

사실 천국에서 큰 자가 되고 싶어 하는 것 자체가 나쁜 것이거나 지탄받을 일은 아니다. 그 때문에 주님이 제자들에게 큰 자가 되려고 하지 말라고 하신 것이 아니다. 문제는 큰 자가 되는 것은 좋으나 구비해야 할 조건이 있다는 것이고, 그 조건은 바로 자신을 낮추는 것이다.

주님의 말씀을 들어보면 지금 제자들은 서로 누가 큰지를 놓고 싸웠는데 이것은 한심한 일이다. 중요한 문제는 아직까지 주님이 천국에서 큰 자는 고사하고, 그들이 천국에 들어간다고 인정한 적이 없으셨다. 자기들 스스로 천국은 당연히 가는 것이고, 천국 가는 사람들 중에서도 자신이 크게 될 것이라고 생각하고 있었기에, 서로 누가 더 큰지를 놓고 경쟁하고 있는 것이다.

5. 나를 믿는 이 작은 자 중 하나(6절)

주님은 나를 믿는 이 "작은 자 중 하나"를 실족하게 하면 차라리 "연자 맷돌이 그 목에 달려서 깊은 바다에 빠뜨려지는 것이 나으니라"(6절)고 말씀하셨다. 어린아이를 무시한 자를 그냥 죽으라고 하시지 않고 죽는 방법까지 자세하게 말씀하셨다. 주님이 말씀하신 의도는 확실하게 죽으라는 것이다. 생명을 살려야 할 주님이 죽으라고 하시는 것이다. 왜 이렇게 심하게 말씀하셨을까? 어린아이를 실족하게 했다고 그 사람의 생명을 끊는 것이 좋겠다고 하시는 것이 이해가 되지 않을 수 있다.

주님은 "나를 믿는 이 작은 자 중 하나에" 최대의 관심을 품으셨다. 주님은 어린아이를 귀하게 여기시고 여러 말씀을 하셨는데, 특히 "나를 믿는", 그리고 "작은 자 중 하나"가 핵심이다.

그렇다면 "나를 믿는"의 뜻을 알아야 한다. 주님은 이 세상 모든 어린아이를 똑같이 귀하다고 하신 것이 아니었다. 주님을 믿는 아이라야 한다.

"작은 자 중 하나"의 의미를 살펴보자. 어린아이는 사실 작은 자들이 속한 그룹이다. 그리고 그 중에 하나이니 그 아이는 아무것도 아니며 무시할 수도 있다. 그러나 주님은 그 아무것도 아닌 것처럼 보이는 '하나'가 귀하다는 것이다. 왜냐하면 그 아이는 천국에 들어갈 아이인 것이기 때문이다(3절).

지금 예수님 앞에 있는 아이는 천국에 들어가서 택한 자의 수를 채우는 위치이기 때문에 한 명도 귀한 존재이다. 그 아이의 영혼도 귀하지만 이 한 명이 빠지면 택한 자의 완전한 수를 채우지 못한다. 그러므로 주님은 누구든 이 아이를 실족케 하면 그는 용서받을 수 없다고 하신 것이다.

그래서 천국에 올라가는 어린아이를 무시한 자는 그 사람이 목사이든 교수이든 부모든 상관이 없다. 성경은 자살을 권고하지 않으나 이렇게 말씀한 것은 그만큼 강조하시는 의미인 것이다.

18장에서는 '작은 자'란 단어가 3번 나온다. 6절에 "이 작은 자 중 하나", 10절에 "작은 자 중에 하나도", 14절에는 잃어버린 한 마리 양 이야기를 하시면서 "작은 자 중의 하나"가 나온다. 모두 구원의 정족수에 속한 사람이기 때문이다. 구원받는 택한 자의 영혼은 천하보다 귀하다.

6. 돌이키지 않으면 천국에 들어가지 못한다(3절)

주님은 제자들에게 "너희가 돌이켜 어린아이들과 같이 되지 아니하면 결단코 천국에 들어가지 못하리라"(3절)고 강력하게 말씀하셨다. 즉, 옛날처럼, 어린아이처럼 순수해지라는 의미이다. 순수하게 되는 것은 회개를 통해 가능하다. 제자들이 지금까지 잘못 살아왔다는 것이고, 현재 상태로는 천국에 들어가지 못한다는 뜻이다. 대부분의 성경학자들이나 목회자들은 이 구절을 과소평가한다.

분명한 것은 주님의 제자로서 지금까지 병을 고치고 귀신을 쫓아내고 온갖 기적을 행하고 주님을 따르고 섬겼지만, 그들도 '돌이켜' 어린아이처럼 되지 않으면 천국에 가지 못한다고 말씀하신 것이다. 사도들에게 "너희가 돌이켜" 어린아이처럼 되지 않으면 천국에 가지 못한다고 하셨다.

이런 충격적인 말씀은 바리새인이나 사두개인에게 하신 말씀이 아니다. 또한 깡패나 세리에게 하신 말씀이 아니라, 서로 누가 크냐고 다투던 제자들에게 하신 말씀이다. 제자들이 만일 계속 이렇게 형편없이 나간다면 천국과 거리가 멀어지게 되는 상황인 것이다.

제자들도 이런 책망의 말을 들었는데, 만일 주님을 한번 믿고서 무조건 구원은 따 놓은 당상이라고 생각한다면 그것은 착각이라고 할 수 있다. 어린아이처럼 되지 않으면 누구든지 천국에 가지 못한다고 주님은 못을 박으셨다. 그럼에도 긴장하는 성도들은 쉽게 볼 수 없다. 무슨 믿는 데가 있는지 여유가 많아 보인다.

그러므로 이 구절을 볼 때도 천국에 들어가지 못한다는 말에 비중을 두지 않는다. 그리고 사도가 어떻게 천국에 들어가지 못하겠는가라고 생각한다. 그러나 분명한 것은 성경대로 된다는 것이다.

물론 우리는 나중에 사도들이 회개하고 성령 충만하여 대부분 순교한 것으로 알고 있다. 그러나 그것은 어디까지나 나중에 된 일이었다. 나중에 은혜를 강하게 받아서 된 것이고, 주님과 대화하고 있는 이 시점에서는 돌이킬 것이 많았다.

오늘날 성도들도 어린아이와 같은 순수성과 깨끗함이 없다면 천국을 소유했다고 쉽게 말할 수 없다. 어린아이는 작은 자이다. 그러나 자신을 낮추는 자이다. 그리고 주님을 의지하는 자이다. 이런 작은 자를 실족시키는 자는 죽어야 한다고 하셨다(6절). 그러므로 작은 자는 천국에서 큰 자요 소중한 자이다.

20장

변화산 사람들

본문 마태복음 17:1–13

제자들의 믿음이 날마다 향상되어갔다. 무엇보다 예수님은 "주는 그리스도시요 살아 계신 하나님의 아들이시니이다"라고 대답한 베드로의 신앙 고백에서 성장한 제자들의 믿음을 보셨다. 베드로의 신앙 고백은 그 시점에서 비밀이었기 때문에 예수님은 기뻐하시면서도 "자기가 그리스도인 것을 아무에게도 이르지 말라"(16:20)고 하셨다.

견고해져가는 제자들을 보시면서 이제는 어떠한 말을 해도 소화할 수 있다고 생각하시고 예수님의 '죽음과 부활'에 대해 말씀하셨다. "장로들과 대제사장들과 서기관들에게 많은 고난을 받고 죽임을 당하고 제 삼일에 살아나야 할 것"(16:21)이라고 하셨다.

이 말씀은 몇 가지 슬픔이 배어 있다. 먼저는 제자들의 슬픔이다. 제자들은 스승을 사랑하므로 스승의 죽음을 받아들일 수가 없었다. 또한 주님 한 분만 바라보고 인생을 걸고 따라왔는데 주님에게 변고가 생기면 그들의 장래는 허무하게 끝나버릴 수밖에 없는 것이었다. 그러므로 베드로는 항변

하면서 주님이 그렇게 하시면 안 된다고 말렸다(16:22).

더 슬픈 일은 예수님 자신이 이 엄청난 고난을 견디셔야 했는데 육신의 몸을 입으셨기에 여느 사람과 똑같은 두려움과 슬픔이 찾아온다는 것이었다.

하늘에 계시는 아버지 하나님은 제자들도 그렇고, 무엇보다 힘들어하시는 아들 예수님을 위로하고 힘주실 필요가 있었다. 어떤 방법을 쓸까 하고 위로의 방법을 찾으시다가 본문의 내용과 같은 놀라운 계획을 세우셨다. 이것이 변화산 사건이다.

주님이 돌아가실 것이라고 말씀하신지 불과 6일 만이었다. 주님과 제자들의 슬픔이 더 깊어지기 전에 하나님이 일하셨다. 변화산에서의 경험은 주님과 제자들의 믿음이 확고해지는 계기가 되었다.

1. 모세와 엘리야가 오셨다(2절)

수난에 대해 말씀하신 지 6일 후에, 예수님은 베드로와 야고보, 요한을 따로 데리고 높은 산으로 가셨다. 산에서는 놀라운 광경이 벌어졌는데 하늘나라에 있는 '모세와 엘리야'가 나타나 주님과 대화를 나누었다. 그들과 대화하는 주님의 얼굴이 "해 같이 빛나며 옷이 빛과 같이 희어졌다"(2절). 평상시 주님의 얼굴색이 아니었다.

하늘나라는 빛의 나라이다. 하나님은 빛의 본체이시다. 그곳에서 하나님 앞에 사는 자는 자연히 빛이 난다. 그렇기 때문에 하늘나라에서 방금 온 하늘나라 사람들과 만나서 하늘 이야기를 하셨기에 주님의 몸에서 빛이 났고, 성령이 주와 함께하셨기에 빛이 났다. 과거에 모세도 하나님을 만나 뵙고 얼굴에서 빛이 났었다.

하늘나라의 특징은 단연코 빛이다. 사람도 빛이 나고 천사도 빛이 난다. 하나님이 태초에 빛을 창조하셨다. 그리고 주님도 빛으로 세상에 오셨다. 그와 반대로 악한 영은 어두움이다. 그러므로 얼굴이 어두운 자는 얼굴에 악한 영이 많이 있다는 증거이다.

2. 왜 모세와 엘리야가 파송되었는가

하늘나라에는 수많은 믿음의 선진들이 있다. 아브라함, 야곱, 다윗, 삼손 등등. 그런데 모세와 엘리야가 온 이유가 있다. 모세와 엘리야는 공통점이 있는데, 둘 다 구약 시대 최고 수준의 선지자였다. 예수님도 선지자시다. 그러므로 선지자이신 예수님께 선지자들이 찾아온 것이다.

그리고 두 사람 모두 그 시체가 이 땅에 있지 않다. 엘리야는 죽음을 맛보지 않고 승천했다. 그는 하늘나라에서 부활체로 사는 것이다. 모세 또한 그의 시체는 이 땅에서 사람들의 눈에 발견되지 않았다. 그의 무덤이 이 땅에서 조성된 적이 없다. 그렇다면 그의 시체는 어떻게 된 것일까에 대해 논란이 많다.

그런데 그의 시신을 두고 천사장 미가엘이 사탄과 다투었다고 했는데(유 1:9), 이것은 중요한 성경의 기록이다. 천사장 미가엘과 사탄이 모세의 시체를, 서로 자기 것이니 가져가겠다고 싸운 것이다. 역사상 이런 일이 또 있는지 모르겠다.

사탄은 모세의 시체를 이 땅에 묻어야 한다고 주장했다. 모세의 죄가 너무 컸기 때문이다. 그러므로 죄 있는 육체를 가지고 하늘에 갈 수 없다는 주장이었다. 사탄이 제일 싫어하는 것은 사람이 죽지 않는 것과 부활이다. 죄의 삯은 사망이다. 결론적으로 천사장 미가엘과 사탄이 싸웠는데, 천사장이 이겨서 모세의 시체를 하늘로 회수해가 이 땅에 있지 않고 하늘나라로 옮겨졌다.

천사장 미가엘이 사탄과 싸워 간신히 시체를 빼앗아왔는데, 그 시체가 사람들이 모르는 어느 산 속에 매장되었다고 보기는 어렵다. 모세는 엘리야와는 조금 다른 상황이지만 어쨌든 하늘에 그 몸이 갔다고 받아들여야 한다. 그렇다고 할 때 모세와 엘리야는 부활체에 대한 모델이 된다.

3. 두 사람의 방문은 예수님도 자기들처럼 되신다는 것이다

모세와 엘리야 이 두 사람의 등장은, 주님은 죽어도 다시 사실 것이고 육체가 살아서 엘리야처럼 하늘로 가실 것인데, 하늘로 올라가셔서 영광스러운 신분이 되실 것이라고 웅변해주는 사건이었다. 하늘나라에 육체를 가지고 올라간 자만이 예수님의 부활에 대해 말할 수 있다. 예를 들어 다윗이나 솔로몬 그리고 요나 선지자는 그의 시체가 이 땅에 묻혔기 때문에 이 시점에서 예수님께 나타나 예수님이 고난 후에 살아나실 것을 말할 처지가 못 된다.

본인이 경험해야 '나를 보십시오. 이렇게 살아 있습니다. 죽지 않고 살 수 있습니다' 하고 보여줄 수 있는 것이다. 모세와 엘리야는 몸으로 주님께 부활에 대해 말씀하고 있다.

4. 예수님과 제자들은 힘을 얻었다(9절)

예수님이 산에서 내려오실 때 제자들에게 "인자가 죽은 자 가운데서 살아나기 전에는 본 것을 아무에게도 이르지 말라"고 말씀하신 것은 그만큼 '살아나는 것'에 대해 확신이 생기셨다는 의미이다. 그리고 주님은 끝까지 맡겨진 사명을 위해 달려가셨다.

제자들도 세 분의 모습을 본 것뿐 아니라, 빛난 구름 속에서 들려오는 소리를 들었다. 예수님께 대하여 "이는 내 사랑하는 아들이요 내 기뻐하는 자니 너희는 그의 말을 들으라"(5절)는 말씀이었다. 세 명의 제자는 황홀한 체험 속에서 믿음을 다져나갈 수 있었다.

21장

귀신을 내보냄

본문 마태복음 17:14-20

아들이 귀신이 들린 한 사람이 있었다(15절). 부모의 눈으로 볼 때 아들은 간질병에 걸렸는데 이 병은 너무나도 위험했다. 몸에 경련이 일어나서 자주 불에도, 물에도 넘어졌다. 그러므로 그 몸이 하루도 성할 날이 없었다. 더구나 그 아이는 외아들이었기에(눅 9:38) 아버지는 더욱 애가 탔다. 아버지는 그 아들의 병을 고침받기 위해 예수님의 제자들을 찾아갔다.

1. 제자들의 실패와 예수님의 책망(17절)

아버지는 이 문제를 먼저 제자들에게 해결해달라고 요청했다. 예수님과 베드로, 야고보와 요한이 없을 때 아마 다른 제자들에게 찾아간 것으로 보인다. 이런 병 정도는 제자들이 확실히 해결해주어야 한다. 하지만 여러 제자들은 이 문제를 해결해주지 못했다(16절). 그 부모는 주님의 제자들로도 해결이 되지 않아 낙심하던 중에 예수님을 찾아갔다. 그 부모는 낙심하여 주저앉지 않고 예수님이 해결해주실 것이라고 믿었다.

주님은 부모의 말을 들으시고 문제를 해결해주지 못한 제자들에 대해 실망하시고 책망하셨다. 그 아이의 부모와 제자들 모두 믿음이 없는 세대, 패역한 세대이다. 주님은 제자들이 고치지 못한 것을 당연하게 여기시거나 자신이 고치신다고 큰소리치지 않으셨다.

주님은 "내가 얼마나 너희와 함께 있으며"(17절)라고 말씀하셨는데 이것은 조금 있으면 자신이 하늘나라로 가실 것을 아셨기에 아직도 믿음이 자라지 못해 이런 문제를 해결하지 못하는 제자들을 안타까워하신 것이다. 지도자는 악한 영으로 인해 고생하는 사람들의 문제를 해결해주어야 한다.

2. 예수님의 문제 해결(18절)

예수님은 그 소년 속에 있던 악한 영을 꾸짖으셨다. 그 아들의 아버지는 아들이 간질병이라고 생각하고 예수님이 간질병을 치료하시는 줄 알았는데, 예수님은 그 간질병의 원인이 귀신 때문이라고 판단하셨다. 원인을 먼저 제거하는 것이 치료의 원리이다. "이 악한 것 나오지 못하겠느냐!" 주님이 명령하시니 소년의 몸에 있던 귀신이 떠나갔다(18절).

악한 영이 소년의 인격에서 나가고 몸에서 나갔다. 사람은 영혼과 육체로 구성되어 있기 때문에 속사람 속에서도, 육체 속에서도 나갔다고 말할 수 있다. 귀신이 나가자 소년이 즉시 나았다. 이는 악한 영이 간질병을 일으켰다는 확실한 증거이다.

모든 간질병의 원인이 악한 영 때문은 아니겠지만 그럴 가능성이 많다. 몸에 경련이 일어나면 경험으로 볼 때 95퍼센트는 악한 영 때문이었다. 그렇기 때문에 이 시대의 간질병도 기도로 나을 수 있다. 그 원인이 악한 영의 작용으로 인한 것이 많기 때문이라 주님께 받은 능력이 있으면 몸에서 내보낼 수 있다. 예수님이 귀신을 많이 내보내셨는데 거의 모두 병과 관계가 있었다.

3. 강한 믿음(20절)

예수님은 제자들이 귀신을 내보내지 못한 원인은 믿음이 적어서라고 말씀하셨다(20절). 강한 믿음을 가지고 명령한다면 악한 영들이 나간다. 그런데 제자들이 하지 못했다. 그렇다면 지금까지 제자들은 믿음이 적은 자라는 말인 것이다. 믿음이 컸었다면 귀신도 내보내고 간질병도 고칠 수 있었다는 말씀이었다.

믿음이 강해지는 길은 있다. 믿음은 하나님의 선물이기에 하나님께 받아야 한다. 또한 무엇보다 내 속에 악한 영들이 나가면 나갈수록 내 속사람의 믿음이 강해지고, 그러면 자연히 능력도 강해진다.

지금도 강력하게 성령의 불을 받으면 악한 영을 내보낼 수 있다. 악한 세력을 내보내는 사람은 능력자이다. 오늘날의 시대는 목회자나 교회의 리더들이 지식과 인격, 외모 등 다른 것은 준비되고 있는데 능력은 준비가 잘 되지 못하고 있다. 이것이 영적 현실이다. 주님과 같이 치유 사역을 하기 원하는 사람은 강한 믿음에서 나오는 능력을 키우는 것이 급선무이다.

제자들도 주님께 "믿음이 없고 패역한 세대여", "믿음이 작은 까닭이니"라는 소리를 들었는데, 이 시대에 자신의 믿음이 크다고 말할 수 있는 사람이 얼마나 있을지 모르겠다. 그리고 귀신을 쫓아내고 간질병을 고치지 못한다면 주님께 큰 믿음을 가지고 있다고 칭찬을 들을 수 없다.

많은 사람은 자신에게 능력이 나타나지 않아 힘들어 하지만, 어떤 사람은 이 시대에 '은사가 종결되었다'는 신학 이론에 기대어 은사를 사모하지도 않고 능력이 없는 것을 당연시한다. 그리고 능력을 받으려는 사람을 비판하기도 한다. '오직 믿음', '오직 성경'을 강조하는 개신교회가 과연 주님이 성경에서 말씀하시는 강한 믿음을 소유하고 넉넉하게 하늘 백성으로 살아가고 있는지 자문자답해야 한다.

4. 귀신을 쫓는 능력

사람에게 능력이 나타나면 보통 사람이 상상하지 못했던 신비하고 놀라운 일이 나타난다. 그 내용은 성경에 수도 없이 기록되어 있다. 성령이 이 세상을 창조하셨는데 그 신비한 능력이 주의 종들에게 임한다면 못할 것이 없다.

그러나 애석하게도 이 시대는 영적으로 무능력한 시대이다. 그리고 주님의 제자라고 하면서도 무능력을 당연히 여기고 부끄러워하지도 않는다. 그럼에도 이것이 별로 문제가 되지 않는 이유는 너나 나나 거의 모두가 능력이 없기 때문이다.

'지금도 능력이 나타날 수 있느냐'고 여론 조사를 하면 아마도 다수결에 의해 '지금은 능력이 종결되어 없다'고 할지 모른다. 능력 없는 사람들이 영적 세계의 주류 세력이다. 그러므로 능력자는 자신의 능력을 숨기거나 될 수 있는 대로 드러내려고 하지 않는다. 대다수의 능력 없는 사람들의 비판을 꺼려하기 때문이다. 지금 성령의 사람들은 소수로 밀려나 있는데 사실 구약 시대나 신약 시대나 어느 시대나 마찬가지였다.

예수님과 능력의 선배들이 행했던 능력을 받으려면, 먼저 회개를 통해 우리의 심령을 깨끗이 하고 주님께 능력을 달라고 간구해야 한다. 그래서 강력한 믿음과 능력으로 무장하여 성도들의 몸과 환경에서 악한 영들을 내보낼 수 있어야 한다. 성도에게 작은 믿음이라도 진실한 믿음이 있으면 기적과 치유 같은 큰 역사가 나타난다.

아무리 지식이 많고 교양 있고 도덕적으로 흠 없이 살아도 믿음이 없으면 이런 능력을 행할 수 없다. 기독교는 도덕을 추구하는 윤리 종교가 아니다. 믿음으로 구원 얻은 자가 거룩해지기 위해 힘쓰는 것일 뿐이다. 그러나 능력이나 거룩함이 최종적인 것이거나, 공로로 내세울 수 있는 성격이 아니다. 우리는 주의 은혜로 구원을 얻는다.

영성가 중의 어떤 이들은 자신은 깨끗이 하는데 다른 사람은 살릴 수 없는 사람이 많다. 기독교는 생명을 살리는 사역이 중요함을 알아야 한다. 이것이 기독교의 핵심이다. 다른 사람의 생명을 살려야 한다. 생명 되신 주님이 오신 것은 생명을 살리기 위함이다.

오직 믿음만이 생명을 살린다. 실천하기 싫어서 피해 갈 목적으로 구원은 오직 믿음이라고 내세우지 말고 강력한 믿음을 소유하여 병든 자, 귀신 들린 자를 살리는 생명의 사역을 감당해야 한다.

22장

아흔아홉과 하나

본문 마태복음 18:12-14

주님은 마태복음 18장 1절 이하에서 어린아이와 같이 "작은 자 중 하나"를 업신여기지 말라고 하셨다. 그리고 연이어서 길 잃은 한 마리 양을 주제로 말씀하셨다. 즉, 작은 자에 대한 이야기를 계속 하시고 있는 것이다.

먼저 예수님은 양 100마리에 대한 이야기를 들려주셨다. 그 중의 한 마리 길 잃은 양이 주인공이다. 한 마리는 작은 것이고 무시할 수도 있지만 주님은 결코 그럴 수 없다고 하셨다.

신학자 어거스틴은 수의 과학을 무시해서는 안 된다고 말했다. 주님이 말씀하시는 100마리라는 꽉 찬 수, 그 속에 신비가 있다고 했다.

1. 100은 거룩한 수

10, 100, 10000 등은 거룩한 수들이다. 10은 1, 2, 3, 4를 합한 것이다.

열 처녀 이야기에서도 보면 10이란 수가 강조된다. 그러므로 완전한 형태라고 할 수 있는 100마리 중 하나를 잃으면 99가 되어 불완전해진다. 만일 100을 하나님께 드린다고 할 때 99를 드린다는 것은 37이나 55를 바친 것이나 다름없다.

그러므로 잃어버린 한 마리를 끝까지 찾아 100을 채워야 한다. 완전한 수인 100이 되기 위해서는 99만큼 1도 중요하다. 99나 있으니 만족한다는 생각은 있을 수 없다. 하나님이 택하신 자이기 때문에 잃어버린 한 명도 중요하다. 그렇기에 꼭 찾아야 한다.

2. 남겨진 99마리 양

99마리는 잘 있는데 한 마리는 길을 잃었다. 잃어버린 한 마리는 아마도 너무 어려서 좌우를 분간하지 못했기 때문일 것이다. 그래서 스스로 주인이 있는 우리로 찾아올 수가 없다. 그러므로 주인이 찾아 나섰다. 하지만 주인이 한 마리를 찾으러 갔기 때문에 남겨진 99마리는 어떻게 되는지 궁금하다. 한 마리를 위해 99마리가 버려지는 것인가.

나는 잃어버린 한 마리를 찾아 주님이 가셨을 때 99마리는 버리고 가신 것이 아닌가 생각한 적이 있었다. 나는 내 자신이 99마리 속에 들어가 있다고 늘 생각했다. 그래서 피해 의식을 가지고 '왜 우리를 버려두고 죄 많고 철없는 한 마리를 찾으러 가십니까' 하면서 섭섭한 생각을 많이 했다. 한 마리에 해당하는 사람은 주님이 찾아주시니 감사할지 모르지만, 나머지 버려진 사람들은 어떻게 하라는 것일까 하고 많은 생각을 했다.

주님이 한 마리 양을 찾아 나서실 때 99마리는 버려두는 것이 아니라 우리 안에 잘 보호되고 있다는 것을 알아야 한다. 우리 안에 들여보내면서 숫자를 세다보니 한 마리가 없어진 것을 알게 되었다. 그러므로 99마리는 주님의 울타리에 안전하게 보호되고 있는 것이다. 한 마리가 귀중한데 99마리는 훨씬 더 귀중하다.

그러므로 어려서부터 주를 믿고 주님께 충성한 사람들의 생각이 혹시 주님을 배반하고 떠나서 죄 짓고 방황하는 사람만 주님이 찾아다니시고 사랑하신다는 오해를 하면 안 된다.

3. 모두 중요하다

다시 말하지만 우리 안에 있는 99마리나, 길을 잃고 아직 우리 안에 들어오지 못한 한 마리나 모두 중요하다. 99마리나 한 마리, 둘 다 따로 있을 때는 불완전하므로 함께 모여 완전한 하나를 이루어야 한다. 한 마리를 찾아와야 100이 된다.

주님의 의도는 잃은 양을 찾는 것도 중요하나, 더 중요한 것은 수를 꽉 채워서 완전하게 하는 것에 있다. 중요한 것은 길 잃은 한 마리가 주인공이 아니다. 그렇기 때문에 한 마리 양에게 지나친 의미를 부여해서도 안 된다. 한 마리를 찾아와서 정해진 거룩한 수를 채우는 것이 중요하다.

중요한 의미는 하나님 나라는 100마리가 꽉 차야 의미가 있듯이, 천국에서 구원받은 자의 수가 차야 하나님 나라가 온전히 이루어지고 새 나라가 이루어진다. 주님의 구원을 받은 자의 수가 차기 전까지는 세상 종말은 없다. 주님이 예비하신 새 하늘과 새 땅의 세상이 오기를 원한다면 구원받은 수를 채우기까지 전도해야 한다. 그래서 하나님이 인치신(계 7:4) 144,000명이 채워질 때 주님이 오신다.

하나님의 나라는 택하신 자들 한 사람 한 사람 모두 다 중요하다. 장로님, 권사님, 성도 누구든지 다 중요하다. 헐벗고 굶주린 자, 나와 감정이 좋지 않은 사람이라 할지라도 주님이 택하신 자라면 정해진 숫자에 포함된 하나님의 귀중한 백성이다.

4. 작은 자 중에 하나(14절)

주님은 주님 앞에 있는 어린아이를 "작은 자 중의 하나"(10절)라 하셨고, 만일 그 작은 자 중의 하나를 실족시키는 자는 바다에 빠져 죽는 것이 낫다고 하셨다. 그리고 그 어린아이가 천국에서 큰 자라고 하셨다. 본문에서 길 잃은 한 마리 양도 "작은 자 중의 하나"(14절)라고 하셨다. 결국 길 잃은 어린 양도 '작은 자'인데 그를 잃어서는 안 될 것은 하늘에 계신 아버지의 뜻이 아니기 때문이다.

그러므로 이들은 세상의 눈으로 볼 때에는 작은 자 같이 보이지만, 천국에서는 큰 자이다. 아버지가 직접 관심을 가지시니 큰 자일 수밖에 없다.

그가 처음부터 큰 자이기 때문에 큰 자가 아니다. 그가 하늘나라에서 왕노릇을 할 것이거나, 이 땅에서 크게 충성했기 때문에 큰 자가 아니다. 그가 없어서는 안 될 천국의 일원이기 때문이다. 비록 어린 양 하나이지만 그가 빠지면 천국의 충만한 수에 결원이 생기는 것이다. 그러므로 그는 큰 자인 것이고 이것이 천국의 법칙이다.

23장

용서할 수밖에 없다

본문 마태복음 18:21-35

주님은 범죄한 사람들을 어떻게 처리할 것인가에 대해 가르쳐주셨다. 공중에게 이미 알려진 죄가 있을 때는 지혜롭게 처리해야 한다. 먼저는 개인이 개인에게 가서 권면하는 은밀한 방식이다. 죄를 회개하라고 지도하는 것이다. 그래도 회개하지 않으면 두어 사람을 데리고 가서 증참하라 하였고, 그래도 회개를 하지 않으면 교회에 말하고, 그래도 회개하지 않으면 출교시키고 이방인이나 세리와 같이 여기라고 하셨다.

출교의 목적은 끊어버리고자 하는 것이 아니라, 수치를 느끼고 회개하게 하려는 귀한 징벌이다. 죄는 회개하게 하고 또 용서되어져야 한다.

1. 형제를 용서하라(21절)

베드로는 형제가 내게 죄를 범하면 몇 번이나 용서해주어야 하는지를 주님께 여쭈어보았다. 이 말에는 '형제'라는 대상이 명확히 정해져 있다. 이방인이나 깡패나 도둑이 아니라 '형제'라는 것이다. 형제라는 말은 같은 하나님을 믿고 같은 길을 가고 있는 정해진 대상이다. 그런 공동체 속에 있는 형제가 죄를 지을 때라는 범위가 정해졌다.

베드로가 주님께 "형제가 내게 죄를 범하면 몇 번이나 용서하여 주리이까 일곱 번까지 하오리이까"(21절)라고 여쭈었다.

그때 주님은 7번에 70번이라도 용서하라고 하셨다. 이 말의 의미는 중요하다. 보통 이 말을 단순히 일곱에 칠십을 곱하여 490번이라는 계산이 나오고 그러므로 무한대로 형제를 용서하라는 뜻으로 받아들인다.

2. 숫자의 의미

그러나 이 말에는 더 깊은 뜻이 있다. 먼저 7번이라는 말을 꺼내셨을 때 일단 주님은 베드로가 말한 7번을 인정하고 말씀하셨다. 7은 거룩함의 숫자이고, 여러 번의 의미이며, 특별히 일주일을 의미한다. 그러므로 주님은 일주일이 7일이듯, 7일 동안 매일매일 지은 죄를 용서하라는 것이셨다.

또한 여기서 70번의 의미는 성경에서 찾아볼 수 있다. 산헤드린 공회의 인원이 70명인데 그들은 이스라엘의 대표자 모임이다. 주님도 70문도를 뽑으시고 전도하게 하셨다. 천국에서는 하나님께 예배드릴 때 반열이 있어서 반열에 따라 앉아 예배드린다. 그 반열은 70줄로 보여진다. 그러므로 70명은 각 반열의 대표자의 숫자이다. 그러므로 70은 하나님 안에서 구원받은 특별한 거룩한 형제를 가리킨다.

결국 주님은 구원받은 수많은 형제들이 죄를 짓고, 또한 그것도 7일 동안 매일 지은 죄를 용서하라는 뜻이셨다. 그런 의미에서 형제가 지은 죄는 무한대로 용서하라는 말씀이다. 또 7일로 정해놓은 것은 이스라엘 사람들은 안식일이 되면 누구나 하나님께 예배하며 죄를 고백하고, 회개한 사람의 죄는 하나님이 용서하신다. 그러므로 회개한 그들은 안식일에 모든 죄가 없어진다. 형제들이 안식일만 제대로 지킨다면 죄는 없다. 더 이상 따져물을 수가 없다. 왜냐하면 하나님이 용서하셨다는데 어느 누가 다시 그 죄를 거론할 수 없는 것이다. 그러므로 안식일을 통해 하나님이 용서하신 죄를 형제가 용서하지 않을 수 없다.

우리는 형제라는 큰 틀 안에서 함께 하나님을 섬기고 함께 천국에 들어갈 한 식구와 같다. 70은 수많은 성도를 가리키므로 심하게 말하면 구원받을 모든 형제가 나에게 매일 죄를 짓더라도 회개하면 용서하라는 뜻이다.

주님은 7번씩 70번이라도 용서해야 한다고 하시면서 비유를 들어 설명하셨다. 물론 형제가 잘못했다고 할 때 용서하는 것이 원리이다. 용서를 빌면 용서해야 하는 것이다(29절).

3. 나도 하나님께 용서받았으므로 용서한다(27절)

우리는 아담 이후로 큰 죄를 지었다. 내가 또 하나님께 죄를 지었고 민족과 나라와 공동체에 죄를 지었다. 그리고 나이 먹은 만큼 많은 죄를 지었다. 지나고보면 인생이 온통 죄와 실수투성이인 것을 발견한다. 한마디로 어지럽히다가 세상살이가 끝나간다.

주님이 비유로 말씀하신 것을 보면 그 죄의 값은 무려 '일만 달란트'나 되어 그 몸과 처와 자식들과 모든 소유를 다 팔아야 할 만큼 큰 죄였다(25절). 결국 자신에게 남는 것은 아무것도 없는 상황인 것이다.

바로 이 죄는 하나님께 회개할 때 탕감을 받았다. 죄를 지으면 사망에 이르지만 회개하면 용서받고 생명에 이르니 이보다 더 큰 은혜는 없다. 주님의 비유에서 주인이 "불쌍히 여겨 놓아 보내며 그 빚을 탕감하여 주었더니"(27절)라고 한 것은 불쌍히 여긴 것이 용서의 이유라는 것이었다.

4. 형제가 나에게 지은 죄는 적은 죄이다

우리는 하나님과 관계가 있기 때문에 내가 남에게 죄를 지은 것 같아도, 하나님께 죄를 지은 것이 된다. 그러므로 죄의 무게가 많이 나간다. 그러나 형제가 나에게 죄를 지었다고 할 때, 형제가 나에게만 해당하는 죄를 지었으니 나와 일대일의 관계에서 그 죄는 가볍다.

이 세상 70억 인구 중에서 한 사람인 형제가 나에게 범죄하였으니, 사람만 놓고 보더라도 70억분의 1밖에 안 된다. 사람이 죄를 지을 수 있는 엄청나게 많은 대상이 있는데, 나를 대상으로 지은 죄는 지극히 작은 모래알과 같아서 아주 작은 것이다. 나에게는 좀 크게 다가올지 몰라도 실상 죄를 지은 횟수나 내용이 적은 것이다. 그러므로 아무리 형제가 나에게 죄를 많이 지었다고 해도 '100데나리온' 빚진 자밖에 안 된다(28절).

그런데도 주님이 비유로 말씀하시기를 주인이 그를 용서하지 않고 그 사람의 목을 잡고 빚을 갚으라고 하는 것은 자기가 하나님께 지은 죄는 기억하지 못하면서, 다른 사람의 죄를 기억하고 용서할 마음이 없는 자였기 때문이라고 하셨다.

5. 용서하지 않으면 손해를 보기에 용서한다

하나님은 지금 수많은 형제들이 매일매일 일주일씩, 즉 7번씩 70번을 짓는 죄를 용서해주시고 계신다. 이것이 하나님의 마음이다. 그러므로 남이 나에게 지은 죄를 용서하지 않는 사람은 자기가 하나님께 얼마나 큰 죄를 용서 받았는지 실감을 하지 못하는 자다. 또한 이기주의자이고 예수님의 제자가 되지 못한 자다. 제자가 되었다면 주님을 본받아 용서해야 한다.

용서하지 않는 사람은 결국 자기 손해이다. 형제를 용서하지 않으면 하나님도 우리 죄를 용서하지 않으시기 때문이다. 결국 하나님께 책망을 듣고 다시 죄를 갚을 때까지 갇혀 있게 되니 말이다(34절).

하나님과 우리의 관계는 임금과 종의 관계와 같다. 구원받은 사람인 종들끼리 서로 용서해주어야 한다. 요셉이 형들에게 한 용서는 그냥 용서로 끝나지 않고 형들을 위로해주기까지 한 것이었는데(창 50:19), 그것은 자기 속에 원망을 없애는 것뿐 아니라 상대방에게 있는 미안한 생각까지도 없애주는 철저한 용서였다(박윤선).

자신이 비록 다른 사람 앞에서는 범과가 없는 사람처럼 보일지 모르지만, 하나님 앞에서는 언제나 허물이 많은 사람이다. 상대가 용서를 구할 때는 말할 것도 없고, 만일 상대가 자신의 죄를 모르고 있어도 용서해야 한다. 용서의 최대 수혜자는 바로 자기 자신이다.

4부 | 예루살렘으로 올라가심

Jusus Christ

24장

뒤를 돌아보지 말라

본문 누가복음 9:57-62

예수님이 십자가에 달려 죽으시기 위해 예루살렘 성으로 들어가려고 하셨다(51절).

1. 어디로 가시든지 따르리이다

예수님이 길 가실 때에 어떤 사람이 '주님이 어디로 가시든지 나는 따르리이다'라고 했다(57절). 주의 길은 축복된 길이기에 잘 결심한 것이다. 주님은 그 사람이 주님을 따르겠다고 하는 말에 대답해주셨다.

주님은 그 사람에게 "여우도 굴이 있고 공중의 새도 집이 있으되 인자는 머리 둘 곳이 없도다"(58절)라고 하셨다. 사실 말씀하신 대로 주님은 물질이 풍성하여 번듯한 부동산을 장만하신 것도 아니었고, 전도 여행을 하실 적마다 여러 사람들의 도움을 필요로 하셨다. 또한 세상에서 대단한 권세도 가지지 못하셨다. 주의 길은 많은 제자들이 생각하는 것처럼 정권을 잡고 부귀영화를 누릴 수 있는 길이 아니다. 지금 주님은 죽으시기 위해 '굳게 결심하시고' 예루살렘 성으로 가시는 중이시기 때문이다(51절).

그러므로 이 말씀을 하신 의도는 내게서 세상의 어떤 것도 바라지 말고 너 자신도 세상의 욕망을 버리라는 것이다. 주님의 뒤를 따르기로 결단하면 고생과 고난을 각오해야 한다.

2. 아버지를 장사하게 하소서(59절)

주님이 또 다른 사람에게는 "나를 따르라"고 말씀하셨다. 앞의 사람은 스스로 먼저 주를 따르겠다고 했고 지금은 가만히 있는 사람에게 주님이 먼저 따르라고 하신 것이다. 그러자 그 사람은 "나로 먼저 가서 내 아버지를 장사하게 허락하옵소서"(59절) 하고 말했다. 주님은 "죽은 자들로 자기의 죽은 자들을 장사하게 하고 너는 가서 하나님의 나라를 전파하라"(60절)고 하셨다.

주님은 아버지의 죽음과 장사 치르는 일에 대해 무관심하라는 말씀을 하신 것이 아니다. 지금 주님은 죽으시기 위해 예루살렘으로 올라가시는 중이고 곧 죽으실 것이다. 만일 제자가 집에 가서 아버지가 죽기를 기다리고, 또 장사까지 지내고 올라온다면, 이미 주님은 십자가에서 돌아가신 후일지도 모른다. 그렇다면 그 제자는 주님과 함께하면서 배우고 또 하나님의 일을 할 시간적 여유가 없게 된다.

그러므로 이 말씀은 조금도 지체할 수 없다는 뜻이다. 주의 일이 더 급하기 때문에 지금 당장 나를 따라오라고 말씀하신 것이다. 그리고 그의 아버지는 병들거나 늙어서 죽지만, 주님은 모든 인류의 죄를 위해 십자가에서 죽으신다. 어느 죽음이 더 의미가 있는지 살펴보고 의미 있는 쪽을 선택하라는 말씀이다.

또 다른 의미는, 너는 살아 있고 살리는 일을 해야 한다는 뜻이다. 죽은 자를 잘 보내는 일에 시간을 들이는 것은 너무 아깝다. 지금 살아 있는 자가 죽기 전에 회개시키고 하나님을 알게 하여 바로 세우는 일이 더 귀하다. 하나님의 나라를 위해 일하려면 결단이 필요하다. 주님은 "굳게 결심하시고"(51절) 예루살렘을 향해 가신다. 주님을 따르는 제자에게는 이런 태도가 요구된다.

그러면 여기서 죽은 자를 장사 지낼 '죽은 자'들은 누구인가? 죽은 자란 현재 '주님을 따르지 않는 자'다. 지금 주님을 따르지 않는 '죽은 자'에게 장례를 맡기고, 살아 있는 너는 나를 따르라고 하셨다. '죽은 자'에게 관심 있는 자 역시 '죽은 자'다. 산 자는 '산 자'에게 즉 생명에 관심이 있어야 한다. 예수님은 지금 죽을 수밖에 없는 인생을 살리시기 위해 죽으러 예루살렘으로 가시는 길이다. 그런데 죽은 자를 위해 가는 것은 주님과 정반대의 길로 가는 것이다.

죽은 자는 영적으로 그다지 중요하지 않다. 그는 이 땅에 묻힐 시체에 불과하다. 그리고 그가 어떻게 살았는지에 대한 하늘나라의 상급 문제도 이미 마무리되었다. 기독교는 산 자를 살리는 종교다. 죽으면 육체는 아무 의미가 없다. 그리고 사람을 살리는 일은, 역설적으로 주님처럼 죽음을 각오하는 일이다.

3. 작별 인사를 하게 하소서(61절)

또 다른 사람은 "주여 내가 주를 따르겠나이다마는 나로 먼저 내 가족을 작별하게 허락하소서"라고 했다. 즉 가까운 가족과 작별하고 오겠다는 것이다. 주님은 제자라면 주님께만 집중하기 원하셨다. 작별하려고 시간을 끄는 행위는 "쟁기를 잡고 뒤를 돌아보는 자"와 같은 것이며 이러한 행동은 하나님 나라에 합당치 않다고 주님은 말씀하신다(62절). 밭을 가는 사람은 소가 쟁기를 잘 끄는지, 밭이 잘 갈리는지, 걸리는 돌은 없는지 잘 살피면서 가야지 뒤를 돌아보면 고랑이 삐뚤어진다. 잘못하면 큰 사고가 날 수 있다.

주님이 "쟁기를 잡고"라고 말씀하셨으니 현재 주님께 말하고 있는 사람은 일하는 제자다. 제자는 자신의 일에 최선을 다해야 한다. 만일 집에 작별 인사를 하러 갔는데, 가족이 다시 주님께 가지 말라고 반대하면 사역을 멈추게 되거나 사역에 불성실하게 된다. 지금 주님을 따르는 것이 쟁기를 잡고 일하는 것이다.

이왕에 큰 결단을 하고 출발했으니 앞으로 계속 가자는 말씀이다. 주님은 대화를 나누고 있는 제자에게 "너 지금 잘하고 있는 거야"라며 '쟁기 잡은 자'로 인정해주시는 것이라 할 수 있다.

일하는 자는 소득을 얻기 위해서 열매를 보고 일한다. 주님의 일에는 언제나 풍성한 열매가 있다. 밭을 갈고 씨를 뿌리고 열심히 일하면 풍성한 수확을 거둘 수 있다. 이제 주님은 실제적으로 일할 시간이 없으시다. 주님은 얼마 되지 않아 십자가에 달려 죽으실 것이다. 이런 상황에서 제자가 가족이나 주변 사람과 작별 인사를 하기 위해 돌아보는 것은 뒤를 돌아보는 행동이다.

사실 더 중요한 것은, 제자들이 작별 인사를 하러 만나러 가는 대상은 현재 '주님 앞에 있는 사람이 아니다'라는 것이다. 주님 앞에 있다면 제자가 굳이 시간을 내어서 가족이 있는 곳까지 갈 필요가 없다. 현재 주님 앞에 없다는 것은, 주님을 따르지 않는 자가 분명하다. 그렇다면 현재 주님을 따르지도 알지도 믿지도 않는 사람에게 무슨 인생의 가장 중요한 문제를 알리러 가는지 모른다.

믿음 없는 그들이 만일 주님을 따르는 것을 반대하고 만류한다면 작별의 장소는 토론의 장소나 변명의 장소가 될지 모른다. 또한 사탄의 유혹에 넘어가 주님을 배신하는 장소가 될지도 모른다. 주님을 따르는 자는 그 자리에서 계속 나가면 된다.

4. 나는 어떤 사람인가

나를 돌아보고 내 가족을 돌아보자. 내가 생명의 길로 가고 있음을 알자. 주님이 "손에 쟁기를 잡고 뒤를 돌아보는 자는"이라고 말씀하신 것은 현재 제자들이 하나님 나라를 위해 일하고 있다는 것을 인증하는 말씀이다. 하나님의 일을 하는 것은 실제 열매 맺는 일을 하는 것임을 알자.

제자가 열심히 쟁기질을 하면 열매가 있을 것이고 그의 가족도 같은 혜택을 누릴 수 있다. 만약 주의 길을 간다고 하는데 열매가 없다면 심각한 일이다. 이는 쟁기를 잡지 않고도 잡고 있는 줄 착각하는 사람이든지, 아니면 쟁기를 잡고 늘 뒤를 돌아보는 사람이라 밭갈이가 엉망이 되어서 그럴 것이다. 쟁기를 잘 잡으면 꼭 열매가 있다.

자신이 쟁기를 잡고 있는 줄 알았는데 '사탄의 미끼'를 잡고 있지는 않은지 우리는 잘 살펴보아야 한다. 하나님의 일을 하고 있는 줄 알고 있었는데 어느 날 정신을 차리고 보니 사탄의 도구가 되어 자신과 주의 일을 망치고 있는 경우도 있다.

하나님의 일을 하는 것이 아니라, 자신의 성을 쌓는 일을 하는 목회자나 성도가 있다. 주의 뜻과 자신의 뜻이 다른 것이다. 당시 제자들이 주님께 아버지를 장사하고 오겠다든지, 작별 인사를 하고 오겠다고 했을 때, 주님은 허락하시지 않았다. 오늘날의 목회자나 성도들은 주님께 여쭈어볼 수 있는 영적 교통도 되지 않을뿐더러, 아예 묻지도 않고 제 마음대로 행하는 경우가 많다. 그러므로 주님께 책망 들을 일이 많을 것이다.

우리는 열매 맺는 사람이 되도록 노력하고, 다른 사람들이 쟁기를 잘 잡도록 도와주어야 한다. 송아지도 쟁기를 끄는데 우리도 하루 빨리 주의 일에 힘쓰는 일꾼이 되어야 한다. 주의 일에 집중하는 데 방해되는 것들은 모두 버리자. 주가 책임지신다. 주를 위해 쟁기를 잡자.

25장

성령으로 기뻐하심

본문 누가복음 10:17-21

예수님은 복음을 전하는 일에 제자들을 파송하셨다. 제자들이 3년의 교육을 다 마치고 파송된 것은 아니었다. 어느 정도 시간이 지난 후에 예수님은 그들로 하여금 전도하러 보내신 것이다. 그들은 예수님의 명령에 순종하며 이스라엘 백성들에게로 갔다. 주님은 따르는 제자들 중에서 따로 70인을 세우시고 세상에 보내셨다(1절).

이들 가운데 대부분은 이름도 알려지지 않은 보통 사람들이었다. 유명한 사람이나 능력 있는 사람도 있었지만, 어딘가 조금씩 부족한 사람도 있었다. 사실 열두 사도 가운데도 특출한 사람은 별로 눈에 띄지 않는다.

그렇기 때문에 사도도 아닌 70인의 제자는 모든 면에서 사도들에게 뒤떨어질 것이다. 주님은 이들을 보내실 때 권능을 주셨다. 뱀과 전갈을 밟으며 원수의 능력을 제어할 권세를 주셨으며 약한 것을 고치는 능력을 주셨다.

주님은 70인의 제자들을 보내시며 "하나님의 나라가 너희에게 가까이 왔다 하라"(9절)고 하셨다. 선언의 주제가 하나님의 나라다. 귀신을 제어하고 병을 치료하는 권세를 주시며 하나님의 나라를 선언하신 것은 그 일이 이루어지면 '하나님의 나라가 임한 것'이라는 뜻이기 때문이다.

옛날이나 지금이나 하나님의 백성은 하나님의 나라를 선포하고 하나님의 나라가 임한 증거를 보여야 한다. 70인은 사도가 아니고, 하나님의 택한 사람이라는 의미가 있으며, 그들은 어느 정도의 능력을 소유했다.

1. 능력이 나타남(17절)

제자들이 예수님의 이름으로 행할 때 능력이 나타났고 귀신이 항복했다. 70인에게도 같은 현상이 나타났다(17절).

주님은 "사탄이 하늘로부터 번개같이 떨어지는 것을 내가 보았노라"(18절)고 말씀하셨다. 예수 그리스도의 능력이 제자들을 통해 나타났을 때, 제자들은 자존감이 생기고 스스로 하나님의 백성임을 다시 한 번 깨닫게 되었을 것이다. 하나님은 종들에게 능력을 주신다.

하나님의 사명을 받았느냐, 받지 못했느냐의 척도는 곧 능력이다. 하나님의 나라는 말이 아니라, 능력에 있기 때문이다(고전 4:20). 능력이 있으면 은사가 나타난다. 복음은 말씀을 증거하는 것이지만 능력이 나타나는 것은 말씀을 보증하는 것이다.

2. 하늘에 이름이 기록됨(20절)

제자들이 전도를 마치고 예수님께 돌아와 보고했다. 그들은 대단히 흐뭇해하고 기뻐했다. 예수님은 그들이 보고하기 전에 이미 사탄이 하늘에서 떨어진 것을 보셨다고 말씀하셨다. 70인의 제자들이 나가서 사역을 통해 귀신을 쫓아낸 것을 알고 계셨다. 귀신이 나간 것을 알려면 영안이 열려야 한다. 아무리 멀리 떨어져 있어도 모든 일을 아시는 주님이시다.

그런데 주님은 그들에게 "귀신들이 너희에게 항복하는 것으로 기뻐하지 말고 너희 이름이 하늘에 기록된 것으로 기뻐하라"고 말씀하셨다. 기쁨의 방향을 올바로 잡으라는 말씀이다.

하늘의 생명책에 자기 이름이 기록된 것이 귀신을 쫓아내는 능력보다 훨씬 더 중요한 의미를 가진다. 예수님의 말씀에는 영적 원리가 있다. 하늘에 너희 이름이 있음으로 하나님이 너희와 함께하시고 역사가 나타나고 귀신이 나간 것이라고 말씀하신 것이다.

하늘 사람이기에 능력이 나타난다는 논리다. 이것이 바로 영적 원리다. 그러므로 귀신이 나가고 병이 치료되면 그 사실이 하늘나라 생명책에 기록이 되니 기쁜 일이다.

다시 말하면 능력이 없다면 하늘에 이름이 없다. 그 능력은 복음의 능력, 치유의 능력, 사탄을 쫓아내는 능력이다. 이 중 일부분을 소유할 수도 있고 모두 다 소유할 수도 있다.

만일 어떤 종류의 능력이라도 나타나지 않는다면 큰 문제다. 능력이 나타나 열매가 있으면 진정 하늘에 이름이 기록된 것이니 이제 하나님의 사람이 된 것과 하나님의 나라가 이루어진 것을 기뻐해야 한다.

그러므로 병을 고치고 귀신을 쫓아낸 자체로 의미를 부여하고 기뻐하는 것은 깊이가 없는 행동이다. 병을 고치거나 능력을 행하는 것은 눈에 보이는 것이고, 생명책에 기록된 것은 눈에 보이지 않기 때문에 눈에 보이는 것을 더 귀하게 보는 것이 이 세상이다.

그러나 생명책에 이름이 기록된 것은 그 무엇과도 비교할 수 없는 큰일이다. 우리는 하나님의 일을 할 때 주께서 기록해놓으신다는 것을 깊이 깨달아야 한다.

3. 주님의 기쁨(21절)

주님은 성령으로 기뻐하시며 능력 있게 사역을 감당한 70인을 보시면서 하나님께 감사 기도를 드렸다. 어린아이 같은 70인에게는 하나님의 능력이 나타나고, 지혜자 곧 서기관과 장로들에게는 하나님의 능력이 나타나지 않았다. 주님은 세상일에 기뻐하신 적이 없다. 사역자의 사역을 통해 성도들이 치유되고 묶임에서 풀려나서 기쁘신 것이다. 주님을 기쁘시게 하려면 이렇게 하면 된다.

주님은 재산이 늘거나 병을 고치고 유명해질 때 기뻐하지 않으셨다. 성경에 주님이 웃으셨다고 기록된 것도 없다. 인간적으로 세상에서 웃고 즐기신 분이 아니다. 하나님의 나라가 확장될 때 기뻐하셨다. 나의 기쁨을 늘 분석하고 살피자. 육적인 것보다 영적인 일에 기뻐하자.

26장

율법을 지키는 의미

본문 누가복음 10:25-37

1. 구원은 믿음으로 얻는다

믿음은 구원의 전제 조건이다. 하나님을 믿으면 예수 그리스도를 믿게 된다. 하나님을 믿어야 내 자신이 죄인인 것도 깨닫고 회개하게 된다. 믿음이 그만큼 소중하다. 그런데 행함이 없는 믿음은 죽은 믿음이다. "이와 같이 행함이 없는 믿음은 그 자체가 죽은 것이라"(약 2:17) 했다. 즉 믿음과 행함은 같은 것이다. 믿음이 있는 자는 행동할 수밖에 없다.

믿음이 있는 자는 율법을 자연스럽게 지키게 된다. 만일 믿음이 있는 자가 율법을 억지로 지키느라 고통당한다면 문제가 있다. 왜냐하면 율법의 핵심은 사람을 살리는 것이기 때문이다. 율법을 지켰는데, 또는 율법을 지키느라 사람이 고통당하거나 죽으면 안 된다.

사람을 살리라고 법이 있는 것이다. 구약시대의 구원은 십계명과 율법을 지킴으로 얻는 것이지만 한편 제사도 필요했다. 그러나 신약시대의 구원은 예수 그리스도를 믿음으로 얻을 수 있다.

한 율법사가 주님께 나아와 "선생님 내가 무엇을 하여야 영생을 얻으리이까"(25절) 하고 물었다. 주님은 율법사에게 율법이 무엇인지를 가르쳐주셨다. 주님은 먼저 '마음을 다하여 하나님을 사랑하고 이웃을 사랑하라'는 율법을 다 행하라고 하셨다. 하나님을 사랑하고 이웃을 사랑하면 율법을 잘 지키는 자가 된다고 하시고 "그러면 살리라"(28절)라고 하셨다. 한마디로 사랑하면 영생을 얻는다고 하신 것이다. 그 율법사는 계속해서 그렇다면 '내가 사랑할 이웃이 누구냐'고 물었을 때, 주님은 강도 만난 이웃을 비유로 들어 말씀하셨다.

2. 강도 만난 자의 이웃

어떤 사람이 예루살렘에서 여리고로 내려가다가 강도를 만나 거의 죽어가고 있었다(30절). 그는 하나님의 사랑과 이웃의 사랑이 필요한 사람이다. 우리가 돕고 섬길 이웃은 이 세상에서 성공한 부족함 없는 사람이 아니라 어떤 형태로든 도움이 필요한 사람이다. 이 세상에는 강도 만난 사람이 너무 많다. 생명 · 재산 · 기쁨 등 다양한 분야에서 강도를 만난다. 강도 만난 후 죽어가는 사람처럼 영혼과 심령과 육체가 파탄당한 사람들이 너무 많다.

먼저 제사장이 그의 곁을 지나갔다.

그는 예루살렘에서 임무를 끝내고 고향으로 내려가는 중이었을 텐데 강도 만난 사람을 보고 피하여 지나갔다(31절). 강도 만난 사람도 예루살렘에서 여리고로 내려가는 중이고 제사장도 예루살렘에서 자기 고향으로 내려가는 중이라, 그들은 지난 시간까지 거룩한 땅 예루살렘에 있었다. 제사장은 강도 만난 자가 도움이 필요한 것은 알지만 자기 일은 아니라고 생각했다.

제사장은 24반차를 따라 일주일씩 교대를 하는데, 예루살렘 성 안에 머무는 제사장과 레위인은 많지 않고 대부분 여러 지방에 퍼져 살았다. 제사장은 자신이 봉사하기로 정해진 날에만 예루살렘에 올라와서 자신의 의무를 다하면 되었다.

'제사장이 내려간다'는 성경의 표현은 그가 자신의 일을 다 마치고 집으로 내려가는 길이란 말이다. 예루살렘이 다른 지역보다 표고가 높기 때문이기도 하고, 성전이 있는 곳이기에 높이는 말을 써서 그곳에서 다른 지역으로 갈 때는 내려간다고 표현한다.

성전에서 양을 잡고 제사 드리는 일을 마치고나서 피곤한 몸을 이끌고 휴가 떠나는 기분으로 집에 가는 길이었다. 그러다 피투성이가 되어 쓰러진 사람을 길가에서 발견했다.

당황한 제사장은 갈등했다. '내가 구하여 보호해주어야 하나?' 그러나 그는 마음의 안정을 되찾았다. '나는 이미 일을 끝냈다. 내 할 일을 다했어. 특히 하나님의 일을 했어. 성전에서의 일은 내 할 일이지만 길거리에서는 일이든 봉사든 안 해'라고 생각했을 것이다. 만일 강도 만나 피 흘려 쓰러진 사람이 제사장이 그냥 지나간 것을 알았다면 얼마나 성직자를 원망했을까.

불과 몇 시간 전까지만 해도 같은 예루살렘에 있었으므로 그 두 사람은 이웃이었다. 강도 만난 자가 조금 더 일찍 예루살렘에서 내려온 것뿐이다. 그 사람이 제사를 드리러왔다면 제사장과 강도 만난 자가 서로 얼굴을 보았을 수도 있다. 그러나 제사장은 그를 돕지 않았다.

그런데 주님은 쓰러진 이웃을 돕지 않은 제사장을 나쁘다고 말씀하지 않으셨다. 왜냐하면 그는 자신의 일을 다 완수했기에 칭찬을 받아야 할 사람이다.

게다가 제사장은 시체를 만지는 것이 금지되어 있기 때문에(레 22:4), 그를 도와주지 않는다고 비판하기 힘들다. 만일 강도 만난 사람이 이미 죽었다면 시체를 가까이 하지 않는 것은 제사장이 율법을 바로 지킨 것이라고 할 수 있다. 율법으로 보자면 제사장의 행동을 나무랄 수가 없다. 그는 율법을 훌륭하게 지키고 있는 중이다. 누가 이 제사장을 욕하겠는가.

두 번째로 레위인이 그의 곁을 지나갔다.

레위인도 쓰러진 사람을 보고 피하여 지나갔다. 레위인도 제사장과 같이 성전에서의 일을 끝마쳤을 수도 있고, 성전에 가서 일을 해야 했을 수도 있다.

성전에 일하러 올라가는 중이었다면 성전에서의 의무를 다해야 하는 그로서는 강도 만난 자를 돕다가 성전 봉사의 일에 빠질 수는 없었을 것이다. 하나님의 일에 지장을 주고 율법을 어기는 것이 된다.

성전에서 일을 끝마치고 내려가는 길이었더라도, 그는 하나님을 위해 일한 자로서 할 일을 다했으니 칭찬받아야 한다. 율법을 완수했으므로 그를 욕할 수 없다. 율법적으로 하자가 없다.

세 번째로 사마리아인이 그의 곁을 지나갔다.

그는 이스라엘 사람들에게 개 취급을 받는 사람이다. 하나님을 잘 모르고 하나님의 율법과 상관이 없는 사람이었다. 율법이 무엇인지도 모를 수도 있다. 그는 제사장이나 레위인처럼 예루살렘 성전이나 자기 지역에서 하나님의 일을 하지 않았다.

그는 율법은 모르지만 인간을 사랑하는 마음을 가진 사람이었다. 그래서 사마리아인은 강도 만난 그를 도와주었다. 물질과 시간과 마음까지 총동원하여 그를 도와주었다. 그는 사람의 생명을 소중히 여겼다. 그는 율법을 몰랐기에 이 일을 통해 하나님이 기뻐하실 것을 염두에 두고 돕지는 않았을 것이다.

그리고 천국의 생명책에 자기 공로가 기록된다는 생각도 하지 않았을 것이다. 단지 순수한 인간애로 사람을 귀하게 여기고 행한 일이 한 사람의 생명을 살렸다.

주님이 율법사에게 누가 강도 만난 자의 이웃이 되겠느냐고 물었을 때, 그는 "자비를 베푼 자니이다"라고 대답했다. 주님은 "가서 너도 이와 같이 하라"고 하셨다. 율법사로서 율법만 가르치지 말고 행동으로 실천하라는 말씀이다. 즉 강도 만난 자의 이웃이 되라고 말씀하셨다.

그런데 율법사는 왜 "자비를 베푼 자니이다"라고 대답했을까? 주님이 '사마리아 사람'이 불쌍히 여겨 도와주었다고 설명하셨으니 '사마리아 사람'이라고 대답하는 것이 정상인데, 그 대답을 피하고 "자비를 베푼 자"라고 간접적으로 대답했다.

율법사의 입장에서는 율법을 모르는 '사마리아인'을 개같이 취급하며 살았는데, 제사장과 레위인을 제쳐두고 '사마리아 사람'이 선하고 율법을 잘 지켰다고 대답하기가 어려웠을 것이다.

강도 만난 자에게는 율법을 가르치거나 율법을 지키는 종교인들이 전혀 도움이 되지 못했고 오히려 상처만 주었다. 율법을 아무리 잘 지켜도 사람을 살리지 못하면 소용이 없다. 사마리아 사람처럼 율법을 몰라도 사람을 살리는 것이 중요하다.

3. 율법보다 생명을 구하는 일이다

우리도 강도 만난 자의 이웃이 되어야 한다. 세상에 강도가 있으면 언제나 피해자가 있게 마련이다. 강도를 만나면 손해를 보고 몸이 상하게 되고 돈을 빼앗기며 심지어 죽음의 위험까지 있다. 길거리를 그냥 지나치는 게

으른 자가 되지 말아야 한다. 길에는 언제나 예상치 못한 위험이 있을 수 있다.

사탄은 언제나 우리의 영적인 것과 육적인 것들을 도적질하려고 노리고 있다. 우리는 우리의 믿음의 표현으로써 위험을 당한 자들을 도와주어야 한다. 이것이 구원을 얻는 길이고 진정한 복음이다.

세상에서 제일 귀한 일은 '하나님 사랑이며 사람 사랑'인데 진정한 사랑은 '목숨을 건지는 것'이다. 주님은 율법과 생명을 강조하셨다. 진정한 율법을 지키는 것은 '사람을 살리는 것'이다.

주님은 생명을 건지러 이 땅에 오셨으며 특히 영적인 생명을 건지는 일에 주력하셨다. 율법을 지킨다고 사람의 생명을 구하지 못한다면 복음이 아니다.

27장

적은 무리여

본문 누가복음 12:32

누가복음 12장 1절부터 보면 '수만 명'이 모여 예수님께 나아왔다. 너무 수가 많아 서로 밟힐 정도였다. 그러나 주님은 군중들을 대견해하거나 몰려오는 사람들을 반가워하시지 않으셨다. 그리고 예수님은 그런 수많은 사람들에게 먼저 말씀하지 않으시고 오히려 주님 가까이 있는 적은 무리, 제자들에게 관심을 갖고 말씀하셨다(1절). 가장 가까이 있는 사람에게 관심을 보이셨다.

1. 두려워 말라(4절)

주님은 바리새인의 외식을 주의하라고 하셨다(1절). 예수님이 행하고 전하시는 것이 소문이 많이 나서, 바리새인들이 시기하여 주님을 죽이려고 했다. 그들은 주님의 제자들에게도 압력을 가하고 있었다. 그런 상황에서 제자들은 주님을 따르고 복음을 전하는 일에 두려움을 느꼈을 것이다. 그러나 주님은 두려워하지 말라고 말씀하셨다. 그 이유는 그들이 "몸을 죽이고 그 후에는 능히 더 못하는 자들"이기 때문이었다(4절).

바리새인 같은 반대자들은 우리의 몸을 죽일 수 있으나 정작 가장 중요한 영혼을 자기 마음대로 천국이나 지옥에 보내지 못한다. 그리고 상급을 주거나 빼앗을 수 있는 능력이 없다. 또 주님은 제자들에게 '쉽게 죽을까봐 두려워하지 말라'고 하셨다.

주님은 참새 이야기를 하셨는데, 참새가 잡혀서 1앗사리온에 두 마리, 2앗사리온에 다섯 마리(한 마리는 덤)에 팔리지만 하나님은 그 덤인 한 마리까지 기억하시고, 우리의 머리털까지 다 세는 분이시다. 하나님의 사람은 한 사람 한 사람 모두 다 사명이 있다. 그러므로 사명을 마치기 전까지 하나님이 보호해주신다.

2. 진정 두려워할 것이 무엇인가

주님은 죽이려고 달려드는 바리새인들보다 더 두려워해야 할 것은, 사람이 죽은 후에 그 영혼을 지옥에 던져넣는 권세 있는 자라고 하셨다(5절). 그분이 하나님이신 것은 말할 필요가 없다. 주님은 몇 번씩이나 그분을 두려워하라고 하셨다.

인생의 열매는 살아서보다 죽은 후에 더 값지게 나타난다. 죽은 후에 우리를 좌지우지하시는 분은 하나님이시다. 주님은 죽은 후의 일에 관심을 가지신다. 그러므로 몸이 죽는 것이 무엇이 겁이 나느냐, 지옥에 가지 않아야지 하신다.

3. 적은 무리여 무서워 말라(32절)

하나님은 그의 나라를, 그를 따르는 '적은 무리'에게 주시기를 기뻐하신다. 주님은 제자들 뒤로 보이는, '많은 무리'를 보지 않으시고 그들에게 약속도 하지 않으셨다. 주님은 '적은 무리'에게 그의 나라를 구하라고 가르쳐 주셨다. 하늘나라를 구하면 세상의 모든 것도 주신다(31절). 그러므로 이 땅에서의 삶을 염려하지 말고, 이 땅을 떠난 후에도 하늘나라에 갈 것이니 무서워할 것이 없다고 힘을 주셨다(32절).

4. 적은 무리 안에 들기를 기뻐하자

노아 때도 구원받은 자가 적었고, 삼손 때도 헌신된 젊은이가 거의 없었다. 다윗을 따르는 무리도 400여 명밖에 되지 않았고, 아합 시대에도 엘리야, 엘리사 등 '적은 무리'만이 헌신했다. 주님이 승천하실 때 500여 명이 모였고 마가의 다락방에서 성령받기를 기도할 때 120여 명이 모였다. 많은 무리가 모인 예루살렘 교회에도 집사가 7명뿐이었고 장로들도 70명 정도로 추정된다. 이러한 원리는 지금도 계속되고 있다.

지금 이 시대에도 수많은 사람이 교회에 나오지만, 구원받을 사람이 예상보다 적을 것이며, 보좌 앞에 갈 사람도 적은 숫자일 것이다. 보좌 앞에 갈 144,000명은 적은 무리다.

다수 속에 들어가서 안심하고 있는 것은 위험하다. 내가 진정 주님을 사랑하고 죽음 이후를 생각한다면, 주님과 특별한 관계를 맺도록 노력해야 한다. 늘 회개하고 기도에 힘쓰며 거룩하고 세상을 사랑하지 아니하며 주님만 사랑해야 한다. 하나님 나라는 일한 대로 갚아주신다고 했는데 자신이 얼마나 이익을 남겼는지 생각하자. 우리는 주님 앞에 충성하되 특별히 하나님을 섬기는 나실인 같은 '적은 무리'가 되자.

28장

충실한 사명자

본문 누가복음 12:41-48

사역자들은 주인집의 청지기다. 청지기에게는 상당한 실권과 책임이 주어지기 때문에 종들 가운데 특출 나거나 자유인 중에서 세운다. 이 청지기는 일반 종들과 달리, 신분과 대우와 실권에서 비교할 수 없는 힘을 가진다. 어찌 보면 거의 주인의 대리인 같은 존재다. 그러므로 종으로 사는 자와 청지기로 사는 자는 다르다. 우리는 주님 나라의 지혜 있고 진실하며 충성된 청지기가 되어야 한다.

1. 청지기의 사명(42절)

청지기의 사명은 '그 집의 종들을 맡는 것'이다. 종들이 그 집을 위해 일을 해야 그 집이 성장하고 유지된다. 청지기의 사명은 주인의 재산과 주인을 위해 일하는 사람을 맡는 것이다. 그 사람들에게 때를 따라 양식을 나누어주는 일을 해야 한다. 양식은 때에 맞추어 적기에 나누어주어야 한다. 시간에 맞추어 곡식 창고의 문을 열고, 종들이 골고루 다양한 영양을 흡수할 수 있도록 해야 한다.

종들은 양식을 먹어야 산다. 종을 위해서가 아니라 주인을 위해서 일해야 하기 때문이다. 종의 존재 이유는 주인을 위하여, 종이 먹는 것도 주인을 위하여, 종이 일하는 것도 주인을 위해서다. 그러므로 주인을 의식하고 일을 감당해야 한다. 종이 잘 먹어야 주인집에서 열심히 일을 하여 이익을 남겨 주인을 기쁘게 할 수 있기 때문이다.

청지기는 주인의 의도를 분명히 알아야 하며 종들의 편의를 제공하되 종들의 헛된 의견을 따라서는 안 된다. 종들의 의견과 주인의 의견이 다른 경우가 많기 때문이다.

2. 나누어주어야 할 양식(42절)

하나님의 집의 양식에 대해 박윤선은 '하나님의 진리를 말하는 것'이라고 했고, 메튜 헨리(Matthew Henry)는 '성례를 집행하고 은혜 계약을 선포하는 것'이라고 말했다. 종합하면 예수님이 가르쳐주신 양식은 바로 '예수님 자신'이다. 예수님이 "하늘에서 내려온 살아 있는 떡"이라고 자신을 선포하셨기 때문이다(요 6:51). 예수님이 탄생하신 베들레헴은 '떡집'이라는 의미를 갖고 있다.

주님은 "내 살은 참된 양식이요, 내 피는 참된 음료"라고 말씀하시며 나를 먹으라고 하셨다. 주님의 백성들은 주님을 받아먹어야 한다. 주님을 잘 섬기면 그로부터 영의 양식이 내 몸에 들어온다. 종들이 일을 잘한다면 예수를 잘 먹여주어야 한다.

수가 성에서 주님은 자신에게 양식이 있다고 말씀하시면서 그 양식은 '나를 보내신 이의 뜻을 행하며 그의 일을 온전히 이루는 것'이라고 하셨다. 그의 말씀대로 온전히 이루기 위해 여인의 영혼을 구원하시려고 그 여인과 대화를 나누셨다.

예수님은 영혼이 구원받으면 그 영혼이 추수한 열매이니 배가 부르다고 하신 것이다. 주님은 영생에 이르는 열매를 모으시기 위해 이 땅에 오셨다. 주님을 만나면 그에게서 하늘 양식이 내 몸 안으로 들어온다.

3. 청지기는 충성을 다해야 한다(47절)

종이 때를 따라 양식을 잘 나누어주었다면 주인이 돌아올 날에 그 종은 복이 있다고 하셨다(43절). 주님이 지금 오신다면 오늘날 주의 청지기들은 어느 장소에서 주님을 맞이할지 모르겠다. 일하는 자리, 양식을 나누어주는 자리에 있을 때 주님이 오시면 좋을 것이다. 그러면 후에 주님이 그에게 많은 것을 맡기실 것이다(44절).

많이 맡겨주시는 것은 감사한 일이다. 만일 청지기가 주인의 뜻에 따라 충성하지 않으면 매를 맞는다(47절). 청지기는 항상 주인이 보지 않아도 자신이 주인이 아니라 일꾼임을 늘 자각해야 한다.

주인의 뜻을 알고도 행하지 않으면 매를 많이 맞을 것이고, 뜻을 몰라서 행하지 못했다면 적게 맞을 것이다. 즉 주의 종들이 일반 성도들보다 더 많이 맞을 것이라는 말이다. 그러므로 청지기는 주인이 없다고 권리를 남용하여 먹고 마시고 다른 사람을 때리지 말아야 한다.

주의 사람은 세상 것을 먹고 마시면 안 된다. 주님은 그리스도가 아닌 썩을 양식을 위하여 일하지 말고 영생하도록 있는 양식을 위하여 일하라고 하셨다(요 6:27). 영적으로 청지기가 양식을 잘 먹인다면 속사람을 잘 키울 수 있으니 최고의 직업이라 할 수 있다.

우리 모두 영생하도록 있는 생명의 떡인 예수님을 먹고 마시며 때에 따라 나누어주는 충성된 청지기가 되자.

29장

성전을 이용하지 말라

본문 누가복음 13:1–9

주님은 회개를 많이 강조하셨다. 그때 회개할 마음이 별로 없어 보이는 두어 사람이 예수님께 와서 질문했다. 갈릴리 사람들의 얼마가 성전 제단에서 피를 흘렸는데, 그 문제에 대해 말해달라고 했다. 그들은 아마도 성전에서 그 사람들이 죽은 것은 그들의 죄 값 때문일 것이고, 그와 반대로 자신들은 별일 없이 살고 있으니까 죄도 없고 온전하다고 생각했을 것이다. 이때 주님은 '죽은 그들도 죄가 있고 너희도 다 죄가 있다'는 요지의 말씀을 하신다.

1. 그 죽은 자는 죄가 있다(2절)

문헌에 보면, 갈릴리 사람들의 일부가 빌라도의 군인들에게 성전에서 살해당했는데, 그 피가 제물에 섞이고 제단에까지 튀었다. 주님은 그 죽은 자들은 '자신들의 죄로 인해 죽었다'고 말씀하셨다.

당시 유대인들은 로마 통치에 불만을 품고 수천 명이 반란을 일으키곤 했는데, 그때도 무리를 지어 성전에서 무력 시위를 일으킨 것이다. 총독인 빌라도는 치안을 유지하기 위해 무력으로 그들을 제압했다. 정치적으로 그렇게 할 수밖에 없었다.

이것은 종교적으로도 마찬가지다. 성전은 자신의 죄를 회개하는 마음으로 양이나 소를 가져와 제사드리는 곳이지, 제물을 가져오거나 제사할 마음 없이 소리치며 정치가를 욕하고 싸우며 자기 주장을 내세우는 정치집회 장소가 아니기 때문이다. 그들은 죽을 수밖에 없었다.

그러나 주님은 피 흘려 죽은 그들이 다른 갈릴리 사람들보다 더 죄가 있는 것은 아니라고 말씀하셨다. 그들도 성전에서 하나님께 회개할 생각은 하지 않고 이스라엘을 침략한 로마만 비판했기 때문이다. 주님은 성전에서 죽은 자를 위로하거나 죄 없다고 하시지 않았다. 성전은 바르게 사용되어야 한다.

성전에서 반란을 일으키는 것은 바람직하지 않다. 성전에서 소동을 일으켰으니 성전을 지으신 뜻과 완전히 다른 길을 간 것이다. 성전을 정치적으로 이용하면 안 된다. 이것은 성전이신 예수 그리스도를 모욕하는 행위다. 그리고 성전이신 주님 앞에서 지금 회개하기 싫어하는 것이다.

2. 실로암에서 망대가 무너진 사건(4절)

주님은 그 성전에서 죽은 사람들의 죄가 다른 사람들의 죄보다 더 중한 것이 아니라는 것을, 실로암에서 망대가 무너지면서 18명이 죽은 사실을 비유로 들어 말씀하셨다.

이 망대는 느헤미야 3장 15절에 나오는 왕의 동산 근처 셀라 못 가의 성벽에 있는 실로암 못 가에 있다. 그 망대가 무너지면서 죽은 18명의 죄가 결코 예루살렘에 거하는 다른 사람보다 더 많은 것은 아니라고 말씀하셨다. 이 말씀에는 먼저 죽은 그들이 죄 없이 억울하게 죽은 것은 아니고, 죄값이 있다는 의미가 내포되어 있다.

왜 그 죽은 자들에게 죄가 있는지 살펴보자. 사실 이 망대는 성전의 헌금을 사용하여 총독 빌라도가 성전과 별로 관계가 없는 공사를 한 것이다. 이것은 정치 · 군사적인 필요에 의해 만들어진 것이다. 성전 유지와 별 관계가 없는데 빌라도가 강행했다. 공사의 주체가 제사장이 아니었다.

문제는 공사를 하다가 인부들이 사고로 죽었다는 데 있다. 그러나 죽은 자들이 당시 사람들에게나 주님께 동정을 받지 못한다는 점이다. 그 이유가 있다. 그곳에서 일한 인부들은 성전에서 나온 돈을 임금으로 받았다. 그리고 자기 돈이니 제멋대로 썼을 것이다. 이것은 불법에 참여한 것이 된다.

그 인부들은 임금으로 받은 돈을 도로 성전에 내놓아야 했다. 비록 일을 해서 받았을지라도 정상적으로 받은 것이라고 볼 수 없기 때문이다. 비록 주체가 빌라도였을지라도 그들 모두가 불합리하게 성전의 돈을 취했으니 모두 죄인이다. 돈을 갚지 않으면 그들은 빚진 자다.

그리고 예루살렘 거주민들에게는 무슨 죄가 있을까 하는 것이다. 모든 인생이 죄인이지만 그들 역시 기회가 주어졌다면 망대를 짓는 데서 일하고 싶어 했을 것이다. 사실 예루살렘 성에 거주하는 사람들 가운데 성전을 이용하여 먹고 산 사람이 얼마나 많은가.

예루살렘에 사는 사람치고 불법적인 종교 행위를 하는 당시 악한 시대에 편승하여 먹고살지 않은 사람이 거의 없었을 것이다. 이들의 죄목은 성전을 정치적으로 이용하거나 자신들의 이익을 얻기 위해 성전에서 경제 행위를 한 죄다.

3. 두 사건에 대한 주님의 평가

두 사건에 대한 주님의 평가는, 너희도 회개하지 않으면 죽고 망한다는 것을 보여주는 본보기라는 것이다. 결국 죽은 자는 자신의 죄 값으로 죽는 것이고 현재는 살아 있지만 누구든 하나님의 심판이 기다리고 있다는 것을 보여준다. 주님은 항상 불법을 행한 자의 회개를 촉구하신다.

4. 무화과나무 비유(6절)

주님은 질문과 관계없이 추가로 말씀해주셨다. 주님이 필요하시므로 한 마디 더하신 것이다. 어떤 주인이 무화과나무를 심고 3년을 기다렸는데 열매가 없으므로 찍어버리라고 했다는 말씀을 하셨다. 농부가 나무를 심을 때는 그 열매를 바라고 심는 것이고, 열매를 맺지 못하는 나무는 찍어버리는 것이 원칙이다. 땅만 버리고 있으니 주인이 진노할 수밖에 없다.

동산지기가 1년만 기다려달라고 한 것은 조금만 더 기다려보겠다는 의미다. 주인이 3년을 기다렸는데 3년은 주님의 사역 기간과 일치한다. 주님의 사역 기간 동안 많은 사람이 열매를 맺지 못했다. 그 후 1년을 더 기다려 열매를 맺는지 보신다는 것이다. 하나님은 항상 열매를 원하신다.

회개하고 충성해야 열매를 맺을 수 있는데 이스라엘은 대부분 열매 없는 생활을 했다. 회개를 하지 않으면 죄인이고, 죄인은 열매가 없고 결국 죽는다는 의미다. 하나님은 당시 유대인들에게 너희도 죄인이고 내가 회개하기를 기대한다는 뜻으로 이 말씀을 하신 것이다.

30장

너를 모른다

본문 누가복음 13:22-30

1. 구원을 받는 자가 적으니이까(23절)

어떤 사람이 예수님께 구원을 받는 자가 적은지에 대해 물었다. 이는 중요한 질문이다. 예수님의 설교를 듣다보니 아무래도 설교의 방향과 내용이 그렇게 생각되어서 질문한 것이다. 주님의 설교는 항상 대중적이었지만 '적은 무리'를 강조하셨다.

모든 대중에게 '이 자리에 모인 여러분들은 나를 만났으니 모두 구원을 받고 천국에 갈 것이라'는 말씀을 하신 적이 없기 때문이다. 주님을 만나고 주님께 떡을 얻어먹었다고 구원을 받았다고 생각한다면 어리석은 것이다.

2. 좁은 문으로 들어가기를 힘쓰라(24절)

주님은 구원에 대해 회피하지 않으시고 바로 대답해주셨다. 좁은 문으로 들어가기를 힘써야 하고, 들어가기를 구하여도 못하는 자가 많으리라고 하셨다. 세상의 문은 넓고 구원의 문은 좁다.

우리의 사고와 행위가 어떤 규범이나 제재 없이 살면 넓은 문으로 들어가는 것이고, 천국을 바라보고 죄를 멀리하며 거룩하게 살면 좁은 문으로 들어가는 것이다. 그런데 사람들은 좁은 문으로 들어가려고 하지 않는다는 뜻이다.

이 말씀은 '구원받을 자가 적다'는 뜻의 다른 표현이다. 속히 좁은 문으로 들어가라는 말씀이다. 좁은 문으로 들어가기 싫어 하면 구원을 못 받게 된다. 또 좁은 문은 기회가 지나가면 들어갈 수 없다.

그 문은 한 번 닫히면 끝나고 문이 닫힌 이후에 사람들이 들어가려고 열어달라고 하면 주님은 "너희가 어디에서 온 자인지 알지 못하노라"(25절)고 말씀하실 것이라고 하셨다.

들어가기를 구하여도 못 들어가는 것은, 주님이 문을 열어달라는 모습을 못 보셔서가 아니라, 문지기 되시는 주님이 사람들이 문을 열어달라고 하는 모습을 보시면서도 의도적으로 안 열어주신다는 뜻이다.

주님은 문을 열어주고 싶으셔도, 그들에 대해 옛날부터 서로 알고 지내는 사이라야 하는데, 그들을 예전에 보지 못했다고 단호히 말씀하신다. 한마디로 주님이 아는 사람의 명단에 없다는 것이다. 여기에서 들어가려는 자와의 마찰이 발생한다.

이 말씀을 보면 '구원받는 자가 적은가' 하는 질문에 대해 주님이 '그렇다', '정말 적다'라는 것을 돌려서 말씀하신 것이다. 중요한 것은, 주님이 구원받을 자가 적다는 말씀을 폭력배나 창녀같이 죄를 많이 지어 구원받지 못할 만한 사람들을 모아놓은 장소에서 말씀하신 것이 아니라 구원의 백성, 아브라함의 자손이라는 자부심을 갖고 있는 이스라엘 사람들 앞에서 하신 것이다.

성전에서 예배하고 헌금하고 안식일을 지키고 하나님을 믿는 자들 중에서도 구원받는 자가 적다는 말씀을 하신 것이다. 두려운 것은, 예수님을 알고 있으니까 예수님께 문을 열어달라고 하는 것이지, 전혀 주님을 모르는데 찾아와서 문을 열어달라고 한 것이 아니다. 평상시 얼굴을 보았는데도 주님은 냉정하게 모른다고 하신 것이다. 도대체 왜 주님이 문을 안 열어주시며 너희를 모른다고 하실까.

3. 말씀을 들은 사람들(26절)

많은 사람들이 여러 해 동안 주님 앞에서 먹고 마셨다. 오병이어를 함께 나누었고 주님이 병을 고치시고 많은 기적을 행하시는 것을 직접 목도했으며, 길거리에서 주님의 말씀을 듣고 가르침을 받았다(26절). 이들은 주님을 따라다니며 많은 것을 보고 듣고 감동도 받았다. 그리고 놀라기도 했다. 하지만 다수가 모인 곳에서 공동으로 경험한 것뿐이라는 데 문제가 있다.

주님이 나는 너희가 어디서 온 자인지 알지 못한다고 말씀하신 것은, 첫째 명단에 이름이 없고, 둘째 개인적으로 주님과 일대일로 교제하고 신앙적인 경험을 한 적이 없던 사람들이라는 말씀이다.

자신이 기도하고 헌신하고 전도하고 병이 낫거나 신앙고백을 했거나 충성하는 믿음을 실천하는 행위를 한 적이 없다는 것이다. 오히려 주님을 귀하게 보았지만, 주변 사람들의 말에 쉽게 흔들리고 눈치를 보느라 주님께 가까이 나아가지 못했다. 그래서 주님은 그들을 모른다고 하셨다.

주님은 이들에게 아브라함과 이삭과 야곱과 선지자들은 하나님의 나라에 있지만, 그들의 자손인 너희들은 밖에 쫓겨나 슬피 울며 이를 갈 것이라고 강조하신다(28절). 같이 떡을 떼고 예수님의 얼굴을 항상 뵙고 병 고치는 것도 보고 설교도 들었는데, 전혀 영적인 성장이 없고 효과가 없는 이들은 구원과 관계가 없다.

주님은 행동하는 자를 원하시고 개인적으로 친분을 쌓기 원하시며 일대일로 만나는 관계를 원하신다. 주님과 깊은 교제를 하려면 회개 기도는 필수다. 그들은 입으로 아브라함, 이삭, 야곱의 후손이라고 수없이 자랑했지만, 실상 그들과 상관없는 존재이며 가는 곳이 달랐다.

좁은 문으로 들어가기를 힘써야 한다. 기독교는 다중관계가 아니라 주님과의 일대일 관계다. 내가 구원받는 것이 먼저지 우리라는 개념이 먼저가 아니다.

구원은 개인의 문제다. 아브라함의 후손이거나 주기철 목사님의 후손이라고 가문이나 후손 전체가 자동으로 구원을 받는 것이 아니다. 훌륭한 가문에는 하나님의 은혜가 더 강하게 내려가겠지만, 결국 구원은 보장된 것이 아니고 개인이 주님과의 관계에서 이루어가는 것이다. 주님을 가까이 모시지 않고 멀리 서 있던 구경꾼은 어두운 곳에서 천국에 가 있는 성도들을 구경하고 있을 것이다.

31장

주를 따르면 얻는 것

본문 마태복음 19:23-30

예수님께 많은 사람들이 나왔다. 아이를 가진 어머니는 아이에게 축복해주시기를 바랐고, 환자들은 병이 낫기를 바랐고, 배고픈 사람들은 떡을 받기를 바라고 주님께 나왔다.

1. 부자 청년이 주님께 나왔다(16절)

부자 청년이 주님께 나아와 "내가 무슨 선한 일을 하여야 영생을 얻으리이까"(16절) 하고 물었다. 이 세상에서 부자인 그가 영생에 관심이 많다는 것을 보여준다. 주님은 부자 청년에게 진실로 영생에 관심이 많다면 "계명들을 지키라"(17절)고 하셨다.

그러나 주님은 먼저 그의 질문에서 잘못된 부분을 고치셨다. "내가 무슨 선한 일을 하여야"라는 말은 영생을 얻으려면 선한 일을 해야 하는 것 아니냐는 뜻이고, 자신이 선한 일을 아주 잘할 것 같은 인상을 주님께 보이고자 하는 말이다.

주님은 '선한 이는 하나님 한 분뿐'이라고 하시면서, 너는 결코 선한 사람이 될 수 없다는 뜻을 드러내셨다. 사람은 선할 수 없고 선해야 영생을 얻는 것도 아니다.

예수님은 질문을 정정하신 후에 네가 생명에 들어가려면 계명을 지키라고 하셨다. 그 부자 청년은 어느 계명을 지켜야 하느냐고 다시 물었다(18절). 주님은 십계명에서 살인, 간음, 도적질, 거짓 증언을 하지 말라는 것과 부모를 공경하고 이웃을 네 몸과 같이 사랑하라고 가르쳐주셨다.

청년은 "이 모든 것을 내가 지키었사온대 아직도 무엇이 부족하니이까"(20절) 하고 다시 자신만만하게 대답했다. 그는 십계명을 알고 있었고 스스로 최선을 다해 지켰다고 생각했다.

그의 대답을 듣고 주님은 "네가 온전하고자 할진대 가서 네 소유를 팔아 가난한 자들에게 주라 그리하면 하늘에서 보화가 네게 있으리라"(21절) 하셨다. 진정으로 영생을 원한다면 영원한 하늘나라에서 소유할 수 있는 보화를 얻어야 한다는 말씀이다.

2. 영생과 보화

사람이 영생을 얻었는데 하늘나라에서 빈털터리로 살면 의미가 없는 것이다. 그러므로 주님은 진짜 영생을 얻기 원하면 더 확실하고 온전한 영생을 얻기 위해 재산을 팔아 나누어주라는 말씀이다. 온전한 영생이란 바로 하늘나라에 보화가 많은 것이다. 영생을 얻고 보화도 많으려면 주님 말씀처럼 자기 소유를 팔아 가난한 사람에게 나누어주어야 한다는 뜻이다.

하늘나라에 보화가 많아야 영생 얻은 보람이 많아지게 된다. 영생과 보화는 별개의 것이며, 영생을 얻은 이후에는 보화의 많고 적음이 큰 작용을 하는 것이다. 영생은 얻었지만 보화가 없거나 적은 사람이 많다. 주님은 진정 네가 영생과 보화를 얻기 위해 재산을 다 팔아 나누어준다면 너는 내가 받아줄 테니 나를 따르라고 말씀하셨다(21절).

주님은 영생을 얻기 위한 소원이 있다면, 단순히 이 땅에서 어떤 법을 지키는 수준이 아니라 진실로 하늘나라를 얻기 위해서는 땅의 것을 모두 포기하고 천국을 소망하고 그것을 갖춘 후에 그리스도를 따르라고 하셨다. 집과 재물과 가정과 사업 등 모든 것을 포기하고 주님을 따를 때, 하늘 상급이 크고 영생하며 그 영생에 의미가 있다.

하지만 이 부자 청년은 그렇게 하지 못했다. 하늘나라의 보화보다는 현실의 보화가 더 소중했던 것이다. 아마도 그가 영생에 관심을 가진 것은, 하늘나라에서 주님과 사는 것보다 많은 재산이 있고 행복하게 살기 때문에 죽고 싶지 않았기 때문일 것이다.

재산을 잃지 않으면서 죽지 않는 영생을 원했는데, 하늘이야기를 하니 코드가 맞지 않았다. 그는 영생에 관심도 있고 영생을 알고 싶었지만, 죽어야만 이루어지는 영생, 진정한 하늘에서의 삶인 영생을 얻기 위해 이 땅의 것을 희생하지는 않았다.

3. 베드로는 모든 것을 버리고 주님을 따랐다(27절)

베드로는 주님의 말씀처럼 모든 것, 즉 물고기를 잡는 배와 그물 등 생계에 필요한 모든 수단을 버리고 가족과 집을 떠나 주님을 따랐다. 베드로뿐 아니라 가까운 제자들이 모두 그렇게 했다.

그래서 베드로는 은근히 자신이 무엇을 얻게 될지 궁금해서 "그런즉 우리가 무엇을 얻으리이까"(27절)라고 주님께 물었다. 무슨 보화를 얻을지 구체적으로 알고 싶어 했다. 사실 주님은 모든 것을 다 버리고 나를 따르면 "하늘에서 보화가 네게 있으리라"(21절)고 말씀하셨기 때문에, 그 말씀의 내용에 대해 물을 수 있다. 베드로의 질문은 잘못된 것이 아니다.

베드로가 욕심이 있거나 명예욕이 있다고 매도하면 안 된다. 분명 베드로의 질문에 주님이 성심성의껏 자세하게 대답하신 것을 보면 알 수 있다.

4. 열두 보좌에 앉아 열두 지파를 심판하리라(28절)

주님은 제자들에게 인자가 자기 영광의 보좌에 앉을 때 12보좌에 앉아 12지파를 심판하리라고 말씀하셨다(28절). 스승 되시는 주님도 영광의 보좌에 앉으셔서 모든 민족을 심판하신다(마 25:31). 청년은 죽지 않는 영생을 원했지만, 주님은 죽었다가 우리의 생명이 부활한 후 하늘 보좌에 앉을 때의 이야기를 하신 것이다. 즉 이 땅의 일이 아니라 죽음 이후의 일을 말씀하셨다.

주님의 말씀에 의하면 제자들은 12보좌에 앉게 된다. 12사도는 분명 백 퍼센트 보좌에 간다. 이것은 이십사 장로 중 신약의 몫인 12와는 전혀 관계가 없다. 이십사 장로는 구약의 12지파와 신약의 12사도를 합한 수가 아니다.

여기서 "너희에게 이르노니"는 12제자에게 말한 것이기에 12명이 보좌에 갈 수 있다는 말이다. 이 12는 주님 앞에 있는 보좌 144,000 중의 12이다. 그런데 제자들 대부분은 보좌의 앞자리에 가고, 왕 같은 제사장으로서 또한 하늘에서 몇 고을을 다스리는 위치가 되기 때문에, 그들에게는 이스라엘 백성인 12지파를 지도하고 판단하는 자격이 있다. 그들이 장차 하늘에서 구원받은 백성들을 다스릴 것이 분명하다.

누구라도 진정으로 주님 앞에 충성한다면 보좌를 상속받고 왕 노릇을 할 수 있다. 그러나 그렇게 충성된 사람은 성도 가운데 몇 퍼센트밖에 되지 않을 것이다. 대부분은 간신히 구원받고 약간의 상급이 있을 뿐이다. 그리고 정말 많은 성도들은 이런 훌륭한 보좌에 앉는 분들의 통치를 받으면서 영생하며 살 것으로 믿는다.

5. 여러 배로 받는다(29절)

주님의 이름을 위해 집이나 형제나 자매나 부모나 자식이나 전토를 버린 자마다 여러 배로 받는다고 약속하신 주님의 말씀은 천국에서의 소유를 말씀하신 것이다. 그리고 영생을 상속하는 것은 하늘에서 영원히 사는 것을 말씀하신 것이다.

이 모든 것은 죽은 후 천국에 가서야 누릴 수 있는 복들이다. 주님은 하늘나라에 많은 것을 준비해주신다. 정말 분에 넘치게 준비해주신다. 하나만 충성해도 30배, 60배, 100배가 된다. 이것이 하늘의 원리다.

이런 복을 누리려면 오직 주님을 위해서 모든 것을 버려야 한다(29절). 내 이름과 명예와 출세와 욕심을 위해서 하는 것은 인정받지 못하며, 주님의 이름을 위해 집이나 땅이나 재산뿐 아니라 부모와 자식과 형제자매까지도 버릴 수 있어야 한다. 주님은 창조주 하나님을 따를 때 은혜를 주신다. 이 땅에 보화를 쌓는 자도 있고 하늘에 보화를 쌓는 자도 있다.

먼저 된 자가 나중 되고 나중 된 자가 먼저 될 수 있기 때문에 하나님을 먼저 알았다고 큰소리칠 수 없다. 특히 유대인들은 이 점을 알아야 한다. 어떤 진리를 먼저 들었다고 그것을 다른 사람보다 먼저 자신의 것으로 만든다는 보장이 없다. 소식을 늦게 들었어도 속히 달려가면 먼저 그 좋은 것을 자기 것으로 만들 수 있다.

32장

포도원의 일꾼들

본문 마태복음 20:1-16

주님은 천국에 대해 많은 말씀을 하셨는데 본문의 비유도 천국에 대한 내용이다. 포도원은 이 땅에서 이루어지고 있는 천국이고, 주인은 하나님이시고, 일꾼은 천국을 위해 일하는 일꾼들을 말한다.

1. 일꾼들을 부르심(1절)

주인은 천국과 같은 포도원에서 일할 일꾼이 필요해서 이른 아침부터 일꾼을 찾아다녔다. 포도를 키우고 거두기 위해 일꾼이 많이 필요한데 사람 수가 부족하여 일이 지연되자 수시로 사람을 구하러 나섰다.

9시, 12시, 5시, 6시에 나가서 일꾼을 데려왔다. 일꾼을 사는데 돈이 얼마가 들어도 상관하지 않았다. 그만큼 포도원 일이 중요하다고 생각했기 때문이다. 어두워지면 일을 못하므로, 일꾼은 정해진 시간인 오후 6시까지 일을 해야 했다. 늦게 온 사람은 한 시간을 일하고도 일당을 받았다.

몇 시간 동안 일했는지도 중요하지만 일단 포도원에서 조금이라도 일했다는 자체가 큰 의미가 있다. 주님은 이 세상에서 언제라도 포도원이라는 축복의 자리로 일꾼으로 부르신다.

2. 포도원에 늦게 들어간 일꾼(5-7절)

남들은 아침부터 포도원에 들어가 일을 하는데 늦게 들어가게 된 일꾼들은 포도원만 바라보고 자신을 불러주기를 기다리고 있었다. 그들은 처음에는 주인의 눈에 차지 않아 일꾼으로 선택받지 못했다. 다른 사람들과 비교했을 때 자격이 부족했고 준비가 안된 상태였다.

그러나 이들의 귀한 점은, 일할 것을 포기하고 집으로 돌아가거나 잠을 자거나 자존심이 상해 나쁜 길로 빠지지 않고, 오직 일해야겠다는 마음으로 포도원을 바라보며 기다리고 있었다는 것이다.

그리고 낮 12시든, 3시든 뒤늦게라도 자신을 불러준 주인을 위해 감사하면서 열심히 일을 했다. 그 결과 몇 시간밖에 일하지 않았지만 하루 일당을 받았다. 포도원에서 일한 일꾼으로 인정받은 것이다.

이들의 귀한 점은, 부족하지만 포도원에서 일하고 싶다는 열정이 시간이 지나도 식지 않았다는 것이다. 특히 자신과 같이 있던 사람들이 수시로 뽑혀갈 때 계속 자신을 불러주지 않아도 자격은 부족하지만 하루 종일 기다리고, 특히 일이 끝나기 마지막 1시간 전까지 기다린 사람들은 더 위대하다.

이들은 포도원에서 일하고 있는 사람보다 훨씬 마음 고생이 심했을 것이다. 주인은 포도원 일꾼이 되기 싫다는 사람을 억지로 데려가 일을 시키지 않았다. 사모하고 열정이 있어야 자격이 있다.

3. 먼저 들어간 일꾼(10절)

포도원에 먼저 들어간 일꾼들은 다른 사람들보다 먼저 선택받을 정도로 자격이나 준비를 갖춘 사람이기에 우월의식을 갖고 있었다. 그들은 똑똑하여 경쟁에서 이길 수 있고 힘이 세서 일도 더 잘할 수 있었다.

일찍 포도원에 들어갔으므로 하루 수입이 보장되어 있었다. 그래서 편안한 마음으로 일하며 포도원에서 제공하는 음식을 먹고 마시고 일하면서 천국을 누리는 여유가 있었다. 길모퉁이 포도원 밖에서 일을 얻지 못하고 기다리는 사람들과는 비교가 되지 않는 평안의 복이다. 시간만 지나면 약속된 수입이 보장되어 있으니 좋은 일이다.

그러나 그들은 주인을 위해 일하는 것이 아니라 보수를 위해 일하는 사람들이었다. 그래서 계약한 만큼의 보수를 받고도, 늦게 온 다른 사람들의 보수가 자신들과 같으므로 주인에게 불평했다. 그들은 포도원이라는 축복된 자리에 먼저 들어와 있었다. 그들은 그곳에서 일할 수 있었던 것보다 일한 대가로 얼마의 보수를 받느냐가 중요했다.

그들이 포도원에서 일하는 자세에 문제가 있다. 자신들이 포도원에서 일함으로써 열매를 맺는데 얼마나 공헌하고 주인도 얼마나 좋아할까 하는 부분에 대해서는 언급이 없다. 그들의 관심이 애석하게도 물질에 있었기 때문에 그들은 주인이 타인을 잘 대접하는 것이 원망스러웠다(11절).

그들은 다른 사람들을 평가하고 점수를 매기면서 스스로를 우월하게 생각하고 월등히 높은 보수를 받아야 한다고 생각했다. 그들은 일꾼임을 망각하고 일찍 부름받은 생색을 내고 있다. 어느새 기득권을 가지고 주인의 자리에 앉아서 콩 나라 팥 나라 하며 주인에게 감사하던 낯이 변하여 불평의 얼굴이 되었다.

일꾼은 주인과의 일대일 관계에서 할 일만 하면 된다. 그들이 주인을 위해 행복한 시간을 더 많이 보냈다고 감사하면 좋았을 것이다. 포도원 바깥에는 유익이 없다. 포도원 생활과 길거리 생활 중 어디가 행복하겠는가.

4. 먼저 된 자가 나중 된다(16절)

주인은 내 마음대로 사람들에게 품삯을 주는 것을 너희가 왜 참견하느냐, 너희에게 약속한 것을 부족하게 주지 않고 맞게 주었는데 왜 불만을 갖느냐고 했다. 내가 네게 잘못한 것이 없다고 했다. 받은 것에 감사하지 못하고 불만을 이야기하는 그들을 나무라신 것이다. 그리고 '먼저 된 자가 나중 되고 나중 된 자가 먼저 된다'고 말씀하셨다.

19장 30절에서는, '먼저 된 자가 나중 되고 나중 된 자가 먼저 될 자가 많다'고 하셨는데 이제는 아예 '먼저 된 자가 나중 되고 나중 된 자가 먼저 된다'고 확정하신다. 이제 순서가 바뀌었다.

이렇게 된 데는 처음 들어간 사람이 자신을 불러준 포도원 주인을 악하게 보았기 때문이다(15절).

처음 들어간 사람들이 포도원에서 하루 종일 축복된 생활을 해놓고도 낮에는 감사했을지 모르지만 저녁에는 감사하지 않고 주인을 원망하고 악하게 생각했으니 포도원에서 뒤로 밀릴 수밖에 없다. 마지막이 중요한데 그들은 일을 끝내놓고 마지막에 주인에게 불평했다. 감사와 영광만이 하나님께 사랑받는다.

오후 늦게 포도원에 들어간 사람은 괴로움과 초라함 속에서 포도원 안을 바라보면서 먼저 들어간 사람을 부러워했는데, 이제는 전혀 부러워할 필요가 없게 되었다. 일당은 일당대로 받고 주인이 오히려 먼저 된다고 했기 때문이다. 그리고 그 칭찬과 대우는 자신들이 잘해서가 아니라 먼저 된

자들이 교만했기 때문이고 또한 주인의 은혜 때문이다. 늦게 들어간 사람일수록 주인에게 감사하고 칭송할 수밖에 없다.

만일 먼저 된 자가 일을 초인적으로 하면 추가로 보수를 더 받을 수도 있다. 사실 주님이 처음 온 자들에게 약속한 보수만 주고 그 이상을 주지 않은 것은 그들이 약속한 정도만 일했기 때문이다. 그러나 무엇보다 하루 종일 포도원 생활을 누린 것을 감사해야 한다.

5. 말씀의 현재 의미

먼저 된 자는 유대인, 나중 된 자는 이방인이다. 유대인은 감사치 아니하고 이방인은 구원의 자리에 들어간 것을 감사한다. 또한 이방인인 한국 교회도 이제 예수를 믿은 지 100년이 넘어가면서 몇 대째 믿거나 어려서 믿는 '먼저 된 자'가 많이 나오고 있다. 당대에 믿거나 나이 들어 믿은 자는 '나중 된 자'라고 할 수 있다.

의미상으로 볼 때는, 그리스도 안에서 감사하고 충성한다면, 나중 되었으나 먼저 된 자고, 불평하고 감사하지 않고 자신의 이익만 생각한다면, 먼저 되었으나 나중 된 자다. 우리가 먼저 된 자로서 먼저 된다면 영광스러울 것이다. 또한 나중 된 자로서 나중 된다면 가슴 아플 것이다.

현재 주님은 때가 얼마 남지 않아 마음이 급하시다. 한 사람이라도 더 하나님께 회개하고 나오기를 바라시며 특히 충성된 일꾼을 기다리신다. 부름받아 주님 앞에서 일하면 천국을 누리고 포도도 마음껏 먹고 평안하고 보수도 받는 큰 축복이 있다. 감사한 마음으로 더욱 열심히 일하자.

33장

성전의 본체

본문 마가복음 11:1–11

1. 성전 되신 예수 그리스도

요한계시록에 보면 하늘에는 성전이 없다. 그 이유는 성전의 본체가 하나님이신데 하나님이 온전한 가운데 계시기 때문이다. "성 안에서 내가 성전을 보지 못하였으니 이는 주 하나님 곧 전능하신 이와 및 어린 양이 그 성전이심이라"(계 21:22).

이 세상은 아직 완전한 하나님의 나라가 이루어지지 않았기 때문에, 하나님을 섬기는 교회라 할지라도 성전이신 예수님이 계시는 곳도 있지만, 계시지 않는 곳도 있다. 사실 성전이신 예수님만 계시면 어디든 성전이다. 북한의 대부분 지역도 눈에 보이는 성전이 없지만 예수님만 계시면 어디서든 예배를 드릴 수 있다. 주님은 어디서든지 진실되게 드리는 예배를 받으신다.

2. 성전이 성전에 가시다(11절)

예수님이 십자가의 고난을 당하시기 위하여 예루살렘 성 안으로 입성하실 때 성에 있던 사람들이 환영했다. 높은 곳에 있는 하늘 하나님 보좌에서는 찬양이 울렸고, 땅에서는 사람들과 어린이들이 찬양했다.

예수님은 예루살렘 입성 후에 바로 성전에 가셨다(11절). 주님은 성전이시니 성전에 가장 관심이 많으신 것은 당연하다. 성전 가까이 있는 다윗의 왕궁에 가지 않으시고 성전에 가셨다. 영적 성전으로서 성전의 본체이신 예수님이 눈에 보이는 성전에 들어가셨다.

십자가에 달려 돌아가시기 직전, 주님이 예루살렘 성전에 두 번 가셨는데, 처음에 가신 것은 성전의 실상을 확인하기 위해서였다. 즉 이 땅의 성전이 성전의 본체인 그분을 잘 표현하고 있는지 확인하신 것이다. 주님은 성전의 실상을 보고 분노하셨다. 다음 날 또 성전의 실상을 보시고 도저히 자신의 거룩함과 성결함을 표현하지 못하는 것에 분개하시고 성전을 더럽히는 것들을 부수셨다(15절).

주님의 관심은 성전의 화려함이나 사람이 얼마나 모이고 헌금을 많이 하는지가 아니라 청결함이었는데, 직접 보시고는 크게 실망하셨다. 이 땅의 성전이 자신을 잘 나타내야 하는데, 온갖 더러운 일들이 벌어지고 있어서 둘러엎으신 것이다. 지금의 성전을 보면 사람들이 예수님을 영적으로 더럽히는 상황이다.

예수님 당시의 성전은 거룩함과 정결은 없고 냄새 나고 더럽고 장사꾼들이 우글거리는 시끄러운 시장통과 같았다. 오히려 야바위꾼들의 모습이 연상되었다. 당시의 성전에서는 제사드릴 양을 독점 매매했다. 꼭 그곳에서 양을 사야 했다. 집에서 양을 키우는 사람도 그곳에 와서 양을 사야지 자신이 키운 양을 가져와서 제사를 드릴 수가 없었다. 폭리의 독점

판매였다.

더 큰 문제는 그들이 파는 양은 여기 저기 흠이 많고 값어치 없는 부실한 양이 대부분이었다. 하나님께 드리는 제사가 완전히 형식이 되었다.

또 외국에서 사는 사람들이 외국의 돈을 헌금할 수 없었기 때문에 성전에서 환전을 해야 했다. 환전해주는 사람들은 많은 이익을 남기며 돈을 바꿔주었다. 이런 모습을 보신 주님은 참으실 수가 없어서 다 엎으셨다. 이마도 예루살렘에 거주하는 사람들 중에는 이런 부정한 일에 종사하여 생활하는 자들이 많았을 것이다.

이는 성전의 모습이 아니다. 진정한 성전이신 주님은 깨끗하시고 선한 목자이시며 추잡하지 않으시다.

예수님이 이 세상에 오시기 전의 구약교회도 더럽혀질 때가 많았다. 온갖 우상들이 성전 뜰에 세워졌다. 요시아 왕이나 히스기야 왕이 개혁을 했지만 다시 더럽혀졌다. 거룩하여 예수 그리스도를 드러내야 할 성전이, 존재할 가치가 상실되었다면 없어져야 했다. 성전의 더러운 것들은 예수님을 왜곡하기 때문이다.

이 시대에 교회는 성전이 아니지만 그 의미를 포함하고 있다. 교회는 항상 깨끗해야 한다. 기독교 역사상 기독교는 핍박을 받았던 로마시대에 카타콤에서 300년 동안 숨어 산 기간이 가장 깨끗했다. 그 후 기독교는 깨끗하다고 말할 수 있는 사람이 있을까.

3. 성전이 깨어져야 한다

주님이 성전을 더럽히는 것들을 부수고 깨뜨리신 것은 주님을 나타내는 성전이기에 정결케 하신 것 외에 또 다른 의미도 있다. 그것은 우리 인간을 이런 것들이 똑같은 방식으로 더럽히고 있기 때문이다. 이것은 죄다.

주님은 우리 인간 안에서 냄새를 피우며 더럽히는 그 죄들을 깨부수기 위해 이 세상에 오셨다. 인간의 죄를 없애기 위해서는 주님이 그 죄를 뒤집어쓰고 깨지고 죽으셔야 했다. 그래서 주님은 더러움을 청소하는 모습을 보여주신 것이다. 죄를 깨버리자.

더럽혀진 성전처럼 우리도 많은 것들로 더럽혀져 있다. 주님은 우리에게 정결을 요구하신다. 주님이 자신을 깨셨으니 우리도 얼마든지 가능하다. 내가 나를 깨끗이 하고 나의 더러운 것을 깨부숴야 한다. 성전을 청소하고 악한 것을 부셔버려야 한다.

4. 성전 또는 보이는 교회 건물은 깨지거나 부서져도 상관없다

보이는 건물이 중요한 것이 아니다. 보이지 않는 마음의 성전이 더 중요하다. 성전의 본체가 내 속에 오실 때 내가 더러우면 들어오지 않으실 것이고, 꼭 들어오시려면 나를 박살내고 엎으셔야 했다. 성전의 본체인 예수님을 성전인 내가 모시려면 나를 깨끗이 하는 것이 중요하다.

내가 바로 지성소다. 지성소가 더러우면 주님이 계실 수 없다. 주님이 계시기 위해서라도 청소를 해야 한다. 죄를 회개하면 악을 쫓아내는 것이고 그것이 악한 세력을 쫓아내는 청소가 된다.

주님은 예루살렘에 입성하신 그 주간에 십자가에 달리실 것을 아셨다. 십자가에서 주님의 몸이 깨진 것은 성전의 파괴를 의미한다. 주님의 몸은 깨진 후에 다시 변화된 모습으로 살아나셨다. 이 세상 성전도 깨져야 하고 다시 완전히 다른 모습으로 변해야 한다. 주님이 죽으신 목적은 성전의 청결, 즉 각 개인의 성전이 정결해지도록 하기 위해서다. 이것을 성전의 본체이신 예수님이 직접 보여주셨다.

우리가 죄를 지을 때마다 악한 세력이 들어와서 병들고 힘든 인생을 살게 한다. 우리가 회개할 때 악한 세력이 나가는 길이 생긴다. 십자가 보혈은 이로써 의미가 있다.

강화도 읍내에 가서 성공회 건물을 보니 지붕에 용마루가 있었다. 용의 형상을 한 기와가 교회 건물에 있는 것이다. 오래전 교회 건물을 지으면서 아는지 모르는지 용의 형상인 용마루를 얹었다. 그것이 지금까지 존속하고 있다.

교회를 깨끗이 하자. 더럽히는 모든 것을 깨부수고 새롭게 해야 한다.

34장

예복을 입자

본문 마태복음 22:1–14

예수님이 십자가에 달려 죽으시기 전에 집중적으로 설교하셨는데 그 중 일부인 혼인 잔치에 대한 비유다.

1. 혼인 잔치의 초대(3절)

혼인 잔치에 주인인 왕이 손님을 초대했다. 왕이 아들의 혼인을 축하하기 위해 잔치를 벌인 것이다. 여기서 주인은 왕이고 하나님이시다. 혼인 잔치에 처음 초대받은 사람은 유대인이었지만 그들은 여러 핑계를 대며 오지 않았다(5절). 그들은 초대를 거절하고 데리러 온 종들을 능욕하고 죽이기도 했다(6절). 실제로 유대인들은 하나님을 믿는다고 하면서도 하나님이 보낸 많은 선지자들을 죽였다.

왕이신 하나님은 이런 악행에 분노하셔서 처음 초대했던 유대인들을 멸

하셨다. 군대를 보내어 진멸하고 동네를 불살랐으므로 완전히 망해버렸다(7절). 이는 꼭 예수님 당시의 이스라엘의 모습이다. 현재 유대인들은 로마의 식민지로 처참하게 사는 중이다. 주님은 의도적으로 "너 들어라"며 이를 말씀하신 것이다.

그 후 주인은 먼저 청한 사람들이 합당하지 않았으므로 새로운 축하객을 불러모았다. 주인인 왕은 종들을 불러 사거리에 나가서 사람을 만나는 대로 혼인 잔치에 '무조건 데려오라'고 명령한다. 주인은 많은 사람들이 모인 자리에서 잔치하고 싶어 한다. 자리를 채우고 성대하게 잔치를 베풀고 싶은 것이다. 그만큼 아들을 사랑했다.

귀한 사람의 집 잔치에는 많은 사람이 온다. 잔치는 축하해주는 사람이 있어야 하는데 초대받은 사람은 잔치에 오지 않으므로 악한 자든 선한 자든 가리지 않고 불러모았다(10절). 그래서 잔치 자리에 사람이 가득 찼다.

이방인, 세리, 창녀, 백정, 죄인들도 가리지 않고 잔치에 불러서 즐겁게 먹고 마시게 하려는 주인의 마음이다. 하나님은 실제로 하늘나라를 가득 채우고 싶어 하신다. 그리고 그의 아들 예수 그리스도가 주인공이 되고 많은 사람에게 풍성하게 먹을 것을 주시고 주님이 영광 받기를 원하신다. 천지 창조 후에 인류가 번성하고 땅에 충만하기를 축복하신 것과 같다.

2. 잔치 참석자의 준비(11절)

주인인 왕에게는 혼인 잔치가 중요했다. 아들이 결혼한다고 많은 사람들에게 축하를 받고 동네 사람들을 잘 먹이고 즐겁게 보내고 싶었다. 잔치는 주인공과 초대받은 모두가 즐겁게 보내려고 여는 것이다

혼인 잔치 참석자들에 대한 한 가지 요구 사항은 예복을 입는 것이었다.

그런데 왕이 잔치에 참석한 사람들을 둘러보니 예복을 입지 않은 한 사람이 있었다(11절). 주인은 "친구여 왜 예복을 입지 않았느냐"고 물었다. 아무 대답이 없자 주인은 사환들에게 그 사람의 "손발을 묶어 바깥 어두운 데에 내던지라 거기서 슬피 울며 이를 갈게 되리라"(13절) 했다.

주인은 오지 않겠다는 사람을 강권하여 잔치 자리에 데려다놓고는 예복을 입지 않았다는 단 하나의 이유로 그를 책망하며 쫓아냈다.

예복은 필수다

이는 이스라엘의 풍습이다. 유대인의 잔치에서는 예복을 100퍼센트 입는다. 여기서 주인이 무엇 때문에 예복에 집착하는가를 알아야 한다. 이는 오직 예수 그리스도 안에서의 통일성을 부여하기 위해서다. 예복은 신분을 가리는 것으로, 잔치에 올 자격이 없는 사람이지만 예복을 통해 자격을 부여하는 것이다. 옷 입은 자만 온다.

예복을 입으면 신분과 직업에 상관없이 똑같은 잔치에 참여한 사람이 된다. 잔치에 온 사람이 부자냐 가난하냐, 학식이 있느냐 없느냐, 또 남자냐 여자냐 가리지 않는다. 도덕적으로 악한 자와 선한 자를 가리지도 않는다. 이 모든 것을 구분하는 것은 세상적인 관점이다.

주인의 관점은 누가 이 잔치를 진정으로 축하하고 즐거워하느냐에 있다. 예복을 입지 않으면 자신의 신분이 드러나 서로 격차가 생겨서 보기에 좋지 않다. 지나치게 화려하거나 더러운 모습으로 참석하는 것은 잔치를 망치는 것과 같다. 이 잔치를 축하하기 위해서는 예복을 입고 가야 한다. 이것이 주인이 바라는 오직 한 가지다.

예복은 주인이 준비해준다

당시에는 주인이 예복을 준비해주기도 했다. 예복이 없는 자는 겸손히 주인에게 가서 "저 예복 주세요"라고 하면 되는 것이다. 특별히 왕의 잔치에는 예복이 넉넉히 준비되어 있다. 주인에게 부탁만 하면 예복을 입혀준다. 부자인 주인이 돈을 받을 리 없다.

그런데 예복을 입지 않은 사람은 주인이 미리 예복을 준비해주었는데 성의를 무시하고 "예복 입기 귀찮아, 슬쩍 밥만 먹고 가지 뭐" 하는 태도를 보인 것이다. 이는 예복을 준다고 하는데도 입지 않고 주인을 무시한 행동이다. 주인의 즐거움에 관심 없는 태도다.

잔치의 목적은 주인의 기쁨에 동참하는 것인데, 예복은 입지 않고 음식만 먹고 가겠다는 것은 자신만을 위한 욕심 행위다. 주인을 무시하고 자신의 이익만 챙기려고 한 것이다.

원래 올 수 없는 자리에 왔다면 감사하게 여기고 잘 준비해야 하는데 그 사람은 그렇게 하지 않았다. 더러운 옷을 그냥 입고 간 사람의 마음과 행동이 얼마나 교만하고 악한지를 알 수 있다.

다른 참석자들은 모두 예복을 입고 왔는데 자기 마음대로 잔치 분위기를 망치며 격을 떨어뜨린 것이다. 옷이 더러워도 문제가 된다. 또한 옷 차이로 신분의 차이가 나면 잔치가 서먹해진다. 잔치에 참석한 모든 사람에게 동일한 자격을 부여해야 하는 것이다.

주인은 잔치를 위해서 옷을 준비하는 것이지 예복을 입는 그 사람을 위해 준비하는 것이 아니다. 잔치에 참석하는 사람도 잔치를 베푼 사람의 성의를 생각해서 예복을 잘 갖춰 입어야 한다.

예복이 무엇인가

깨끗한 예복을 입으면 속이 더러워도 깨끗해 보인다. 모든 죄와 부족함, 약함, 더러움이 감추어진다. 창녀가 입어도 한순간에 아름다운 하객이 된다. 우리가 진정으로 회개하면 예복이 입혀지는데, 이 예복은 예수 그리스도의 의의 옷으로 우리가 죄인이지만 주님의 의를 덧입는 것을 말한다.

우리의 죄는 회개할 때 깨끗해진다. 주님의 십자가의 보혈을 믿을 때 주님의 의를 덧입게 된다. 내가 준비한 옷, 나의 의로는 구원받을 수 없다. 내 옷은 항상 더럽다. 어떤 아름다운 것을 입고 와도 추하다. 우리가 겸손하게 낮출 때 주님이 옷을 입혀주신다.

3. 방관죄

그러면 그 자리에 예복을 입고 들어간 사람들은 예복을 입지 않은 사람에게 왜 그 점을 지적해주지 않았을까?

잔칫집에 있던 많은 사람들 중에는 그와 같은 동네 사람도 있고 친구나 친척, 동료들도 있었을 것이다. 그에게 예복을 입어야 한다고 말해주었다면 그가 예복을 입고 쫓겨나지 않았을지도 모른다.

만약 말해주어도 입지 않는다면 그의 선택이므로 그가 책임지겠지만 그런 이야기를 듣지 못했기 때문에 예복을 입지 못한 것이라면 다른 사람들에게도 책임이 있다. 이것이 바로 방관죄다.

주님과 세례 요한이 사람들에게 처음 선포한 말씀은 바로 회개하라는 것이었다. 우리도 이것을 전해야 한다. 듣는 사람이 회개를 할지 안 할지는 그 사람의 선택이다.

그러나 우리는 적어도 회개해야 함을 듣지 못해 지옥에 가는 사람들에게 방관죄를 짓지 않도록 해야 하지 않겠는가? 주의 일을 많이 해도 방관죄를 지은 사람은 상급이 적다.

진정한 주님의 사역은 예복을 준비하는 사역이라고 할 수 있다. 천국에 가는 사람들은 예복을 입게 되고 특히 보좌에 가는 사람들은 아름다운 예복을 입을 것이다. 자격이 있기 때문에 주님이 예복을 준비해주셨고 예복이 있기에 거룩한 천국의 예배에 동참할 수 있다.

천국에 들어갈 영혼인 허다한 무리를 위해 사는 것도 귀하다. 하지만 진정 깨끗하여 보좌 앞에 가는 사람을 위해 시간을 투자하면 훨씬 보람된 사역이 된다. 사역자들은 성도들이 날마다 회개하여 보좌 앞에 갈 수 있는 깨끗한 예복을 준비하도록 도와주어야 한다.

4. 쫓겨난 자가 있는 곳(13절)

왕은 예복을 입지 않은 자의 손발을 묶었다. 황당해보일지 모르지만 잔칫집에서 쫓겨나는 사람도 있다. 그리고 손발이 묶이니 자유가 없고 벌을 받는 것이다. 예복을 입지 않은 자가 설혹 서기관이라도 할 수 없다. 그리고 바깥 어두운 데에 내던져졌다.

잔칫집에는 갔는데 쫓겨났다. 그리고 바깥으로 내던져졌다. 울타리 밖이다. 그곳은 어두운 곳이며 빛이 보이지 않는다. 거기서 슬피 울며 이를 갈게 되었다. 그곳에는 웃음과 노랫소리가 들리지 않는다. 그는 왕을 미워하거나 불평하며 슬피 울고 이를 가는 것이 아니다. 감히 그럴 수는 없다. 단지 자신이 너무 한심해서 울고 고통스러워서 이를 간다.

우리는 이곳이 어디인지 궁금해할 수 있다. 성경은 이곳을 지옥이라고 말씀하지 않으셨다. 하나님은 지옥이라는 말씀을 하지 않으셨다. 그러므로 우리는 성경적으로 지옥 갔다는 말을 쓰기 어렵다. 어쨌든 어두운 곳이다. 하늘나라에 이런 곳이 있는 것은 사실이다. 정말 성경대로 말이다.

35장

언제 오실는지

본문 마태복음 24:40–44

예수님이 재림과 그 징조에 대해 말씀하셨다. 재림 때에는 재난이 있고, “난리와 난리 소문을 듣겠”(6절)고, 거짓 선지자들이 많이 나타나고, “거짓 선지자가 많이 일어”(11절)날 것이다. 모든 일은 생각하지 않은 때에 갑자기 일어난다. “생각하지 않은 때에 인자가 오리라”(44절). 주님은 도둑같이 아무도 예상치 못할 때 갑자기 오신다(43절).

하필 자신을 도둑에 비유하신 것은, 도둑과 주님의 인격을 같다고 비교하는 것이 아니라 갑자기 온다는 면에서 같은 의미를 갖는다. 또한 재림 때 들림받을 사람은 일부인 것이 확실하다. 밭에서 두 사람이 일하다가 한 사람은 데려가고 한 사람은 버려둠을 당한다고 했다(40절).

1. 깨어 있으라(44절)

육체가 깨어 있는 것이 중요한 것이 아니라 영적으로 깨어 있어야 한다는 말씀이다. 인자가 오리라 하신 것은 재림을 가리키는 말씀이다. 그러므로 성도는 늘 주님의 재림을 준비하고 있어야 한다. 사실 영혼이라고 하고 속사람이라고도 하는데, 이 속사람은 낮이나 밤이나 잠이 없다.

성도가 낮에 주님을 믿고 신앙 생활을 잘하면 밤까지 연결되어 잠을 자는 밤에도 속사람이 주님을 섬기고 교제한다. 속사람은 밤에도 깨어 있을 수 있고 주님을 볼 수 있다. 늘 깨어 기도하는 사람은 밤에도 늘 기도하게 되고 자다가 깨도 주님을 생각하고 기도한다.

만일 낮에 주님을 기억하지 않고 죄 가운데서 어두운 생활을 하면 밤에도 속사람이 고통 가운데 사탄의 영향을 받고 주님과 깊은 교통을 하지 못한다. 낮에 어떻게 사는지가 밤까지 영향을 미친다.

항상 주님을 좋아했던 사람이라야 주님이 재림하시면 반갑게 맞이할 수 있다. 주님을 좋아하지 않는 사람은 실제로 주님이 재림하실 때 결코 뛰어나가 반갑게 맞이할 수 없다. 죄가 많은 사람은 감히 죄 생각이 나서, 그리고 몸에 죄로 인한 악한 영들이 있기 때문에 거룩하신 분을 만나기 위해 나설 수 없다. 주님을 향한 마음이 시큰둥했던 사람은 주님을 만나도 역시 시큰둥하게 된다.

2. 인자가 오리라(44절)

우리는 주님이 오신다는 것을 분명히 알고 이 땅을 믿지 말고 살아야 한다. 주님이 오시면 들림받는 자와 버림받는 자로 나뉜다(40-41절). 하나님을 믿는다고 모든 사람의 최후가 결코 같지는 않다. 그리고 이 땅에서나 하늘나라에서 사명이나 사는 생활수준도 같지 않다.

우리는 남들과 비교하면서 평범하게 살려고 하지 말자. 평범한 사람은 하늘나라에서도 평범하다. 왕 같은 제사장이 되려면 영적으로도 천국을 침노하는 자세로 살아야 하며, 예수 그리스도의 신부가 되겠다는 자세로 살아야 한다. 그리고 왕 같은 제사장이 되려면 왕처럼, 제사장처럼 능력 있고 충성스럽게 주님만 위해 살아야 한다.

어떤 이들은 현재 우리 성도 속에 주님이 오셨으니, 재림과 심판이 없다고 말한다. 하지만 주님은 분명 모든 사람이 보는 가운데 오시며 이 세상을 심판하신다.

3. 주가 언제 임할는지 알지 못한다(42절)

생각하지 못한 때에 인자가 오겠다고 하셨다(44절). 교회사에서 보면 주님 오실 날을 그동안 수많은 사람이 예언했는데 모두 공수표가 되었다. 물론 수천, 수만의 사람이 예언하다보면 알아내는 사람이 있을 수도 있다. 그러나 예정된 날짜가 틀리므로 숫한 부작용이 발생한다.

그러므로 성도들은 날짜에 관심을 갖고 언제 오시느냐를 생각하지 말고 주님이 지금 오셔도 맞이할 수 있는 신앙의 준비를 하고 살면 된다. 우리의 지식은 한계가 있다. 그러나 점점 세상 끝이 가까워지는 것은 영적으로 알 수 있다.

36장

열 처녀 이야기

본문 마태복음 25:1-13

예수님 당시 이스라엘에서는 결혼을 할 때, 밤에 신부 집에서 결혼식을 하는데 신부의 친구들이 여러 명 참석한다. 신부 혼자만 신랑을 기다리는 것이 아니라 친구의 신랑에 대한 호기심과 두근거림으로 신부의 친구들도 신랑을 기다린다.

신랑 한 사람을 여러 명의 여성들이 기다리는 것이다. 물론 아무리 많은 여성이 신랑을 흠모하고 가슴 두근거리며 기다려도 신부는 한 명뿐이다. 주님이 말씀하신 이 결혼식 이야기는 장차 신랑이 되시는 예수 그리스도를 만나는 성도들에 대한 비유다. 그때 신랑은 예수님이시고 모든 구원받은 성도들은 신부가 된다. 그러므로 이 본문에서는 열 명의 처녀가 똑같은 자격을 가진 것으로 묘사하고 있다.

1. 신랑을 맞이한 사람들

주님은 신랑이시고 모든 성도는 신부로 예비되었다. 진정한 신부가 되려면 오시는 신랑을 기다리고 그와 결혼식을 올려야 한다. 만일 사정에 의해 결혼식을 올리지 못한다면 아무리 결혼 소식이 세상에 퍼졌어도 신랑신부 사이가 아니다.

신랑을 맞이하기 위해 처음에는 열 명의 처녀들이 기다리고 있었지만 그들 중에서 실제 신랑을 맞이한 사람은 다섯 명, 즉 반밖에 되지 않았다.

신랑을 맞이하기 위한 결혼식 자리에 참석하라고 부탁받은 처녀들 중에 신부 집에 오지 못한 처녀들은 더 많을지도 모른다. 많은 사람 중에서 결혼식 자리에 부름받은 사람의 숫자가 적을 것이다. 부름에 응하여 온 사람 중에서도 신랑을 맞이하고 즐거움에 참여한 사람이 적어지듯이 천국에 들어가는 사람은 이처럼 점점 더 적은 수가 될 것이다. 분명한 것은 신랑을 맞이하면 슬기로운 처녀이고 신랑을 맞이하지 못하면 미련한 처녀다(2절).

2. 신랑은 밤중에 온다(6절)

밤에 자는 것은 자연스런 일이다. 유대의 풍습에 따라 저녁 늦게 결혼식을 해야 하는데 멀리서 오는 신랑은 사람들의 생각보다 더디게 왔다. 사람들은 기다리다가 슬슬 자기 시작했다. 신랑은 거의 대부분의 사람들이 자고 있을 때 왔다. 이때 신부의 친구 처녀들도 함께 잠이 들었다.

이런 늦은 시간에 친구 집에 신랑을 맞이하기 위해 왔으니 가까운 친구들 중에 일부만 왔을 것이다. 정말 신랑을 보고 싶은 뜨거운 열정이 있는 극소수의 사람들이 모인 것이다.

그런데 문제는 특별한 사람이 모인 결혼식에도 이처럼 신랑을 끝까지 기다리지 못하고 잠을 자는 경우가 많은 것이다. 이 세상에서 실제 주님을 만나고 싶고 보고 싶어서 끝까지 기다리는 사람은 많지 않다.

3. 등불은 개인이 준비한다(3-4절)

등불은 어두운 밤에 신랑이 오기 때문에 신랑을 맞이하기 위해 신랑을 기다리는 사람이 통상 준비한다. 어두운 길을 마중 가야 하기 때문에, 신랑을 보려면 꼭 있어야 하는 필수품이다. 가로등이 없던 시절에는 개인이 등불을 꼭 소지해야 한다. 그런데 등불의 기름이 소모되므로 늦게까지 등불이 꺼지지 않게 하기 위해서는 기름을 따로 준비해두어야 한다.

등불의 기름은 계속 소모되기 때문에 끊임없이 점검하고 채워넣어야 한다. 신랑을 기다리는 성도는 기름과 같은 성령을 계속해서 내 마음의 등잔 속에 채워야 한다.

4. 기름을 준비하지 못한 다섯 처녀의 문제(3절)

기름을 제대로 준비하지 못한 다섯 처녀는 마음으로는 신랑을 보기 원했지만 기름의 중요성을 알지 못했다. 마음만 앞섰지 전혀 준비하지 못한 것이다. 시간이 오래 지나면 등불의 기름이 타버리므로 여유분이 많이 필요한데도 다섯 처녀는 기름을 조금밖에 준비하지 못했다.

그러다가 신랑이 왔다는 말을 듣고 자다가 깨보니 등불은 기름이 없어서 꺼져가고 있었다. 슬기롭지 못한 이 다섯 처녀는 기름도 충분히 준비하지 못했고, 기름이 계속 타는데도 졸기까지 했다. 끊임없이 점검하고 미리미리 준비해야 하는데 조느라고 기름이 닳아 없어지는 것도 모르다가 때가 닥쳐서야 문제의 심각성을 깨달았다.

여기서 기름을 준비하지 못한 것 이상으로 잘못된 것은 조는 것이다. 신랑을 기다리는 열정과 기대를 갖지 못하고 졸았으니, 신랑을 맞이하는 결혼식의 의미가 없어졌다. 결혼식 순간도 귀하지만 신랑을 기다리는 마음이 더 설레고 흥분되는 것이 정상이다. 결국 다섯 처녀는 결혼식장인 신부 집에 들어가지 못하고 길거리 대문 밖 노숙자 신세가 되었다.

한국의 많은 교회들이 제대로 성장하지 못하고 뒷걸음치는 것은 열심이 있는 것 같으나, 실상은 기름을 제대로 준비하지 못하고 잠자는 경우가 많기 때문이다.

5. 기름은 나누어줄 수 없다(9절)

기름이 떨어진 다섯 처녀가 기름을 미리 준비한 다섯 처녀에게 기름을 나누어달라고 부탁했지만 거절당했다. 왜냐하면 이제 신랑이 오는데 마중을 가고 시간을 보내다보면 기름이 계속 소모되기 때문에 아무리 친구라도 나누어줄 수 없었다.

친구들은 파는 사람에게 가서 사오라고 했다. 친구의 준비된 기름을 나누어달라고 하는 것은 빼앗아가려는 것이며 이는 옳은 태도가 아니다.

만일 자기들의 기름을 나누어준 후에 기름이 모자라게 되면, 그들까지 신랑을 맞이하지 못하게 된다. 이것은 큰 해를 끼치는 것이다. 친구에게 기름을 나누어달라고 하는 것 자체가 잘못이다. 다섯 처녀의 요구를 거절한 친구들은 결코 죄가 없다.

기름이 떨어진 다섯 처녀는 기름을 사러갔다. 저 앞에 신랑이 오고 있는데 신랑을 맞이하러 가는 것이 아니라 오히려 다른 곳으로 달려갔다. 기름을 사서 등불에 채우고 허둥지둥 돌아와보니 잔칫집의 문이 닫혀 있었다. 이미 신랑이 와서 결혼식을 진행하고 있었다.

아무리 문을 열어달라고 해도 이미 혼인 잔치가 시작되었기 때문에 누가 대문을 열어줄 필요도 없어졌다. 올 사람은 다 왔기 때문이다. 슬기 있는 다섯 처녀는 결혼식장 안에서 신랑과 함께 즐거워했을 것이고 밖에서는 다섯 처녀가 슬퍼했을 것이다.

주님이 언제 오실지는 아무도 모른다. 이 세상에는 등불이 꺼져가는 줄도 모르고 졸고 있는 성도가 상당히 많을 것이다.

요즈음 주님이 오시는 날짜에 관심이 많은데 그날과 그때는 알지 못한다고 하셨다(13절). 언제 오시든 맞이할 수 있는 깨어 있는 신앙을 가져야 한다.

5부 | 요한이 본 예수 그리스도

37장

성전이 움직이다

본문 요한복음 5:1–18

예수님은 유대인의 명절이 되었을 때 예루살렘에 올라가셨다. 양문 곁에 베데스다라는 못이 있었는데 예수님은 그곳에서 38년 동안 누워 있던 병자를 고쳐주셔서 안식일에 그가 성전에 갈 수 있게 하셨다. 그는 병 고침과 함께 안식일에 성전에 갈 수 있는 축복을 받은 것이다.

반대자들은 그 일로 인해 병자가 왜 안식일에 자리를 들고 걷느냐, 왜 안식일에 병 고치는 일을 하느냐며 예수님에게 시비를 걸었다. 주님은 이런 말을 들으시면서도 안식일에 병을 많이 고치셨다.

1. 예수님의 소원은 인생의 안식과 평안이다

인생에게 가장 중요한 일은, 하나님께 지은 죄를 용서받고 구원을 얻으며 마귀에게서 놓임을 받고 질병에서 해방되며 배고픔에서 벗어나는 것이다.

이것은 영과 육의 해방이다. 이런 참 안식을 누리게 하시려고 주님은 안식일을 주셨다. 죽음은 내 영혼이 영원한 안식을 누리는 것이라고 할 수 있다.

주님이 이 땅에 오신 목적은 이 세상을 지상낙원으로 만들고자 하신 것이 아니다. 주님은 사람이 모든 면에서 온전히 회복되기를 원하셨다. 회복의 열매는 평안과 쉼이다. 주님은 사람에게 안식일을 주셨다. 안식일의 주인이신 주님은 안식일에도 안식을 누리지 못하는 병자에게 가서 안식을 주셨다. 이 본문 말씀의 주제가 바로 안식이다.

2. 예수님이 안식일 날 베데스다 연못에 찾아가셨다

베데스다 연못은 안식일에도 안식일을 지키지 못하는 사람들이 집단으로 있는 곳이었다. 행각이 다섯 개가 있었는데 병자, 맹인, 다리 저는 사람, 혈기 마른 사람들이 많이 누워 있었다(3절).

이들은 병으로 인해 무력하고 침체되어 소망이 없는 사람들이었다. 그들은 몸이 아파서 육적인 안식도 못 누리고 성전에서 예배하지 못하므로 영적인 안식도 누리지 못하던 사람들이었다.

이스라엘 사회에서는 심한 병에 걸리면 성전에 가지 못했다. 안식일에 성전에 가서 은혜를 받는 것은 병든 사람에게 꿈같은 이야기가 되었다. 그들은 예배 한번 드려보는 것이 소원인 사람들이었다. 특히 더 심한 병에 걸리면 사람들에게서 격리되었다. 그러므로 성전에 가서 당당히 예배를 드린다는 것은 병을 고침받았다는 의미다.

이들은 베데스다 행각에 있는 동안 원치 않게 안식일을 범한 자가 되었다. 큰 병에 걸리면 성전에 갈 수 없으니 안식일을 지키지 못하는 죄까지 지을 수밖에 없는 구조적인 문제가 있는 셈이다.

이들이 이곳에 모여 있는 이유는 혹시나 복권에 당첨될까 기다리는 사람처럼, 몸이 낫는 기적을 바라며 연못의 물이 동하기를 기다리고 있었던 것이다. 천사가 가끔 못에 내려와 연못의 물을 동하기를 하면 그 못에 먼저 들어가는 사람은 어떤 병이든 낫는다는 것이다(4절). 이 사람들은 스스로 문제를 해결할 능력이 없었다.

그 행각에 몇 명이 있었는지는 모르지만 연못에 먼저 들어가 병을 치료하려고 100대 1, 200대 1의 기적을 기다리느라 헛되이 시간을 낭비하며 세월만 보내는 것이었다. 그들은 큰일을 하려고 하나님의 뜻을 기다린 것이 아니었다. 그들의 가냘픈 희망은 오히려 그들의 인생을 꼭꼭 묶어두는 절망의 길이 되어버렸다.

여기 병자들 중 천사가 내려오는 것을 보는 사람, 천사가 물을 움직이는 것을 먼저 보고 물에 내려가는 단 한 사람만이 치유가 가능한데 과연 누가 천사를 볼 수 있는지 모른다. 그리고 치료된 사람이 과연 얼마나 되는지 모른다.

설령 천사가 연못에 내려와 물을 움직이게 하는 것을 본다 한들 몸이 심히 아프면 들어갈 힘도 없다. 이 상황에서 병이 치료되려면 몇 가지 전제조건이 성립되어야 한다. 먼저 천사의 존재를 믿어야 한다. 그 당시에도 천사의 존재를 믿지 않는 사람이 많았는데, 천사의 존재를 믿는 것은 믿음이 좋은 것이다. 그 다섯 행각에 머무르는 병자들의 목적은 병이 낫는 것이지만 어쨌든 천사의 존재를 믿는 자들이었다.

또한 하늘에서 온 천사가 물을 움직이게 하는 것도 믿어야 한다. 영적 존재인 천사가 물질인 물을 움직이게 할 수 있다는 것을 믿어야 한다. 그리고 남들은 천사를 보지 못하는데 나만 볼 수 있어야 하며, 또 남들이 더 아파서 나보다 먼저 들어갈 힘이 없어야 내가 연못에 먼저 들어가 병을 치료받을 수 있는 것이다. 남이 못 해야 나의 행복과 연결되니 이런 악성 구조가 없다.

3. 성전 되신 주님이 직접 가셔서 참 안식을 주셨다(6절)

주님은 거기서 38년 동안 누워 있던 병자를 찾아가 만나주셨다(6절). 그는 평안과 안식이 없으며 계속된 기적이 일어나기를 기다리는 경쟁의 틈바구니에서 너무나 오랜 세월 밀려나 세월을 낭비하고 있었다.

누워 있는 상태의 그를 누구 하나 도와주는 사람도 없어서 더 절망하고 좌절한 모습이었다. 스스로 문제를 해결할 수 없는 무능한 모습이었다. 그가 병든 후 안식일에 성전에 가지 못했다면 안식일을 최대 1년 52주씩 38년이나 지키지 못했을 가능성이 있다. 죄인 중에 죄인이다.

그런 그에게 성전 되신 주님이 직접 찾아오셨다. 성전의 본체이신 예수님이 찾아오신 영광스러운 일이다. 안식일에 성전에서 예배드리지 못하고 안식하지 못하는 자들을 위하여 성전되신 주님이 병자에게 직접 가신 것이다.

가장 무능한 자에게 참 안식을 주시기 위해 주님이 직접 가셨다. 주님의 소문을 들었지만 병 때문에 주님을 따라갈 수 없는 그에게 주님이 직접 오셔서 고쳐주신 것이다. 안식일의 목적은 사람들이 안식하는 것이다. 안식을 누리는 것이 가장 중요하다.

주님이 오셔서 그에게 "낫고자 하느냐"(6절)고 물으셨다. 주님은 치료하시기 전에 항상 상대방의 의향을 물으신다. 고침받기 원한다는 대답을 들으신 후에 고쳐주신다. 그는 앞에서 물으시는 분이 예수님이신 것을 몰랐다. 그저 자신이 낫기를 바라는 의사를 분명히 전달했고 자신의 무능함을 솔직하게 이야기했다.

그가 못에 들어가기 전에 다른 사람이 먼저 들어갔기 때문에, 능력주의 시대에 능력만 있으면 들어갈 수 있는 것을 그는 계속 들어가지 못했던 것이다(7절). 그는 살아나갈 경쟁력이 없었다. 주님에게 그는 자기 사정을 숨

김없이 아뢰었다.

주님은 그에게 "일어나 네 자리를 들고 걸어가라"(8절)고 말씀하셨다. 그 병자가 바란 것은 천사가 내려와 물이 동할 때 누군가가 나타나서 자신을 재빨리 물에 넣어주는 것이었을 것이다.

하지만 주님은 그런 과정을 생략하시고, 병을 고치는 감동의 과정도 뛰어넘고, 바로 누웠던 자리를 치우도록 하신 것이다. 그동안 깔고 지냈던 자리와 약간의 소지품이 있었을 것이다. 그것을 들고 가라는 말씀이다. 주님이 38년된 병자에게 마음과 육신과 영적인 안식일을 당장에 지킬 수 있도록 하신 것이다.

4. 곧 나았다(9절)

그는 주님의 말씀을 듣고 일어나려고 몸부림을 쳐 안간힘을 쓰고 일어난 것이 아니라 주님의 명령을 듣자마자 몸이 나았기 때문에 쉽게 일어났다. 38년씩이나 된 만성질환자가 수술도 없이, 몸에 무언가 영향을 주는 행위도 없이 말씀 한마디에 그 자리에서 일어났다. 이제 그는 가족과 친구를 만나고 무엇보다 성전에 가서 예배할 수 있으므로 진정 안식일을 지킬 수 있게 되었다. 더 귀한 것은 성전 되신 주님을 만나 진정한 안식을 얻게 된 것이다.

성전 되신 예수님의 일꾼인 천사를 기다렸는데 성전이 직접 자신에게 오신 것이다. 그는 성전을 만나서 치료받고 성전에 가서 안식을 누릴 수 있었다.

후에 성전에서 그 사람을 다시 만나신 주님은 그에게 더 심한 것이 생기지 않게 죄를 짓지 말라고 당부하셨다(14절). 38년 동안 병으로 누워 지낸 것보다 더 심한 것이 무엇일까? 사탄의 지배로 마음의 불안을 갖는 것, 내세의 안식을 못 누리고 지옥에 가는 일을 말하는 것이다.

주님의 말씀처럼 병이 나았을지라도 또 죄를 지으면 더 심한 것이 생긴다. 또한 지금까지의 병자 생활도 죄 때문이라는 뜻도 들어 있는 것이다. 즉 죄와 병의 연결고리를 설명해주신 것이다. 죄를 회개할 때 주님을 만나고 진정한 안식이 찾아온다.

성전을 만나면 망가지고 묶인 것이 회복되어 안식을 누릴 수 있게 된다. 본체를 만나면 모든 과정이 과감하게 생략된다. 그러므로 주님을 만나면 한순간에 해결된다. 주님이 찾아오실 때 기회를 잡아야 한다. 성전의 본체이신 예수 그리스도 안에서 진정한 안식을 누리자.

38장

모르는 자와 아는 자

본문 요한복음 9:13-34

예수님을 만나면 인생의 모든 문제가 다 해결된다. 예수님 당시에 그분을 만난 사람은 모든 문제를 해결받았다. 지금도 주님을 만나면 내가 어떻게 해야 하는지에 대한 대답을 분명히 말씀해주신다. 당장 문제가 해결되지 않더라도 그 원인을 알 수 있기 때문에 해답을 얻은 것과 마찬가지다.

사람은 살아가면서 어떻게 해야 할지 판단을 내릴 수 없는 경우가 많고 그 일로 인해 고통당할 때가 많다. 이렇게 자신의 문제가 급한데 원만하게 처리하지 못하고 불필요한 것에 시간과 물질과 힘을 낭비하는 경우가 많다.

날 때부터 맹인 된 사람이 예수님을 만났다. 주님이 그의 눈에 진흙을 발라주셨고 주님의 말씀대로 실로암에서 눈을 씻자 눈이 밝아졌다(7절).

맹인에게 최대의 문제는 눈을 뜨는 것이었다. 그는 일을 못하므로 경제적인 문제를 해결하기 위해 걸인으로 살았다. 그는 맹인이자 거지다.

그는 예수님이 침을 뱉어 진흙을 이겨 눈에 발랐을 때, 왜 침과 흙을 바르냐며 기분 나빠 하면서 저항하지 않았다. 또한 실로암 못에 가서 씻으라 하실 때도 어떻게 맹인에게 그곳에 찾아가라고 하나며 불평하지 않았다.

주님이 즉석에서 고쳐주시기를 바랐겠지만 맹인은 주님이 시키시는 대로 무조건 순종했다. 그리고 눈을 뜬 후에 그대로 가버리지 않고 다시 주님께 왔다(7절). 그는 주님을 만남으로 인생의 가장 중요한 문제를 해결했다.

예수님은 교회의 주인이시기 때문에 지금도 교회는 주님이 하신 것처럼 성도의 문제를 해결하는 데 최선을 다해야 한다. 목사는 성경을 지식적으로 아는 데 그치지 말고, 영안이 열리고 영적 능력을 받아 주님처럼 치유하는 것이 교회 건축과 사역이나 성도를 많이 모으는 것보다 중요함을 알아야 한다.

1. 맹인의 간증

날 때부터 맹인 된 사람이(1절), 예수님을 만나 눈을 뜨자 주변 사람들이 "네 눈이 어떻게 떠졌느냐"(10절)고 물었다. 맹인이었던 사람은 예수라 하는 사람이 진흙을 이겨 눈에 바르고 실로암에서 씻으라 하여 씻었더니 눈이 떠졌다고 자세히 말했다(11절).

맹인이었던 사람은 자신이 눈을 뜨게 된 과정을 정확히 알고 있었다. 눈이 보이지 않을 때 일어났던 일을 눈을 뜨고 나서 정확하게 묘사한 것이다. 맹인이었던 사람은 자신에게 예수님이 오셨을 때부터 자기 눈이 치료될 때까지의 전 과정을 집중해서 파악하고 있었던 것이다.

진정으로 체험한 사람은 그 체험을 나중에 물어도 자신이 경험한 것이기에 자세하게 대답할 수 있지만, 가짜로 꾸며 이야기하는 사람은 나중에 물어보면 조금씩 내용이 달라진다. 맹인이었던 그 사람은 주님을 만나 진정으로 기적을 체험한 사람이다.

2. 바리새인들의 지적

바리새인들 중에 어떤 사람은 맹인이었던 사람을 불러서 눈을 뜨게 된 경위에 대해 묻고는, 눈을 뜨게 된 것에 대한 축하는 전혀 하지 않았다. 도리어 예수님이 안식일을 지키지 않고 맹인을 고쳤으니 하나님께로부터 온 자가 아니라고 하면서 공연히 맹인이었던 사람에게 시비를 걸었다(16절).

우리는 생명을 살리는 것이 가장 중요함을 알고 성경을 보아야 한다. 그런데 바리새인은 회복되고 생명이 살아난 것은 보지 않고 "어떻게 보게 되었는지"(15절), 그리고 "안식일을 지키지 아니하"(16절)였으니 예수님을 안식일을 범한 죄인으로 취급했다.

병이 나았다는 핵심은 제쳐두고 안식일에 치유를 한 것을 문제 삼은 것이다. 본질에는 접근하지 못하고 주변만 맴도는 사람들이었다.

바리새인의 논리는 안식일을 범한 죄인은 표적을 행할 수 없다는 것이었다. 예수님은 안식일을 범한 죄인이니, 이미 일어난 기적에 대해서도 가짜라고 반응했다. 그들은 안식일에는 치유를 해서는 안 된다는 '조작된 율법'을 가지고 있었다.

그래서 눈 뜬 자가 정말로 맹인이었는지 아니면 가짜로 눈을 뜨게 하고는 소문만 냈는지를 알아보기 위해 그의 부모를 불러왔다(18절). 안식일에는 기적이 일어날 수 없다는 그들의 사고가 얼마나 비신앙적이며 폐쇄적인지 알 수 있다. 이런 사람들에게 지도를 받거나 그들과 교제한다면 답답하여 살 수 없을 것이다. 영적 무지는 많은 사람을 괴롭게 한다.

3. 그의 부모의 고백

바리새인들은 그의 부모를 불러서 날 때부터 맹인이었던 아들이 맞는지를 확인했다. 그가 혹시 속이는 것은 아닌지를 알아보려고 한 것이다(19절).

그의 부모는 자기 아들이 맞고 맹인으로 태어난 것도 맞지만 어떻게 눈을 뜨게 되었는지는 자신들이 잘 알지 못하므로 성인이 된 본인에게 물어보라며 책임을 회피한다.

부모 입장에서는 자신들이 직접 체험한 것도 아니고 혹 예수 그리스도를 믿는 사람은 바리새인들에게 잘못 찍힐까 두려워하여 빠져나갈 구멍을 찾은 것이다(22절). 자신들의 생각에 맞지 않으면 가차 없이 정죄하는 바리새인들의 사고의 폭력성과 신학의 폭력성을 볼 수 있는 대목이다. 이런 사람들은 성도들에게 영적 자유를 주지 못하며 오히려 속박한다.

4. 맹인이었던 자의 고백

바리새인들은 맹인이었던 사람에게 '너는 그 사람을 어떤 사람으로 생각하느냐'고 물었다. 맹인이었던 그 사람은 눈을 뜨게 해준 예수님을 "선지자"(17절)라고 대답했다.

바리새인들이 예수님을 비판하고 혈기 등등한 가운데 물어도 맹인이었던 사람은 전혀 기가 죽거나 빠져나오려고 하지 않고 진실을 이야기했다. 동전 몇 푼 얻으러 다니던 나약한 맹인이 어느새 담대해진 것이다. 이렇게 주님을 진실로 만나면 담대해진다.

계속해서 맹인이었던 사람은 자신을 고쳐준 사람이 바리새인들이 주장하는 대로 죄인인지는 알지 못하지만 한 가지 아는 것은 내가 맹인이었다가 지금은 보게 되었다고 증언했다(25절). 중요한 것은 오래된 문제가 해결되었다는 데 있다. 정확한 체험으로 진실을 깨달은 자로서 밝히 말하는 것이다. 누가 무엇이라고 해도 결론은 전에는 안 보이던 내 눈이 이제 보인다는 확증이다.

바리새인들과 유대인들은 맹인이었던 자에게 예수님이 "어떻게 네 눈을 뜨게 하였느냐"(26절)고 또 다시 물었다. 맹인이었던 자는 "내가 이미 일렀어도 듣지 아니하고 어찌하여 다시 듣고자 하나이까 당신들도 그의 제자가 되려 하나이까"(27절)라고 했다.

사람이 어떤 사건을 연구할 때 긍정적 사고를 가져야 하는데 이들은 비판하기 위해 연구하는 것이다. 그들은 상대가 말하는 것을 신뢰하지 않고 여러 번 말하도록 피곤케 하고 있었다. 그러므로 맹인이었던 사람이 제자가 되려고 하느냐는 말을 듣고는 펄쩍 뛰면서 욕을 하고 자신들은 모세의 제자라고 밝혔다(28절).

사실 그들은 성경을 안다고 자부하지만 예수님에 대해서는 "어디서 왔는지 알지 못하노라"(29절)고 고백했다. 성경에 기록되어 있는 모세에 대한 것은 문자적으로는 알아도 정작 성경에서 예언하고 알려주고 있는 메시아이신 예수님에 대해서는 전혀 모르는 것이다. 예수님의 가르침과 능력과 권세는 인간으로서는 행할 수 없는 수준임에도 전혀 메시아이신 줄을 깨닫지 못했다.

맹인이었던 자는 다시 한 번 비판자들 앞에서 주님에 대해 고백한다. "이상하다 이 사람이 내 눈을 뜨게 하였으되 당신들은 그가 어디서 왔는지 알지 못하는도다 하나님이 죄인의 말을 듣지 아니하시고 경건하며 그의 뜻대로 행하는 자의 말은 들으시는 줄을 우리가 아나이다 … 이 사람이 하나님께로부터 오지 아니하였으면 아무 일도 할 수 없으리이다"(30-33절).

5. 주님은 하신다

맞다. 하나님이 능력 주시지 않는다면 맹인의 눈은 뜨게 할 수 없다. 바리새인들은 예수님이 죄인이라는 데서 출발했기에 예수님의 사역을 이해하는데 계속 문제가 있다고 보고, 맹인이었다가 눈을 뜬 자는 하나님의 능력으로 자신의 눈이 치료되었다는 데서 출발했기에 예수님을 메시아로 믿을 수 있었다.

주님이 맹인을 치료하신 것처럼 병든 자를 치료하실 때마다 바리새인들이 공연한 시비를 거는 이유는 결국 자신들은 병을 고칠 수 없기 때문이다. 자신들이 병을 고치면서 예수님의 치료에 문제가 있다고 하는 것이 아니다. 아예 서기관과 바리새인들에게는 치료의 능력이 없었다. 그래서 주님이 다른 사람들의 병을 치료해주시면 시기와 질투가 크게 일어난 것이다.

서기관과 바리새인들은 성경도 제대로 모르고 믿음도 없고 치료의 능력도 없고 사랑도 없었다. 지금까지 백성들은 서기관을 존경하고 바리새인들을 우러러보았으나, 그들은 경건의 모양만 있지 능력은 없는 껍데기 경건을 가지고 있었다. '껍데기 경건자'가 '진정한 경건자'를 시기하여 본색을 드러내는 상황인 것이다.

가난하고 배우지 못한 이 맹인이 평생 성경을 배우고 연구한 바리새인이나 하나님을 열심히 믿어보려는 바리새인들보다도 오히려 창세 이후의 하나님의 역사와 성경에 대해 바로 알고 있는 것이다.

신학 공부를 하지 않은 사람이 신학 공부를 열심히 하고 박사학위 가진 사람에게 신학으로 훈계하는 것과 같다. 결국 맹인이었던 사람의 말을 들은 바리새인들은 분해서 맹인이었던 사람을 쫓아냈다(34절). 그들은 고정관념을 가지고 타인의 믿음과 체험을 무시하고 있다.

성경을 많이 배운 것이 중요하지 않다. 그 배운 내용을 진실로 받아들여야 한다. 지금도 하나님은 살아 계신다.

39장

양의 문

본문 요한복음 10:1-10

예수님이 제자들에게 사람들이 자신을 누구라고 하는지를 물으셨다. 긍정적인 의견으로는 "더러는 세례 요한, 더러는 엘리야, 어떤 이는 예레미야나 선지자 중의 하나라 하나이다"(마 16:14)라고 말하는 사람들이 있었다. 부정적인 의견으로는 "그가 귀신들려 미쳤거늘"(20절)이라며 예수님을 피하는 사람들도 있었다. 극과 극의 대립적 평가다.

다른 사람의 평가와는 상관없이 주님은 자신을 빛, 선한 목자, 친구, 신랑 등 여러 가지로 설명하셨다. 오늘 본문에서 주님은 자신을 비판하는 사람들 앞에서 스스로를 양의 문이라고 표현하셨다(7절). 백성들을 양으로 비유하여 말씀하신 것이다.

1. 양은 잘 보호받아야 한다

'양처럼 순하다'라는 말이 있듯이 양은 순하고 약하다. 앞을 잘 못 보기 때문에 먹을 것을 잘 찾아다니지 못하고 길을 잘 잃어버린다. 사람도 영적으로 보면 양처럼 약하다고 할 수 있다.

그리고 양은 실제로 말을 잘 안 듣고 고집이 세다. 겨울에는 서로 떨어져 지내고 여름에는 서로 붙어 지낸다. 겨울에는 햇빛을 보려고 서로 떨어져 있고 여름에는 응달이 지니까 서로 붙어 있다고 한다.

양은 체격이 비슷한 다른 동물들과 싸워서 이길 수 없다. 그만한 덩치에도 다른 짐승과 싸움이 안 된다. 오히려 체격은 작아도 사나운 짐승에게 번번이 잡아 먹힌다. 따라서 보호해줄 목자가 필요하고 울타리 안에서 보호를 받아야 한다. 이는 성도들에 대한 말씀이다.

2. 울타리가 있는데도 도둑이 있다

양을 보호하는 울타리에는 문이 있다. 그런데 문으로 들어가지 않고 울타리를 넘나드는 도둑이 있다. 도둑은 양을 사랑하고 보호하는 것이 아니라 몰래 들어와서 양을 훔쳐간다. 그리고 잡아먹거나 팔아버린다.

주인은 양의 상태를 살피고 목동들에게 맡긴다. 그런데 주인의 허락 없이 먼저 와서 울타리 너머 양들을 살피는 것은 도둑밖에는 할 수 없는 행위다. 강도는 양을 끌어갈 때 양들이 자기 주인이 아니라서 따라오지 않으므로 강제로 끌어가고 잡아먹고 죽인다(10절). 양들이 불법으로 생포되어 울타리 위로 넘겨진다.

하지만 양의 문이신 주님은 항상 양 같은 백성들을 어디서든지 점검하고 살피고 돌보신다. 울타리 안에 들어갈 때도 양은 주님을 통해서만 들어가고 나가며 항상 좋은 꼴을 먹을 수 있다. 주님은 울타리 안에 들어오면 보호하고 꼴을 준다. 또한 울타리 밖으로 데리고 나가도 푸른 초장과 쉴 만한 물가로 인도하신다.

이와 반대로 유대의 지도자들은 절도요, 강도라 하셨다(1-6절). 그들의 관심은 병든 자, 가난한 자를 돌보는 것이 아니라 약한 양 같은 그들을 등쳐서 재물을 모으는 데 있었다. 그들은 아주 부유했다.

그들은 양의 문이신 예수님을 피하여 양떼들인 백성을 등쳐먹었다. 악한 정치가, 종교 지도자의 수가 셀 수 없이 많았기에 양인 백성들의 고통은 말로 다 할 수 없었다. 그들은 진실로 양들을 돌보시는 주님을 시기하여 귀신들렸다고 모함했다(20절). '가짜가 진짜'를 비판하고 있다. 그래야 계속 기득권을 가지고 도적질을 해먹을 수 있기 때문이다.

도둑이 양의 울타리 안으로 들어오는 목적은 양이 되려고 하는 것이 아니라 양을 훔쳐가기 위해서다. 오늘날에도 도둑들이 영적 지도자가 되어 교회 안에 많이 들어오는데, 양을 도우려거나 자신도 주님의 양이 되려고 함이 아니라 양을 도둑질하기 위해서다.

그들은 지도자라 칭하며 주님의 양이 되기를 거부한다. 이 세상 모든 사람은 주님의 양떼 중 하나다. 칼빈도 루터도 유명한 목사도 다 주님의 양이다. 스스로 목자라고 말하면 곤란하다. 모든 사역자는 자신이 '작은 목자'나 '목동'이라고 말해야 한다.

지금도 사탄은 주님의 백성들이 살고 있는 울타리를 넘어온다. 몰래 양들에게 들어와서 영적인 독초를 주고 병균 같은 사탄의 세력을 옮기고 독이 섞인 풀을 먹이듯 거짓 진리를 가르쳐서 망하는 길로 인도한다.

3. 주님은 양의 문이지 도둑의 문이 아니다

도둑은 양의 문을 피한다. 정문을 싫어한다. 주님은 양의 문이 되셔서 도둑을 막아내시고 양들을 지키려고 하신다. 그리고 들어오고 나가는 양의 숫자를 세고 양의 상태도 일일이 점검하신다. 도둑은 양의 문을 통과하지 않는다. 주님이 통과시키지도 않으시겠지만 통과하기 위해 주님께 검증을 받지도 않는다.

주님은 양의 문이므로 도둑이 들어오는 것을 허용하지 않으신다. 주님이 우리 주인이시면 도둑당할 염려가 없다. 이 시대의 영적 지도자들도 주님처럼 양의 상태를 살피고 치유하는 데 관심을 가져야 하는데 등쳐먹을 생각을 하는 사람이 많다.

4. 이리가 오면 신분이 들통이 난다

가짜 목자는 사나운 이리가 나타나서 양을 잡아먹으려 할 때 적극적으로 양을 지키려 하지 않는다. 자신의 몸이 다치거나 생명의 문제가 생기는 것이 두렵기 때문이다. 하지만 참 목자이신 주님은 양들을 지키기 위해 목숨을 바치신다(11절). 이것은 자신의 생명까지도 내려놓는 사랑의 증거다. 그리고 목숨을 걸고 이리를 쫓아내 양들을 보호하신다.

하나님은 구약시대의 선지자 에스겔을 파수꾼으로 세우셨다. 주의 백성들을 지키기 위한 사명이다(겔 33:1-7).

지금도 주님은 사탄의 공격이 강력한 이 세상에서 양떼를 지키신다. 주님에게는 그럴 만한 능력이 있으시다. 주님의 이름 앞에서는 어떤 세력도 힘을 쓸 수가 없다. 이 시대의 진실된 사역자는 사탄의 세력과 싸워 이길 수 있는 능력을 소유해야 한다.

사탄이 어디 있는지도 모르고 지금 공격하고 있는지도 모르고, 양이 사탄에게 물려 신음하는지도 모른다면 영적 지도자라고 하기 어렵다. 그리고 어떻게 사탄을 몰아내고 성도들을 지키는지 모른다면, 그 아래에서 보호받는 양떼들을 얼마나 불쌍한가.

40장

길이요 진리요 생명이시다

본문 요한복음 14:1–6

예수님은 자신이 승천하실 것을 말씀하시면서 하늘로 가는 이유는 너희의 거처를 예비하기 위해서이고 가서 거처를 예비하면 내가 다시 와서 너희를 내게로 영접하여 나 있는 곳에 너희도 있게 하리라고 하셨다(2–3절). 주님이 말씀하신 대로 하늘에는 제자들이 거처할 집이 있고 집이 다 준비되면 제자들을 데리러 주님이 다시 오신다.

또한 주님은 "내가 어디로 가는지 그 길을 너희가 아느니라"(4절)고 하셨다. 주님이 십자가에 달려 죽으시고 부활하실 것을 수차례 말씀하셨기 때문에, 예수님의 가까운 제자들은 당연히 주님이 하늘로 가셔야 할 것을 알아야 했다.

그때 도마는 주님이 어디로 가시는지 모른다고 하면서 어디로 가시는지 물었다(5절). 도마는 주님이 하늘로 가신다는 것을 이해하지 못했다. 그는 과학적, 이성적 사고를 하는 사람이었다. 한번 생각이 고정되면 다른 것은 받아들이기 힘든 상태였다. 또한 의심이 많아서 주의 손을 만져봐야 부활을 믿겠다고 한 그는 영적으로 보면 쉬운 것을, 육신적이고 이성적인 코드로 해석하려고 했다. 영적 감수성이 약한 사람이었다.

도마의 질문을 받으신 주님은 바로 이런 상황에서 자신이 길이요, 진리요, 생명이라고 하셨다. 주님 자체가 길이라는 말씀이다. 이것은 주님이 행하고 겪으신 일 모두가 길이요, 진리요, 생명이라는 것을 나타낸다. 이것이 대전제다.

주님만 바로 알면 모든 진리를 깨닫고 하나님께로 가고 생명을 얻을 수 있지만, 주님을 제대로 알지 못하면 하나님께로 갈 수 없고 영원한 생명을 얻을 수도 없다는 의미다. 이 말씀은 도마의 질문에 답한 말이 아니라 하늘로 가신다고 하신 말씀에 이어서 주님이 계속 하고 싶은 말을 하신 것이다.

1. 주님은 길이시다

주님은 하늘에서 이 땅으로 길을 내시며 오셨다. 예수님은 성령으로 마리아에게 잉태되셨다. 천사는 마리아에게 '아들을 낳으리니 예수라 하라'고 했다. 예수님이 길로서 우리에게 길을 보여주신 것처럼, 우리도 하늘에서 보내질 때 성령의 역사로 태어났으며 각자 사명을 가지고 이 세상에 왔다.

예수님이 세례를 받으실 때 성령이 예수님의 머리에 비둘기같이 내려오셨다. 우리에게도 주님을 믿을 때 성령이 임하신다. 예수님은 사탄에게 시험을 받으셨고, 오늘날 우리에게도 많은 시험이 있다. 예수님은 병을 치료하셨고 귀신을 내쫓으셨는데 우리도 진정한 제자가 된다면 예수님의 이름의 권세를 사용하여 병을 치료하고 귀신을 내쫓을 수 있다.

주님은 모든 사명을 마치시고 하늘로 올라가셨고, 우리도 우리의 사명을 마치는 날 하늘나라에 갈 것이다. 주님이 하늘 보좌에 앉으셔서 생명책을 손에 들고 세상을 다스리는 것처럼, 우리도 충성하면 주님 앞에 설 것이고 많은 고을을 맡아 다스리게 될 것이다. 이렇게 주님이 걸으신 길을 우리도 걷고 있다.

주님은 우리의 선구자로서 우리의 길이 되신다. 오직 예수 그리스도 외에는 구원의 길이 없다. 사도행전 16장 17절에 보면 귀신들린 여종이 바울을 따라오면서 "이 사람들은 지극히 높은 하나님의 종으로서 구원의 길을 너희에게 전하는 자라"고 했다. 하나님의 음성을 듣는 선지자뿐 아니라 귀신도 주님을 알고 주님이 구원의 길이라는 것을 안다.

예수님은 진정으로 '구원의 길'이시다. 주님 외에 어떤 구원의 길도 없다. 종교 다원주의 사상이 교회와 이 세상에 퍼져나가지만, 결코 조금이라도 용납할 수 없다. 오직 예수 외에는 구원의 길이 없고 하나님께로 갈 자도 없다.

2. 주님은 진리이시다

예수님 자체가 진리이시기 때문에 예수님이 행하신 모든 것이 진리다. 주님은 옳은 것만 행하셨고 주님이 행하신 일 중에 우리가 따라하면 안 되는 것은 하나도 없다. 주님은 우리에게도 주님처럼 동일한 일을 하기 원하신다.

주님은 사도들과 70인에게 능력을 주셔서 복음도 전파하고 병도 치료하고 귀신도 쫓아내게 하셨다. 그러기에 주님이 행하신 일이 바로 우리 인간이 행할 일이다. 진리는 아무리 세월이 지나도 변하지 않는다. 세월이 지나도 옳은 것은 언제나 옳다. 절대 진리이신 주님을 믿어야 한다.

요한복음 6장 35절에서 주님은 자신이 생명의 떡이라고 하셨다. 요한복음 11장 25절에서 주님은 자신이 부활이요 생명이라고 하셨다. 이 세상의 과학, 의학, 철학 등의 학문적 성과가 많으나 세월이 지나면서 바뀌는 경우가 허다하다. 또한 알지 못하여 계속 연구하는 분야도 부지기수다.

그러나 주님께 나아가서 그분과 깊이 교제하면, 이 세상의 모든 의문과 숙제가 풀린다. 우리는 진리이신 예수 그리스도를 붙잡고 그분과 합일되었는지 자신을 깊이 살펴보아야 한다.

3. 주님은 생명이시다

예수님은 그 자체가 생명이시다. 살리는 영으로서 인생을 살리신다. 병들어 죽어가는 자를 살리시고, 죽은 자도 살리시고, 귀신들려 지옥의 고통 속에 살아가는 사람도 살리신다. 하나님의 아들이신 주님은 죄 때문에 죽음의 길을 가고 있는 우리를 죽음에서 살리시기 위해 이 땅에 오셨다. 주님을 만난다는 것은 곧 생명을 얻는다는 뜻이다. 그리고 생명의 주님은 지금도 살아 계신다.

주님을 만나 사랑하고 존경하는데 죽은 자는 없다. 얼마나 안심이 되는지 모른다. 그러므로 오늘날 하나님의 사람의 삶과 사역은 죽은 자를 살리는 것이 되어야 한다. 하나님의 일꾼들은 살리는 즐거움으로 살아야 한다.

예수님은 제자들에게 자신의 삶을 통해 인생의 삶을 가르쳐주셨다. 우리는 길이요 진리요 생명이신 예수 그리스도를 믿고 그분을 따라가는 것이 인생 최대의 기적이며 감사할 일임을 알아야 한다. 그리고 생명의 복음을 온 세상에 전하여 마귀의 세력을 몰아내고 모든 영혼을 천국으로 인도하는 일에 충성해야 한다.

41장

더 큰일도 할 수 있다

본문 요한복음 14:12-14

성부 하나님은 이 세상에 모습을 나타내신 경우가 많지 않다. 그분은 주로 예수님을 통해 일하셨다. 예수님은 아버지가 주신 능력을 힘입어 많은 능력을 행하셨다. 온갖 질병을 치유하고 바람을 잔잔케 하시며 귀신을 다스리고 내쫓으셨다. 누가 보아도 하나님이시며 하나님의 아들이시다.

또한 예수님은 자신의 일을 행하시는 것이 아니라 예수님 안에서 아버지가 일하신다(10절). 그러므로 하나님 아버지가 예수님을 통해 일하시는 것이다. 모든 것은 하늘 아버지의 일이다.

빌립은 예수님을 아직도 하나님으로 믿지 못했다. 그래서 "주여 아버지를 우리에게 보여주옵소서"(8절)라고 말하는 것이다.

아버지를 보나 아들을 보나 같은 하나님인데 예수님을 보면서도 아버지 하나님을 보여달라고 한 것이다. 예수님은 그에게 "나를 본 자는 아버지를 보았거늘"(9절)이라고 말씀하셨다.

예수님은 하나님과 자신이 하나이며 자신은 하나님이 보내셨다는 것을 확실하게 선언하셨다. 그리고 이를 증명할 수 있는 것을 보여주셨다.

1. 예수님이 하나님의 아들이신 증거(10절)

예수님은 "내가 너희에게 이르는 말은 스스로 하는 것이 아니라 아버지께서 내 안에 계셔서 그의 일을 하시는 것이라"(10절)고 말씀하셨다. 만일 그래도 믿지 못하겠거든 "행하는 그 일로 말미암아 나를 믿으라"고 하셨다. 예수님이 나타내시는 신적 능력이 곧 하나님이 예수님 안에 계신 증거라는 뜻이다. 신의 능력을 행하는 것은 신의 존재가 계시기 때문이라는 말이다.

하나님이 함께하시지 않으면 큰 능력이 결코 나타날 수 없고 능력이 나타난다는 것은 곧 하나님이 함께하신다는 뜻이다. 이 말은 사실이다. 그리스도 안에서 나타나는 능력을 의심하지 말라. 이 능력을 의심한 사람의 대부분은 전혀 능력이 나타나지 않는 바리새인이나 서기관들이다.

좋은 나무인지 나쁜 나무인지 알려면 그 열매를 보라는 것과 같다. 결과를 보면 그 원인도 알 수 있다는 논리다. 귀신은 절대 병을 근본적으로 고쳐주거나 사람을 이롭게 할 수 없다. 기쁨을 줄 수 있는 일을 할 수 없다. 이것은 '꿩 잡는 것이 매'라는 속담과 같지 않다. 또한 흰 고양이든 검정 고양이든 쥐만 잡으면 된다는 것과도 다르다. 그 뜻은 수단 방법 가리지 말고 목적만 이루면 된다는 말이기 때문이다. 열매를 보면 안다는 것은 그것과 다르다.

2. 우리도 하나님의 아들이 되는 증거

예수님이 신적 능력을 통해 하나님의 아들이 되는 증거를 보이신 것처럼 우리도 증거를 보여야 한다. 목사라면 목사의 증거, 성도라면 성도의 증거가 필요하다. 우리도 양자의 영인 성령을 통해 하나님의 아들이 되었고 하나님의 영이 우리 안에 계셔서 예수님처럼 이적과 기적을 행할 수 있다.

우리 안에도 아버지 하나님이 계셔서 예수님처럼 하나님의 일을 하면서 사는 것이다. 하나님의 신이 임하면 우리도 능력을 행할 수 있고 더 큰 일도 할 수 있다.

믿음의 역사가 일어나고 교회를 세우고 성령 충만함으로 병을 고치고 이적을 행할 수 있다. 하나님이 우리 안에 계실 때 이런 일들이 일어난다. 이것은 내 능력이 아니고 하나님의 능력이다. 바로 '예수님의 영'이 우리와 함께하시기 때문이다. 만일 우리에게서 예수님의 생명이 나가면 우리는 죽은 자가 된다. 그래서 우리가 자랑할 것은 십자가의 능력뿐이다. 이러한 사실을 안다면 사람은 스스로 높아질 수가 없다.

예수님은 제자들에게 "나를 믿는 자는 내가 하는 일을 그도 할 것이요 또한 그보다 큰 일도 하리니"(12절)라고 하셨다. 말씀 그대로 예수님은 가나안 땅에만 복음을 전파하셨지만 실제로 바울과 베드로는 온 세계에, 로마와 황제에게 가서 전했다. 베드로가 말씀을 선포하자 하루에 3,000명씩 회개했다. 이는 예수님보다 더 복음을 확장시키는 것이다.

우리나라에도 영적 능력이 있는 목회자가 많다. 그들은 교회를 든든하게 성장시키기도 한다. 그리고 한국의 선교사들이 전 세계에서 큰 활동을 하고 있다. 영적 능력이 강하여 전 세계적으로 영적 도움을 주는 사람들이 많다. 지금은 마지막 때이기 때문에 하나님이 강력한 은혜를 쏟아부으시는 것 같다. 정말 기대가 되는 시대다.

3. 우리도 시행하자(13절)

주님은 "너희가 내 이름으로 무엇을 구하든지 내가 행하리니"(13절)라고 하셨다. 그렇다면 주의 사명자들은 중요한 것을 구해야 한다. 내 자신이 먼저 깨끗해진 후에 강한 능력이 있어야 한다. 그래서 설교할 때나 전도할 때 강력한 하나님의 능력과 비밀이 나타나야 한다.

능력자는 성도들에게 회개할 죄를 가르쳐주어 깨끗해질 기회를 주고, 병들고 사탄에게 괴로움을 받는 사람이 있다면 "예수 그리스도의 이름으로 사탄아 물러가라, 병은 나아라, 축복받을지어다" 하며 예수님 이름의 능력과 권세를 사용하여 명령하자. 그뿐 아니라 더 큰 일을 행할 수 있을 것이다.

중요한 것은 예수 그리스도의 영이 우리 안에 들어오셔야 이 모든 소원이 가능하게 된다. 예수님 안에 하나님이 계셨던 것처럼, 사도들 안에 예수님이 계셨던 것처럼, 우리 안에 주님이 계셔야 한다.

예수님처럼 베드로처럼 되지 못한 것은, 주님이 우리 안에 계시지 않았거나 예수님이 계시는데도 일을 안했다는 이야기다. 전기 콘센트에 코드를 꼽아야 기기가 움직이듯이 우리가 주님께 붙어 있어야 성령이 오시고 그래야 복음이 전파되고 기적을 행하게 된다.

예수님의 이름으로 복음을 전하고 병을 고치면 주님이 오셔서 시행하신다. 중요한 것은 주의 이름으로 해야 한다. 주님을 의지해야 주님이 시행하신다. 내가 일한다고 생각하면 어리석은 것이다. 나는 도구가 되는 것뿐이고 주님이 나를 통해 일하시는 것이다. 예수가 없는데 소리를 지른다고 사탄이 떠나가지 않는다.

42장

계명과 하나님의 사랑

본문 요한복음 14:15–21

주님은 십자가에서 죽으셨는데, 이는 원수와 싸울 힘이 없어 붙잡혀 죽으신 단순한 죽음이 아니다. 하나님의 섭리 가운데 피 흘리심으로 우리의 죄를 대속하시기 위해 죽으신 것이다. 그리고 부활하신 후에 우리의 처소를 예비하러 하늘로 올라가셨다.

천국의 아름다운 집을 짓기 위해 가셨다. 제자들을 천국으로 데려가시기 위해 준비하시는 것이다. 죽음을 대비해 집을 준비하시는 것을 기분 나빠 할 것이 아니라, 천국을 예비해주심에 감사해야 한다.

주님이 예비하신 천국길이기에 주님을 통해서만 천국에 갈 수 있다. 주님이 길이시기 때문이다. 주님이 하늘로 가시고 나서 제자들이 천국에 가기 전에는 무슨 재미로, 무슨 즐거움으로 살아야 하는지 걱정할 필요가 없다. 주님이 대신 보내신 보혜사 성령님과 함께하며, 예수님이 그동안 가르쳐주신 명령을 지키면 된다. 천국 백성이기에 철저한 순종이 필요하다. 주님은 하늘에 계시지만 이 땅에도 계시며 우리를 보고 계신다. 그러므로 그분의 말씀 즉 하나님의 말씀을 지켜야 한다.

1. 보혜사 성령을 주신다(16절)

주님은 주님의 말씀을 순종하며 지키게 하기 위해 보혜사이신 성령을 보내주신다고 약속하셨고, 그 말씀대로 제자들에게 성령이 강하게 임하셨다. 성령이 임하신 일은 예수님이 이를 하나님께 구하셨기 때문이다. "내가 아버지께 구하겠으니"(16절).

인생들이 약해서 하나님의 말씀을 제대로 알지 못하고 지키지 못하기 때문에 성령님이 도우셔야 한다. 보혜사는 우리의 협조자시다. 성령님이 돕지 않으시면 우리는 욕정과 정욕과 어두움의 영들이 시키는 대로 살 수 밖에 없다. 내 힘대로 무엇을 하겠는가.

유명한 대학을 나오고 건강미가 넘치며 교회에서 중요한 직분을 맡고 똑똑하다고 해서 죄를 이길 수 없다. 인간의 조상 아담과 하와가 범죄함으로 후손인 우리는 죄에 약할 수밖에 없다. 인간은 어디까지나 흙이기에 한없이 나약하고 무능하다. 우리 안에서 성령님이 떠나시면 무가치하다. 성도들은 주님이 구하여 우리에게 보내주신 성령님을 모심으로 그분의 도움 속에서 살아야 한다.

2. 세상은 그분을 모른다(17절)

주님은 보혜사 성령님이 이렇게 귀하신 데도 "세상은 능히 그를 받지 못하나니"(17절)라고 하셨다. 성령님은 진리의 영이시기에 진리이신 예수 그리스도를 모르면 성령님을 받을 수 없고 같은 원리로 성령님을 알지도 못한다. 그들이 성령님을 받지 못하는 이유는 그를 보지도 못하고 알지도 못하기 때문이다(17절). 제자들에게는 "그러나 너희는 그를 아나니"(17절)라고 하셨다.

주님이 이 말씀을 하신 이유는 성령님이 너희 안에 거하시기 때문이라고 하셨다. 성령님이 내 안에 거하시면 알 수 있다. 예수 그리스도를 마음에 믿고 받아들인 사람만 성령님을 받을 수 있고, 그분이 역사하시기에 성령님이 내 안에 오신 것을 알 수 있다(17절).

성령님은 육의 눈으로는 보이지 않고 누구나 쉽게 만날 수 있는 분이 아니시다. 육으로 오신 주님도 못 믿는데 보이지 않는 성령님을 받기는 더 어렵다.

성령님의 도우심을 받고 승리의 삶을 살기 원하면 먼저 그리스도를 모셔야 한다. 우리의 능력으로 아무리 노력하고 공부한다고 해도 보혜사 성령님을 볼 수는 없다. 만나지도 못하고 그 존재 자체도 모른다. 성령님이 옆에 계셔도 모른다.

예수 그리스도를 진실로 마음에 모시면 그 자리에 성령님이 계시니 자연히 내 안에 보혜사 성령님이 계신 것을 알게 된다. 예수님만 모시고 보혜사 성령님을 모시지 않을 수 없고 성령님만 모시고 예수님을 마음에서 내보낼 수도 없다.

3. 성령은 있는 자에게 더 오신다(17절)

"그는 너희와 함께 거하심이요"(17절)라고 주님이 말씀하셨다. 과거에 이미 제자들에게 있었는데 보혜사 성령이 더 충만히 임하시는 것이다. 그러므로 성령은 조금 거하실 수도 있고 충만히 거하실 수도 있는 영이시다. 그리고 상상하기 어려울 만큼 충만히 거하실 수도 있다.

마가의 다락방에서 120문도가 기도할 때 성령이 강력하게 임하셨다. 그러나 성령이 사도나 제자들에게 처음 임하신 것이 아니다. 제자들이 주님과 함께 있으면서 전도하러 나갔을 때 병이 치료되고 사탄이 하늘에서 떨어졌다. 성령님이 계신 증거다. 그러므로 이미 마음 안에 성령님이 계시지만 더 기도하고 간구하면 더 강력하게 충만히 거하시는 것이다.

4. 성령은 그리스도를 모신 사람에게 나타나신다(21절)

계명을 지키는 것이 하나님을 사랑하는 것이다. 마음속에 하나님의 명령이 새겨져 있고 하나님의 사랑으로 이웃을 사랑하는 마음을 가진 사람이 그리스도를 모신 사람이다. 하나님의 계명을 지키고 기도하고 봉사하고 헌신함을 통해 행동으로 옮겨야 한다. 예수님이 예루살렘을 떠나지 말고 기도하라고 하신 말씀을 지키고 순종하자 성령이 오셨다.

계명을 지켜야 하나님의 사랑을 받는다. 하나님의 명령대로 순종해야 한다. 기독교는 순종을 집요하게 요구한다. 기독교는 이론이나 지식의 종교가 아니다. 실천의 종교다. 하나님을 사랑하고 법을 지키면 주님이 나타나신다(21절). 성령님의 역사로 좋은 열매로 나타나신다. 주님을 진실로 섬긴다면 하나님은 우리를 고아처럼 버려두지 않으신다.

고아는 아무것도 할 수 없다. 손과 발이 묶이고 마음이 닫혀 있다. 하나님이 나타나셔야 우리가 산다. 홍해를 가르시고 만나를 먹이시고 땅을 주시고 집을 주시고 전쟁을 이기게 하시고 오병이어의 역사를 일으키시는 하나님이 함께하시면 만사형통이다.

우리가 진실로 예수 그리스도를 사랑하고 그분의 계명을 충실히 지키고 그분을 모신다면 주님이 우리 생활 전반에 나타나실 것이다. 하나님은 자신을 세상 사람들에게 특히 자신의 종에게 나타내기를 좋아하신다.

43장

내 나라

본문 요한복음 18:33-37

예수님은 십자가에 달려 돌아가시기 전에, 유다에 부임한 총독 빌라도에게 재판을 받으셨다. 빌라도와 예수님과의 대화에는 중요한 내용이 많다. 특히 나라에 대한 대화가 그렇다.

빌라도가 "네가 유대인의 왕이냐"(33절) 하고 예수님에게 물었다. 그리고는 "네 나라 사람과 대제사장이 너를 내게 넘겼으니"(35절)라고 말했다. 한마디로 빌라도의 눈에는 유대 사람들 내부에서 반란이 일어난 것으로 보였다.

빌라도는 예수님이 유대사회에서 공인되지는 않았지만 왕이면서도 조직 관리를 잘못하여 정권 유지에 실패한 것에 초점을 맞추고 그 이유를 궁금해했다. 그러니까 네 나라 사람과 대제사장이 내게 넘겼다고 말한 것이다.

하지만 예수님은 내가 왕인 것은 확실한데, 네가 생각하는 대로 왕의 자리에서 쫓겨나 실패한 것은 아니라는 것을 확실히 하셨다. 왜냐하면 예수님의 나라는 이 세상에 속해 있지 않기 때문이다. 이 세상에 속했다면 주님께 속한 종들이 칼을 들고 싸워서 주님이 유대인에게 체포되지 않게 했을 것이다(36절).

1. 반란

이 세상은 주인이신 하나님에게 그 종들이 반란을 일으킨 나라다. 이 세상 나라의 권세를 종들에게 주었더니, 못된 종들이 주인의 아들인 왕에게 반란을 꾀하고 있다(막 12:1-12 참고). 결국 그들은 참된 왕이신 예수 그리스도를 죽이려고 했다. 주님은 직접 그들과 싸워 이기시고 그들을 죽일 수도 있지만 그들과 싸우지 않으셨다(36절).

이 땅에는 세상을 다스리는 공중 권세 잡은 강력한 사탄의 영들이 있다. 그리고 그들에게 조종을 받아 이 세상을 통치하는 사람들이 있다. 그들은 정치, 종교, 사회 속에서 강력한 힘을 가지고 있다.

또한 현재 내 몸과 영혼에도 악한 영들의 반란이 일어났고 지금도 일어나는 중이다. 우리 주변 어디를 가든지 악한 영의 반란이 일어나 모든 영역에서 거짓의 아비가 조장하고 있다. 공중의 권세 잡은 자의 세상이라 그들에게 충동질받아 반역을 일으키고 있다. 반란의 목표는 사람이 그리스도를 섬기지 않고 계명을 지키지 않는 것이며 사탄을 주인과 왕으로 섬기도록 하는 데 있다.

2. 하늘나라의 왕이신 예수

예수님은 빌라도의 물음에 "내가 왕이니라"(37절)고 하신 것처럼 분명한 천국의 왕이시고 곧 십자가에서 승리하고 부활하신 후 승천하셔서 하늘 보좌에 앉으시고 온 세상을 통치하실 것이라고 제자들에게 말씀하셨다. 이 세상에는 잠깐 계시는 것이 하나님의 계획이시다. 주님은 이 세상에서 세상의 왕들처럼 권세를 얻기 위해 오신 것이 아니다. 이 세상에는 하나님 나라를 굳건히 세우고 주님의 백성을 찾으러 오신 것이다. 또한 예수님은 왕으로서 진리에 대해 증언하러 오셨다(37절).

주님은 참된 왕으로서 진정한 나라는 천국에 있으니 너희는 내 백성으로서 천국에 함께 가자고 오셨다. 이 세상의 나라들과 비교할 수 없는 좋은 나라의 왕으로서 그것을 증거하러 오신 것이다. 사실 하늘도 땅도 다 주의 것이다. 그러나 죄로 물든 이 세상은 지금은 온전해보일지라도 장차 심판의 대상이며 영원한 나라는 영적인 나라, 하늘나라 밖에 없다. 그곳은 육신을 버리고 가는 나라다.

우리는 참된 왕이시고 빛이신 예수 그리스도 안에 거해야 산다. 빛이 비추어야 어둠이 물러간다. 그 강하신 빛을 우리 몸에 소유하면 어둠은 멸망한다. 어둠이 물러가야 진정한 빛의 생활을 할 수 있다. 우리는 예수 그리스도의 나라, 천국의 백성이므로 이 세상에 지나친 관심을 갖지 말아야 한다. 우리가 갈 곳은 천국이고 우리가 섬길 분은 천국의 왕이신 예수 그리스도 한 분뿐이시다.

3. 이 세상에 바벨탑을 쌓지 말자

진정으로 예수 그리스도를 왕으로 믿는다면 이 땅에서도 주님을 왕으로 모시고 사역이나 사회 생활을 해야 한다. 또한 주님은 이 세상도 다스리시지만 무엇보다 천국을 통치하신다. 우리가 구원을 얻는다면 주님 나라에 가서 그분의 백성이 된다. 그리고 주님이 주신 면류관과 집과 직분과 무엇보다 큰 고을을 맡을 수도 있다.

단순히 구원받는 것으로 만족하지 말자. 우리 주변에는 단순히 구원이 모든 상급의 전부라고 생각하는 사람이 많다. 구원받은 자에게 허락하시는 수많은 상급을 기다리는 것이 정상이다. 그 나라에서 주님께 칭찬 들으며 큰일을 감당하려는 소망을 가져야 한다. 천국을 바라본다고 하면서 여러 종류의 자기 성을 쌓는 경우가 허다하다. 이것이 바벨탑이다. 혹 지금 내가 이 세상에서 축복과 사역을 빙자한 바벨탑을 쌓고 있지는 않은지 돌아보아야 한다.

6부 | 고난과 부활

44장

가룟 유다

본문 마태복음 27:1–10

가룟 유다는 예수님의 열두 제자 중에 한 사람인데 선생이신 예수님을 팔아넘겼다. 예수님이 계신 곳을 대제사장들과 악한 무리에게 가르쳐주고 은 삼십을 받았다. 주님은 잡히시기 전에 떡 한 조각을 주시면서 분명히 "내가 떡 한 조각을 적셔다 주는 자가 그니라"고 하시면서 회개할 기회를 주셨으나 그는 회개하지 않았다. 그때 사탄이 들어갔다. "조각을 받은 후 곧 사탄이 그 속에 들어간지라"(요 13:27), 가룟 유다가 그때 회개만 했어도 사탄이 들어가지 않았다.

사탄은 상상의 존재가 아니다. 동화책에 나오는 황당한 이야기는 더욱 아니다. 육의 눈에는 보이지 않지만 영적으로 실존하는 존재다. 그러므로 거라사 지방의 돼지 떼에게 들어가듯, 가룟 유다의 몸 속에 들어갔다. 누구나 죄를 지으면 악령이 그 몸과 영혼에 들어간다. 그리고 악령이 들어가면 그 만큼 더 죄를 짓게 된다.

1. 가룟 유다의 뉘우침

새벽에 대제사장과 장로들이 예수님을 죽이려고 함께 의논했다(1절). 그리고 예수님을 결박하여 끌고 가서 빌라도에게 넘겼다(2절). 가룟 유다는 예수님이 유대의 지도자들에게 결박되고 죄인으로 정죄당하는 것을 보고 스스로 뉘우쳤다. 가룟 유다는 주님이 잡히고 죄인이 되어버린 것에 깜짝 놀랐다.

가룟 유다는 반대자들이 예수님을 체포하려 한다면, 예수님도 강력하게 반발하시고, 일대 큰 충돌이 벌어지면 예수님을 따르는 자가 많기 때문에 예수님이 이기실 것이고, 예수님이 유대 사회에서 강력한 리더십을 소유할 것이라고 생각했다.

그리고 자연스럽게 예수님이 세상의 왕이 되실 거라 생각했는데 오히려 정죄당하는 것을 보고 '이게 아닌데' 하고 후회했다.

예수님이 쉽게 붙잡히고 무능하게 처신하실 줄 가룟 유다는 꿈에도 생각하지 못했다. 주님은 의로운 분이시고 강력한 능력을 갖고 계셔서 어떤 어려움도 극복해내실 거라고 믿었다. 가룟 유다가 선생님이 왕이 되시지 않고 가만히 계시는 것이 답답하여 잡히시도록 일을 꾸민 것이 어긋났다.

2. 가룟 유다의 속죄(3절)

자신이 지금 선생님을 팔아 문제가 커진 것을 인지한 가룟 유다는 자신의 죄를 깨달았다. 그는 대제사장과 장로들에게 받은 은 삼십을 도로 갖다 주었다(3절). 그리고 자신의 의도를 분명히 밝혔다. "내가 무죄한 피를 팔고 죄를 범하였도다"(4절). 그는 돈이 극도로 탐나서 선생님을 판 것이 아니었다.

만일 돈 때문이었다면 예수님이 잡히신 것이 그에게 충격이 될 수 없었다. 그가 돈을 갖고 멀리 도망갈 수도 있었는데 가지 않은 것은 그의 진심이 돈이 아니었다는 것을 말해준다. 그는 자신이 돌려준 돈을 대제사장들이 받지 않자 성소에 던져넣고 돌아갔다(5절). 가룟 유다는 선생을 팔았으나 결국 돈을 안 받은 것이나 다름없었다.

가룟 유다는 그 길로 목매어 죽었다(5절). 자신의 죄를 깨닫고 속죄하기 위해 스스로 목숨을 버리는 책임감을 보여주었다. 대제사장들은 죽은 유다가 던져놓고 간 돈을 피값이라고 말하면서 그 돈을 성전고에 넣지 않고 토기장이의 밭을 사서 나그네의 무덤으로 하자고 했다. 가룟 유다가 예수님을 잡는 데 공헌했으니 이미 이루어진 사건에 대해 돈을 돌려받지 않았다.

3. 목표가 달랐다

예수님의 재정 담당으로 유능했던 가룟 유다는 예수님과 목표가 달랐다. 주님은 하나님의 나라를, 유다는 세상 나라의 회복을 추구했다. 사실 다른 제자들도 세상 나라를 꿈꾸었다. 그러나 가룟 유다는 자신이 목표하는 방향으로 예수님을 움직이려고 했다.

내가 주님을 팔아서 주님이 위험한 상황에 처하면 혁명이 시작될 계기를 만들 수 있을 것이라 생각했지만 뜻대로 되지 않았다. 그는 자신의 실수를 깨닫고 자살로써 책임을 졌다. 자살이 결코 옳진 않지만 자신의 잘못을 자살로써 책임을 졌다. 어느 시대이든지 목숨으로 책임지는 자가 별로 없다.

오늘날 주의 제자 된 사람들은 주님과 같은 방향의 목회를 하고 있는지 스스로 점검해봐야 한다. 가룟 유다와 같이 주의 뜻을 분별하지 못하고 엉뚱한 방향으로 갈 수도 있기 때문이다. 그리고 크게 잘못되었을 때는 목숨도 내놓겠다는 각오가 있어야 한다. 그런 각오가 있어야 진정한 회개를 할 수 있다.

4. 가룟 유다에 대한 평가

성경에 보면 가룟 유다가 지옥에 갔다는 구절이 없다. 사도행전 1장 25절에 "유다는 이 직무를 버리고 제 곳으로 갔나이다"라고 기록되어 있는데 이것을 두고 지옥에 갔다고 말하는 것은 비약으로 보인다.

가룟 유다가 지옥에 갔다거나 '자살하면 지옥에 간다'는 지도자들의 발언은 자신이 성경 앞에서 더 깊이 묵상하고 연구해보아야 한다. 물론 자살해도 괜찮다고 할 수는 없지만, 그것을 구원과 결정적으로 일치시키는 것은 위험한 일이다.

누구든지 구원은 믿음으로 받는 것이고, 하나님의 은혜로 받는 것이다. 자신의 행위로 구원받는 것이 아니다. 우리는 주님을 판 가룟 유다의 편을 들 이유가 없다. 아주 악한 사도다. 그러나 가룟 유다는 '주님이 그리스도가 아니라'고 말하지 않았다. 가룟 유다는 '배교자가 아니며' 다른 '우상을' 섬기지도 않았다. 그는 주님을 믿었다.

45장

고난당하는 예수님과 사람들

본문 마태복음 27:19-26

예수님 주변에는 여러 사람들이 있었다. 그들은 제각기 예수님께 대한 나름의 생각과 믿음을 갖고 있었다. 예수님은 이 땅에서 3년여 동안 활동하셨는데 주님에 대한 사람들의 생각은 어떠했을까? 오늘은 예수님을 십자가에 못 박아 죽이려고 하는 상황에서 사람들이 어떤 태도를 보였는지를 살펴보려고 한다.

1. 총독의 아내(19절)

총독의 아내는 총독이 재판석에 앉아 예수님을 심문할 때에 총독에게 사람을 보냈다. 그러고는 "저 옳은 사람에게 아무 상관도 하지 마옵소서 오늘 꿈에 내가 그 사람으로 인하여 애를 많이 태웠나이다"라고 했다. 총독의 아내는 예수님을 놓아주라고 했다. 예수님은 옳은 사람이기에 죽이면 안될 사람이라는 것을 꿈을 통해 알았다.

그러나 그 이유가 그분이 메시아이시기 때문은 아니었다. 단순하게 옳은 사람이고 그 때문에 꿈에서도 안타깝게 생각했으니 놓아주라고 한 것이다. 어쨌든 총독의 아내는 주님이 벌 받을 사람이 아니라고 믿었던 것이 분명하다. 그리고 재판권이 있는 남편에게 자신의 뜻을 적극적으로 전달했다.

2. 대제사장과 장로 등 유대의 최고 지도자들(20절)

대제사장과 유대 지도자들은 예수님이 무리를 선동하고 자신들의 기득권을 빼앗는 적이라고 생각했다. 위기 의식을 느낀 그들은 자신들을 따르는 무리를 권하고 선동하여 예수를 죽이고 바라바를 놓아달라고 소리치게 했다(20절).

바라바는 흉악한 강도로서 유대인 공공의 적이었기 때문에 정상적인 정신을 가지고는 바라바를 놓아줄 수 없었으나, 예수님을 죽이기 위하여 모험을 한 것이다. 결국 예수님은 바라바보다 더 흉악한 죄인이 되어 버렸다.

예수님과 바라바 둘 중에 예수님이 더 위험 인물이기 때문에 흉악한 강도이지만 차라리 바라바를 놓아주라는 것이다. 당시의 종교 지도자들이 무리를 충동질하고 생명 되신 예수님을 죽이는 일에 백성들이 동참하도록 했다. 살인교사를 한 셈이다. 종교 지도자들은 예수님을 죽이는 범죄의 자리에 백성들도 함께 동참하도록 하여 모두 망하는 길로 가게 했다. 목자가 양을 죽이는 길로 인도한 꼴이다.

최고의 종교 지도자인 대제사장쯤 되면 하나님의 음성을 듣든지 환상을 보든지 천사가 나타나든지 하여 '예수님이 하나님의 아들'이신 것을 알아볼 눈이 있어야 하는데 그렇지 못했다. 맹인이 맹인을 인도하는 모습이다. 이것이 당시 종교 지도자들의 상태다.

3. 빌라도(24절)

유대 지역을 관할하고 있던 빌라도는 민란이 일어나는 것을 두려워했다(24절). 그래서 수천 명이 소리를 지르며 예수님의 죽음을 요구할 때 그 요구를 들어주지 않으면 민란이 일어나서 자신이 제대로 총독의 역할을 감당하지 못했다는 평가를 듣는 것이 두려웠다.

그래서 자신의 판단이나 아내의 권고를 생각해보아도 예수님이 죄가 없으신 것을 알았지만, 예수님을 죽음의 자리에 내던질 수밖에 없었다. 왜냐하면 예수님을 죽이겠다고 해도 예수님의 편을 들어 반항하거나 폭동을 일으킬 사람들이 거의 없는 상황이었다. 백성과 종교 지도자의 말을 듣는 것이 훨씬 수월한 상황이었다.

한 사람이 죽어 유대 지역이 조용히 평정된다면 자신에게는 더 낫다고 생각했던 것이다. 그래도 무고한 사람에게 사형 선고를 내림으로 양심의 가책과 천벌 등으로부터 자신을 보호하고자 사람들이 모두 보는 앞에서 손을 씻었다. 그리고 이 사람의 죽음은 자신과 상관없다고 선언했다. 한 생명의 죽음 앞에서 자신의 책임을 회피하는 소극적인 태도를 보이고 있다.

환경이 아무리 예수님을 사형시키는 쪽으로 몰아갔다고 해도 이 죽음에 대한 책임을 빌라도는 피할 수 없다. 결정은 자신이 한 것이기 때문이다. 어쩔 수 없었다고 핑계를 대도 예수님을 죽음에 내준 사람은 빌라도이기 때문이다.

4. 백성들(23절)

백성들은 자신들이 무슨 일을 하는지 모르고 지도자들의 선동에 넘어가 예수님을 십자가에 못 박아야 한다고 소리쳤다(23절). 그보다 한술 더 떠서 요구를 들어주지 않으면 민란을 일으킬 것처럼 달려들었다. 총독이 죄 없는 예수님을 어떻게든 풀어주려고 백성들을 설득했으나 그들은 더 분노하며 악을 썼다.

특히 더 나아가 죄 없는 예수님을 죽이는 일에 나는 상관없다고 빌라도가 손을 씻을 때 "그 피를 우리와 우리 자손에게 돌릴지어다"(25절) 하고 당당히 이야기했다. 백성들은 틀린 결정을 요구했지만 자신들이 하는 행위에 책임성을 가졌다.

피는 생명이므로 피값은 중요하다. 예수님을 죽인 피가 만일 잘못되었다 해도 그 값을 자신뿐 아니라 죄 없는 자손에까지 미치도록 백성들은 요청했다. 이는 자신이 잘못했으면 나와 내 자식의 목숨을 걸겠다는 대단한 발언이다. 사실 어떻게 보면 군중의 생각은 잘못되었지만 책임지려는 태도는 진실했다.

사실 남을 비판하고 죽이려 한다면 이렇게 자신과 자식을 내어주어도 좋을 만큼 확실하고 분명해야 한다. 자신들의 주장이 옳으면 좋고 틀리면 책임을 지지 않는 것은 사악한 일이다. 그런 의미에서 백성들의 외침은 당연했다.

그러나 문제는 그들의 확신과는 달리 예수님의 죽음은 확실하게 모든 사람이 잘못한 행위였다. 그리고 그 결과가 너무나 참혹했다.

그들은 자신들의 목적인 예수님을 죽이는 일에 성공했지만 그것은 옳지 않았고 엄청난 죄를 지은 것이었다. 그리고 "그 피를 우리와 우리 자손에게 돌리라"고 했기 때문에, 하나님은 피값을 치르도록 하셨다. 적당한 때

즉 약 40년 후에 로마 군대가 쳐들어와서 예루살렘과 그 나라 백성들을 완전히 멸망시켰다. 그때 수많은 유대인이 죽었다.

그리고 지금까지 2000년 역사가 흐르는 동안 여러 나라에 흩어져 살던 수많은 유대인이 억울하게 죽고 고통당했다. 유대인의 고난은 예수님을 죽인 자기 조상들의 죄 때문이며, 이 엄청난 징계에서 벗어나려면 예수님을 죽인 것을 온 민족이 회개해야 죄값에서 벗어난다.

군중 심리라는 것이 이렇게 무섭다. 숫자가 많다고 옳은 것은 아니다. 다수결로 밀어붙인 이 사건은 예수님을 집단으로 살해한 것이다. 공산당 즉결 심판과 같다. 그리고 그 후유증은 수천 년이 지나도 해결되지 않는다.

이 백성들의 태도에서 우리가 배울 것이 있다. 남을 비판하고 벌하려면 유대 백성과 같은 진실성을 갖자. "내가 잘못했다면 나와 내 후손이 벌을 받아 피 흘려 죽어도 좋다"고. 그 자세에는 진실성이 있다.

5. 주님의 제자들과 여인들

주님의 제자 중 가룟 유다가 주님을 파는 데 앞장섰다가 자신의 계획과 다르게 상황이 돌아가자 책임을 지고 자살했다. 예수님의 제자로 충성하고 주님을 믿었지만 이렇게 참혹한 실수로 인생을 마칠 수 있다. 그러나 다른 제자들도 별로 칭찬할 것이 없다. 수제자인 베드로는 세 번씩이나 주님을 부인했고 주님이 십자가에 달리실 때 요한 외에 다른 제자들은 모두 도망갔다(요 19:26).

하지만 여인들은 십자가 아래에서 주님을 지켰다. "그 중에는 막달라 마리아와 또 야고보와 요셉의 어머니 마리아와 또 세베대의 아들들의 어머니도 있더라"(마 27:56). "살로메가 있었으니"(막 15:40). "또 이 외에 예수와 함께 예루살렘에 올라온 여자들도 많이 있었더라"(막 15:41). "예수의 십자가 곁에는 그 어머니와 이모와 글로바의 아내 마리아와 막달라 마리아가 섰는지라"(요 19:25). 또한 아리마대의 부자 요셉이 저녁에 찾아와 묘실을 제공했다(마 27:57).

예수님을 따르면서도 결정적인 순간에 배신하고 떠난 사람들도 있고 어떤 사람들은 끝까지 함께했다. 끝까지 함께하는 은혜를 받아야 한다.

46장

하나님의 작품

본문 마태복음 27:62–66

예수 그리스도가 사형 선고를 받으시고 십자가에 달려 죽으셨지만 이는 정식 재판을 거치지 않았기 때문에 집단에 의한 살해당하신 것이라고 할 수 있다. 이것은 인류의 가장 큰 잘못이요, 우리 인간의 수치다. 예수님의 죽으심은 우리 인간들의 잘못된 판단 때문이고 사탄의 계략이 성공한 것이다. 그러나 영적으로는 하나님의 뜻이 이루어진 것으로 주님의 죽으심은 종합적인 의미를 지닌다.

1. 예수님의 죽임을 모의하다

당시 유대 사회에는 예수님을 죽이기 위한 다양한 사람들의 연합 전선이 형성되었다(62절). 대제사장과 바리새인들이 빌라도에게 갔다(62절). 또한 서기관과 장로들이 합세했다(막 15:1). 헤롯과 빌라도는 전에는 원수였으나 어찌된 영문인지 당일에 서로 친구가 되었다(눅 23:12). 그리고 백성들까지 예수님을 죽이는 일에 합세했다.

특히 종교인들은 각기 신조가 다르고 신앙도 달랐다. 대제사장과 사두개인들은 영도 믿지 않고 부활이 없다고 했으나 바리새인들은 영과 부활을 믿었다. 극단과 극단이었다.

거기에 권세자인 빌라도는 손을 씻으며 예수님의 죽음에 대한 책임을 회피했다. 이는 그 죽음에 동조한 것이나 마찬가지다. 그리고 헤롯과도 뜻이 맞았으니 이런 사람들이 모두 하나가 되었다. 물과 기름처럼 전혀 다른 물질로 한데 섞일 수 없을 것 같던 다양한 사람들이 예수님을 죽이는 일에 하나가 된 것이다. 국민 대통합이 이루어졌다.

이것은 사탄의 강력한 역사로서만 가능하지 인간의 정치력으로는 결코 할 수 없는 일이었다. 사탄은 이처럼 주님을 십자가에 매달려고 총동원을 했다. 그리고 연약한 인간들은 추악하게 이용당했다.

당시 무엇보다 가장 앞장섰던 대제사장은 사두개인이었는데 로마에 돈으로 성전 운영권을 샀다. 그들은 부활과 천국을 믿지 않는 자가 대부분이었으니 진정으로 하나님을 믿는다고 할 수 없다. 하나님을 정통적으로 믿지 않는 자가 성전의 운영권을 사서 마음대로 운영한 것이다. 그런 추악한 인물이 오히려 성전의 본체이신 예수님을 유혹하는 자라고 매도했다(63절).

정치와 종교의 기득권자들은 예수님을 자신들의 입지를 흔들고 분열시키고 사회에 분란을 일으킬 사람으로 보았다. 사람들을 선동하고 인기몰이를 통해 자신들의 이익을 빼앗고 밥줄을 끊어지게 할 사람이라고 예수님을 생각했다. 그래서 먼저 자기편 사람들을 선동하고 사형권이 있는 빌라도를 몰아붙여 예수님을 죽였다.

2. 삼 일 만에 부활하신다는 말씀을 기억하다(63절)

예수님은 자신의 죽음과 함께 부활을 미리 예언하셨다. 제자들은 이를 믿지 못했으며 대제사장들과 바리새인들도 이 소문을 들었지만 믿지는 않았다. 대신 그들이 염려한 것은 그리스도의 부활이 아니라 예수님의 제자들이 무덤에서 예수님의 시체를 훔쳐간 후에 빈 무덤을 만들어놓고 예수님이 부활하신 것처럼 말하고 다닐 것을 두려워했다. 세상에는 그런 일이 얼마든지 일어날 수 있기 때문이다.

하지만 이런 의심의 생각 자체가 잘못된 설정이다. 이는 자신들이 비열한 수를 잘 쓰기 때문에 다른 사람도 그럴 것이라고 생각한 것이다. 빌라도도 대제사장들과 바리새인들의 말을 듣고 "너희에게 경비병이 있으니 가서 힘대로 굳게 지키라"(65절)고 허락했다. 그들은 자신들의 경비병들을 보내어 무덤 문을 지키게 했다.

3. 부활은 하나님의 역사하심이다(마 28:2)

그런 철통 같은 경비 속에서도 주님은 부활하셨고 무덤을 열고 나오셨다. 창조주가 가냘픈 인간들이 지키고 있다고 영원히 무덤에 갇혀 계실 수 없다. 하나님의 신인 성령이 역사하심으로 주님은 살아나셨다. 그리고 큰 지진이 나면서 닫힌 무덤 문이 열렸다. 돌문이 굴러 떨어져버렸고 그 위에 천사가 앉아 있었다. 주님은 그 자리에서 잠시 떠나계셨다. 그러므로 안식 후 첫날 사람들이 새벽부터 무덤에 갔지만 예수님의 시체를 볼 수 없었다.

예수님의 시체가 발견되지 않는 것은 제자들이 훔쳐간 것이 아니라 하나님이 일으키신 것이다. 그 기적은 무덤 안에서 일어났다. 훔치는 것은 밖에서부터 무력으로 행함을 말한다.

제자들은 시체를 훔쳐갈 수가 없다. 주님이 잡히실 때도, 십자가에 달리실 때도 도망친 제자들이 무슨 힘과 용기로 자기 스승이 죽은 마당에 경비병이 무기를 들고 지키는 무덤을 열고 시체를 둘러업고 도망갈 수 있겠는가? 그런 상황 설정은 불가능하다.

죽음과 부활의 문제는 하나님이 일으키시는 것이다. 기적과 구속사를 이끄심에 있어서 인간의 노력과 힘은 필요치 않다. 하지만 인간들은 그들이 할 수 있는 일인 줄 알고 인간의 방법으로 해결하려고 한다. 제자들도 주님의 죽음과 부활을 순전히 인간적으로만 보았다. 그들은 아직도 영적으로 미숙했다. 하나님의 일을 사람이 막거나 시도하거나 왜곡할 수 없다.

하나님이 예수 그리스도를 죽음에서 일으키심은 무덤 안에서부터 성령의 역사로 주님이 죽음에서 살아나시는 일이다. 성령은 살리는 영으로서 그 안에 생명이 있다. 죽어 있는 시신에 성령이 역사하시면 살아난다. 생기 즉 성령만 들어가시면 되는 것이니 예수님의 탄생과 부활은 같은 것이다. 아담과 같이 흙에 생기를 불어넣으시면 사람이 되는데 예수님의 부활은 얼마나 더 쉬웠겠는가.

그렇기에 주님의 부활은 무력으로 한 것이 아니다. 인간으로서는 아무도 도와줄 수 없다. 의사도 제사장도 무덤 안의 죽은 자에게 생명을 줄 수 없다. 그러나 하나님은 다시 살리셨고 예수님은 무덤 문을 열고 나오셨다.

이처럼 부활은 인간의 노력과 수고가 전혀 들어 있지 않은 성령의 능력이다. 아담도 흙에 성령이 들어가서 사람이 되었고 하와도 갈비뼈에 성령이 들어가서 사람이 되었고 예수님도 시체에 성령이 들어가서 다시 사셨다.

주님의 부활은 하나님의 역사가 분명하고 인간의 행위는 전혀 필요 없었다. 창조, 구속, 부활, 재림, 천국은 모두 하나님의 작품이다.

47장

말씀하신 대로 사심

본문 마태복음 28:1-6

막달라 마리아와 다른 마리아가 예수님이 묻히신 무덤에 찾아갔다. 새벽 이른 시간에 그들은 주님을 가엾게 여기는 마음으로 찾아간 것이다. 그때 큰 지진이 일어났다. 그리고 예수님이 묻히신 무덤에 천사가 나타났다(2절). 천사가 하늘에서 내려와 무덤을 막았던 큰 돌을 굴려내고 그 위에 앉았다. 그 형상이 번개 같고 그 옷이 눈과 같이 희었다. 하늘의 특징은 밝고 희다는 점이다.

예수님이 태어나실 때도 천사가 나타나 어머니 마리아와 아버지 요셉에게 태어나실 것을 알려주었다. 또한 세례 요한에게 세례를 받으실 때도 하늘에서 음성이 들렸으며 부활하실 때도 천사가 여러 여인들에게 나타나서 예수님에 대한 중요한 말을 전해주었다.

1. 천사와의 대화(5절)

무덤을 지키던 사람들은 천사를 보고 무서워 떨며 죽은 자와 같이 되었다(4절). 믿음 있는 자들이 은혜 생활을 하다가 천사를 보면 좋아하는데 예수님을 죽이는 데 동참했던 죄인들은 천사를 보고 두려워하며 부들부들 떨었다. 얼마나 무서워했으면 경비병들이 죽은 자처럼 됐을까. 경비병들은 자신들이 본 것을 대제사장에게 알렸다.

한편 예수님을 제대로 믿지 않을 것 같은 경비병들이 천사를 보았다는 것은 신비한 일이다. 주님은 부활하신 후에 한 번도 믿지 않는 자에게 나타나신 적이 없었다.

천사 또한 믿지 않는 자에게 나타날 이유가 없다. 그냥 지진이 나서 무덤만 열리면 되는데 반대자들 눈에 천사가 보이도록 하신 것이다. 그들은 주님을 믿지 않고 반대했다. 사탄의 세력도 최후에는 떨면서 죽은 자같이 된다. 부활의 능력은 사탄을 떨게 한다는 징표다.

예수님을 찾아간 여자들도 천사를 보게 되었다. 큰 영광이다. 그 여자들도 천사를 보고 무서워했다(8절). 그들이 무서워한 것은 죄를 지었기 때문이 아니라 영적 존재가 나타났기 때문에 놀란 것이다. 아직은 육에 속한 사람인데 영적 존재인 천사를 본다는 것은 쉽지 않은 일이며 두려운 일이다. 그러나 거룩한 두려움이기에 도망가거나 기절하지 않았다.

천사는 그녀들에게 무서워하지 말라고 친절하게 말하면서 못 박힌 예수를 찾는 줄 아노라고 했다(5절). 천사는 그녀들이 이 무덤에 온 의중을 정확히 알고 있었다. 그리고 예수님이 누차 말씀하신 대로 살아나신 것을 알리고 이 무덤에 와서 누우셨던 곳을 확인해 보라고 했다. 부활하셨다면 그 자리에 주님이 계시지 않을 것이기 때문이다(6절).

천사는 여자들에게 자신의 말을 듣고 그냥 믿고 갈 길을 가라는 것이 아니라 무덤에 들어가 누우셨던 곳을 눈으로 직접 보고 체험하고 정확히 증거하라고 한 것이다. 예수 그리스도의 부활은 몇몇 사람만 알아야 할 비밀이 아니고 숨길 일도 아니다. 누구에게나 밝히 드러낼 수 있는 일이다. 여자들은 두려움과 큰 기쁨으로 소식을 전하기 위해 달려갔다(8절).

2. 말씀하신 대로(마 20:19)

예수님의 부활은 예수님이 미리 '말씀하신 대로'였다. 예수님은 자신이 죽었다가 제삼일에 살아나리라고 미리 제자들에게 예언하셨던 것이다. 예수님의 부활에 대한 말씀과 예수님이 이 땅에 오신 사명을 천사도 미리 알고 있었다. 이는 하늘에서 예정, 결정되어 있었기 때문이다.

제자들뿐 아니라 대제사장과 바리새인들도 예수님의 부활에 대한 예언을 알고 있었다(마 27:63). 그래서 대제사장과 바리새인은 빌라도에게 "내가 사흘 후에 다시 살아나리라 한 것을 우리가 기억하노니"라고 하며 부활을 믿지는 않지만 제자들이 부활을 조작하려고 시체를 훔쳐간 후에 부활했다고 하면 안되므로 무덤을 지킬 수 있게 허락해달라고 한 것이다. 파수꾼들도 이것을 알고 삼 일 동안 잘 지키자고 생각했을 것이다. 믿지는 않았지만 듣기는 했다.

주님은 무엇이든 말씀하신 그대로 이루셨다. 병든 자를 치료할 때도, 귀신을 쫓아낼 때도, 오병이어의 역사를 나타내실 때도 말씀으로 하셨고 그대로 이루셨다. 한 번도 주님이 말씀하신 것이 공수표가 된 적이 없다. 그렇기에 주님의 말씀인 성경은 완전하며 그 말씀대로 모든 것이 이루어질 것이다.

성경을 해석할 때 성령의 감동을 받지 않고 이성적으로 해석하여 하나님의 의도를 왜곡하는 경우도 많지만 분명한 것은 성경 말씀은 그대로 이루어진다는 것이다. 더 나아가 요한계시록에 쓰인 미래와 천국에 대한 말씀도 그대로 이루어진다.

오늘날 사역자들이 예언할 때 빗나가는 예언이 있는데 이는 큰일 날 일이다. 예언이 틀리면 다른 예언까지 의심받게 되고 전체 예언 사역자나 말씀 사역자에게 큰 손실이 된다. 이 시대의 예언은 성경과 동일 선상에 놓을 수 없다. 예언자도 함부로 예언해서는 안 된다. 주님의 말씀이나 성경 말씀과는 다르다.

3. 인류 최대의 사건

예수님의 죽음과 부활은 인류 최대의 사건이다. 제2차 세계대전 당시 수천 만 명이 죽었고 알렉산더, 나폴레옹 등 인류사의 위대한 인물 1,000명을 합한다 해도 감히 이 역사적인 사건과 그 무게와 중요성을 비교할 수는 없다. 주님의 이런 역사는 인류의 구원을 위해서였다(계 14:3).

48장

엠마오로 가는 길

본문 누가복음 24:13-28

1. 예수님이 부활하신 날 사람들의 모습

예수님이 부활하신 날, 여인들은 무덤에 가서 살아나신 주님에 대한 소식을 천사를 만나 듣게 되었다(1절). 평생 천사를 한 번도 본 적이 없고 하나님을 만난 체험이 없으며 영적 음성을 못 듣는 이들도 있는데 이 여인들은 천사를 보고 그 음성을 들을 수 있었다.

그 시대는 여성들이 무시받는 상황이었기 때문에 천사를 만난 것은 대단한 것이었다. 천사와 대화할 수 있는 사람은 사실 어느 시대나 극소수였다.

하지만 이 여인들의 말을 들은 사도들은 허탄한 듯이 생각하여 무덤에 가보지도 않고 그 말을 믿지 않았다(11절). 천사가 나타나서 여인들에게 말했다는 사실 자체를 믿지 않았다.

그 중 베드로는 무덤에 가보고 빈 무덤에 세마포만 있는 것을 확인한 후에 이를 놀랍게 여겼다(12절). 그리고 그냥 집으로 돌아갔다. 베드로가 예수님의 부활을 믿고 할렐루야를 외친 것이 아니다. 그는 천사의 나타남도, 여인들이 천사를 보고 음성을 들은 것도, 주님의 부활도 모두 믿기 어려웠다. 당시 그의 영적 수준이 그 정도였기 때문이다. 오늘날 예수님이 부활하신 것을 보지 못하고도 진정으로 믿고 살아간다면 이때의 베드로보다 낫다고 할 수 있다.

사실 이 성경은 베드로가 주님의 고난과 부활의 사건을 겪었을 때보다 몇 십 년 후에 기록되었고 그 기록 당시에 사도들은 살아 있었을 것이다. 그래서 이런 부끄러운 내용을 빼거나 고칠 수도 있었을 테지만 사도들의 허물을 정확히 기록해놓았다. 우리는 여기서 성경이 사람이 임의로 쓴 것이 아니라 성령이 감동하여 기록한 하나님의 말씀임을 알 수 있다.

2. 엠마오로 가던 두 제자(13절)

두 명의 제자는 엠마오로 내려갔다. 엠마오는 예루살렘과 25리 정도 떨어져 있는 곳이다. 10킬로미터 정도 되는 거리로 가까운 곳이다. 그들은 그곳으로 가면서 예수님이 부활하셨다는 소문에 대해 서로 이야기를 나누고 있었다. 돌아가신 선생님을 생각하는 모습이 제자답다.

그러나 그들은 예루살렘에 머물지 않고 떠났다. 스승이 죽은 후에 그 무덤이 열리고 살아났다는 소문을 듣고 스승의 신변에 이상이 생겼는데도 불구하고 그 현장을 떠났다. 예수님의 부활에 대한 믿음이 없었기 때문이다. 살아나신 것을 믿었다면 그분을 만나기 위해 예루살렘을 떠날 수 없었을 것이다.

예수님의 제자인 그들에게 예수님의 부활 소식은 소문이나 화젯거리밖에 안된 모양이다.

지금도 부활에 대해 말하는 사람들은 많지만 이렇게 각 사람들의 입장이 다르다. 어떤 이는 지식적으로 알고 말하고, 어떤 이는 소문으로, 어떤 이는 화젯거리로, 어떤 이는 의미 없이, 어떤 이는 비아냥거리는 투로 말한다. 그리고 소수만이 진실로 받아들이고 있다. 성경은 각 상황에서 사람들이 어떻게 했는지 자세하게 기록하고 있다.

3. 예수님의 동행(15절)

두 명의 제자가 가는 길을 예수님도 함께 걷고 계셨다. 아마도 그 길을 가는 데는 2시간 정도 걸렸을 것으로 생각된다.

주님은 살아나셔서 무덤 근처를 서성거리시거나 예루살렘에 계시지 않고 제자들을 만나러 다니신 것이다. 주님은 제자들이 자신을 배반하든, 멀리 도망가든, 내려가든, 안 믿든지 간에 오직 그들에게 관심을 두셨다.

주님은 십자가에 못 박은 자들이나 반대자들에게는 한 번도 나타나신 적이 없다. 의도적으로 "나 살아났다. 내가 진짜 하나님의 아들이다" 하시며 가서 알려주실 수도 있으셨을 텐데 그렇게 하지 않으셨다. 주님은 그들을 놀라게 하거나 그들에게 과시할 의도가 전혀 없으셨다. 그 이유는 부활의 모습을 보려면 주님이 영안을 열어주셔야 하는데 믿지 않는 자들과 사탄에게 붙잡혀 있는 자들에게 그런 영적 축복을 주실 수 없기 때문이다. 회개하지 않는 자들에게 영적 은사를 주면서까지 보여주실 필요는 없었다.

주님은 이 두 제자에게 특별히 관심을 가지시고 그들에게 오셔서 10킬로미터를 함께 가주신 것이다. 그러나 함께 걷고 있는 두 제자는 주님을 전혀 알아보지 못했다. 함께 가면서 대화도 나누었는데 누군지 몰라보았다.

이는 그들의 눈이 가려져 있었던 탓이다. "눈이 가리어져서"(16절) 그들은 지적일지는 모르나 영적이지는 못했다.

애석하게도 제자들이지만 눈이 가리어지고 영안이 열리지 않아 옆에 계신 주님을 알아볼 수 없었다. 육의 눈으로는 전혀 예수님을 볼 수 없다. 그들은 눈에 악한 영이 막을 쳤고 머리가 멍한 상태였다.

예루살렘에서 부활의 영광을 맛보지 못하고 어둠에 싸여 있었다. 그리고 여전히 부활의 능력이 바로 옆에서부터 자신에게 영향을 주는 것도 알지 못했다. 주님에게서 광채가 나는 것도 모를 정도였다. 예수님을 보고 대화를 나누면서도 전혀 눈치를 채지 못했다.

이런 정도라면 아마도 사기꾼이나 무당과 대화해도 자신이 속는 것을 알아채지 못할 것이다. 또한 사탄이 자신을 해롭게 하려고 진을 치고 있어도 분별할 수 없을 것이다. 이들은 영적 맹인들이다. 이 시대가 엠마오로 내려가는 사람들과 비슷하면 큰일이다.

4. 예수님과의 대화(17절)

주님은 즉각적으로 자신을 알게 하실 수도 있지만 그들이 서서히 깨달아가도록 돕고 계신다. 의도적으로 2시간을 투자해 교육하신 것이다. 그래서 주님은 그들에게 어떤 주제로 대화를 하고 있는지 물으셨다. 그들에게 주님을 생각해낼 수 있도록 기회를 주신 것이다. 다른 이야기를 꺼낼 필요도 없었지만 대화의 주제를 통하여 의도적으로 주님을 알아보게 하려는 시도를 하신 것이다.

두 제자는 슬픈 빛을 띠었다. 그들은 주님이 죽으시고 사흘 만에 부활하셨다는 소문을 들어 알고 있었다. 또한 그 사건을 왜 모르느냐고 도리어 주님을 힐난했다. 예루살렘에 거하는 모든 사람이 주님의 죽으심을 안다. 그리고 부활했다는 소문도 안다. 그들도 거기까지만 안다.

그들은 주는 "말과 일에 능한 선지자"(19절)로서 우리는 "이 사람이 이스라엘을 구속할 자라고 바랐노라"고 했다. 주를 그리스도라고 하지 않고 선지자라고 했다. 예수님이 그리스도이심을 담대히 말하지 못했다.

그들이 예수님을 이스라엘의 구속자로 바랐던 것은 세상 나라의 독립을 원한 것으로 이 말에서 그들의 민족애와 독립에 대한 염원을 엿볼 수 있다. 이 생각은 베드로나 가룟 유다와 별 차이가 없다. 아마 대부분의 제자들도 비슷한 생각을 했을 것이다.

"이 일이 일어난 지가 사흘째"(21절)이고, "우리 중에 어떤 여자들이 우리로 놀라게 하였으니"(22절)라고 했다. 두어 사람이 이를 확인하기 위해 무덤에 가보니 "예수는 보지 못하였"(24절)다고 말한 것을 보면 그들은 그 사건의 정황을 파악하고 이야기했다.

그들은 모든 정황을 지식적으로는 잘 알고 있었지만 그리스도의 부활에 대한 믿음이 없었다. 지식적인 신앙에 머물러 있는 것이다. 부활 소식을 듣고 놀랐지만 믿지는 못한 것이다. 그 제자들은 가슴이 터질 듯이 기뻐하며 부활을 소리치고 다니지 않았다. 결국 베드로의 반응과 차이가 없다.

5. 예수님의 가르치심(25절)

주님은 그들의 이야기를 다 들으시고 그들의 믿음 없음을 안타까워하셨다. "마음에 더디 믿는 자들이여"(25절)이라고 한탄하시며 그들을 책망하셨다. 이는 빨리 믿는 믿음과 더디 믿는 믿음이 존재한다는 말이다. 두 제자는 선지자들의 말한 것을 더디 믿는 자였다. 많은 예언서에서 그리스도가 이런 고난을 받고 자기의 영광에 들어가야 할 것을 예언했는데 이것을 믿지 못한 것이다. 언젠가는 믿겠지만 믿지 못하고 살아가는 시간이 아깝다.

주님은 그들이 성경을 바로 깨달을 수 있도록 자세히 설명해주셨다(27절). 제자들이나 이스라엘 사람들이 어릴 때부터 성경을 듣고 배우며 자랐지만 제대로 배우지 못한 것이라고 할 수 있다. 주님의 설명을 듣고 나서야 깨달은 것이다. 그들도 결국 "우리 속에서 마음이 뜨겁지 아니하더냐"(32절) 하면서 몸에서 영적 반응이 있음을 말했다.

요즘 교회가 유대인들처럼 잘못되어 영적으로가 아니라 지식적으로 성경을 배움으로써 성경을 바로 알지 못하고 있다. 성경은 성령의 감동으로 쓰였으므로 성령의 감동 속에서 성경을 읽으며 감동하여 울기도 하고 깊이 애통하며 회개도 해야 한다. 그러다가 영안이 열려 주님을 보고 천사도 보고 악한 영도 체험하고 천국도 보는 일이 모든 성도들에게 일어나야 한다. 즉 '영적 성경 공부'가 필요하다.

깊이 기도하면 주님을 체험할 수 있다. 그래야 깊은 은혜 속에 머무를 수 있고 속사람이 살아난다. 생명의 주님이 성경을 가르쳐주셔야 성경의 뜻을 밝히 알고 생명이 살아난다. 성경은 글자로 쓰여져 있지만 이론이 아닌 생명력이 있는 살아 있는 복음이다. 성경을 깊이 아는 길은 기도를 통해 성령께 배우고 영적인 사람에게 배워야 한다. 예수님 당시의 썩어빠진 제사장과 서기관의 가르침으로는 믿음이 생기지 않는다.

예수님께 훈련받은 제자들도 이 수준인데 이스라엘의 일반 백성들은 말할 것도 없고 특히 반대자들은 마음을 닫고 있기 때문에 예수 그리스도의 부활을 믿는 것은 모래사장에서 바늘을 찾는 것만큼 어려운 일이다. 주님의 부활을 믿지 않는 것은 안타까운 일이지만 실상 영적 축복은 모든 사람이 받는 것은 아니다. 이 세상에서 구원받는 자가 많지 않고 특히 보좌 앞에 가까이 나가는 충성되고 거룩한 자는 심히 적다.

6. 떡을 떼어주시는 주님(30절)

엠마오에 도착했을 때 더 가시려는 주님을 제자들이 함께 유하자고 요청했다(29절). 주님은 그들과 함께 음식을 잡수실 때 축사하시고 떡을 떼어 그들에게 주셨다. 그때 비로소 제자들의 눈이 밝아졌다. 그리고 주님과 가까이 하려 했을 때 주님은 보이지 않으셨다.

그제야 두 제자는 주님이 성경을 풀어주실 때 마음이 불탔다는 것을 알았다. 주님은 '영의 양식과 육의 양식'을 두 제자에게 주었다. 즉시 두 제자는 일어나 예루살렘에 올라갔고 열한 제자에게 이 일을 보고했다. 주님을 만나면 새로운 힘과 용기가 생긴다.

내 아버지는 일곱 살에 교회에 나가신 후에 목사가 되었고 지금까지 90년 가까이 주님을 섬기고 있다. 나 역시 어려서부터 교회에 출석하고 목사가 되었고 60년이 다 되도록 한국 교회 속에 살면서 느끼는 것은 한국 교회가 영적으로 하향평준화 되는 것처럼 보여 가슴이 편치 않다.

사탄이 발광하는 이 혼탁한 마지막 시대에 오직 믿음, 오직 성경, 오직 예수를 외치는 투철한 충성된 사람들이 많이 기다려진다. 이런 사람들을 하나님이 살아 계신 것을 믿으며 죄를 깨끗이 씻음받아 거룩해지려는 믿음을 갖고 있다. 성경은 하나님의 영감으로 기록되었으므로 누가 감히 덧붙이거나 빼지 않는, 어떤 특정한 신학의 눈으로 성경을 보거나 성경이 난도질당하는 것을 허락하지 않는다는 믿음을 갖고 있다.

이런 사람들은 구원은 오직 예수밖에 없고 다른 길은 결코 존재하지 않으며 온갖 우상과 이방신을 타파하는 믿음을 갖고 있다. 영안이 열려 하나님의 뜻을 온전히 분별하고 사탄의 존재를 명확하게 보고 그 세력과 영적 전쟁을 하여 승리하는 믿음을 갖고 있다.

하나님의 나라는 성경에서 보여주는 대로 어쩔 수 없이 '소수의 영적 천재'들의 믿음과 충성에 의해 유지된 것이다. 주님에게 붙잡혀서 사는 나실인 같은 사람들이 기다려진다.

49장

나를 만져보라

본문 누가복음 24:36-43

주님은 부활하신 후에 즉시 이 세상을 떠나시지 않고 40일간을 머무시면서 사랑하는 제자들에게 주님의 사랑을 전하셨다.

1. 제자들에게 보이심(36절)

예루살렘에 열한 명의 제자와 그들과 함께한 자들이 모여 있었다(33절). 그들은 여러 이야기를 종합한 결과 주님이 살아나셨고 특히 시몬에게 보였다고 서로 말했다.

그때 엠마오로 내려가는 길에서 주님을 만난 제자들도 가세하여 자신들에게 주님이 나타나셨다고 말하자 분위기가 고조되었다. 모인 무리는 주님의 부활하심을 받아들이는 마음 상태가 되었다. 바로 그때 제자들에게 부활의 주님이 나타나셨다.

그들이 집단적으로 영안이 열린 것이 아니었지만 정상적인 눈으로도 부활체이신 주님을 보았다. 워낙 분명하게 나타나셨기 때문에 제자들은 자신의 영적 상태와 상관없이 분명하게 보았다. 주님은 그들 가운데 서서 "너희에게 평강이 있을지어다"(36절) 하셨다.

제자들은 놀라고 무서워하여 그 보는 것을 영으로 생각했다(37절). 성경은 예수님이 부활하신 모습을 영으로 생각했다는 것이 옳지 않다는 목적으로 기록했다. 영이 아니고 실제라는 의미다. 영은 살과 뼈가 없다(39절).

주님의 몸은 분명 뼈와 살이 있고 물질이 있다. 그런데 제자들이 모여 있는 공간에 갑자기 나타났다. 이는 제자들로서는 생각도 못한 일이다. 몸이 있다면 물질을 통과하여 공간에 갑자기 나타날 수는 없기 때문이다. 그들은 부활에 대한 정의를 아직 내리지 못했다. 예수님의 몸은 과거의 육체가 죽고 그 육체에 다시 성령이 오셔서 신비한 육체로 바뀌었다.

2. 나를 만져보라(39절)

주님은 의심하는 제자들에게 내 손과 발을 보라고 하셨다(38절). 고난의 못 자국이 있기 때문이다. 그리고 자신의 몸을 만져보라고 하신 것은 분명 만질 수 있는 몸이기 때문에 말씀하신 것이다. 그냥 해보신 말씀이 아니었는데 만지는 이가 없었다.

실제로 부활체든 영체든 만져볼 수 있고 감각할 수 있다. 제자들이 절대로 만진 적이 없다고 성경에 기록되지는 않았다. 하지만 제자들이 이왕 주님이 허락하셨으니 주님의 부활체를 만져보았다면 더 확실한 믿음을 가지고 주님을 전하지 않았을까?

3. 음식을 잡수시다(43절)

제자들이 스스로 만져서 주님의 몸을 확인하려고 하지 않자 주님은 먹을 것이 있느냐고 물으셨고 구운 생선 한 토막을 드리자 그 앞에서 잡수셨다(41-43절).

부활의 몸으로 생선을 먹으니 생선이 없어졌다. 예수님이 영이라면 먹을 수 없을 것이요, 설혹 잡수셨더라도 생선이 예수님의 배 높이에서 공중에 떠 있는 것이 보여야 한다. 영체이기 때문에 음식물이 보여야 한다. 그러나 잡수신 음식은 보이지 않았다.

또 하나 질량보존의 법칙에 따르면 물체는 그냥 사라지지 않는다. 물이 수증기가 되어 증발하면 구름이 되어 다시 비로 이 땅에 떨어지는 것처럼 모습은 변할지라도 그냥 없어지는 것이 아니다. 연료를 태워도 공기 중에, 재 속에 남아 있는 것이다. 어떤 형태로든지 남는다. 그런데 음식을 드셨다는 것은 음식을 소유할 수 있는 부활체가 분명히 존재한다는 뜻이다. 주님은 분명 부활하셨고 손과 발이 만져지고 음식도 잡수실 수 있다.

또 주님은 많은 양을 잡수시지 않고 한 토막만 드셨다. 부활체는 조금만 섭취해도 충분하기에 한 토막만 드셨다. 부활체도 음식을 먹는다. 죽어서 영혼이 하늘나라에 가게 되는데 그곳에 간 영혼들을 위해 천국에도 음식이 있고 많은 과실나무가 있는데 그 가운데 중요한 나무는 생명나무다. 천국에서 영원히 살 수 있는 것은 생명나무 과실을 먹기 때문이다.

에덴동산에서 아담과 하와가 선악과를 먹자 그들을 쫓아내고 생명나무를 지킨 것은 생명나무 열매를 먹지 못하게 하기 위함이다. 이 생명나무는 예수 그리스도이며 생명나무의 과실을 먹으면 예수님의 살을 먹는 것이다. 요한계시록에 생명나무 과실이 있다는 것은 과거 에덴동산의 생명나무 본체가 즉 예수 그리스도가 하늘에 있는 것을 보여준 것이다.

인간은 원래 영원히 살도록 창조되었다. 에덴동산에 생명나무가 있었던 것은 이 열매를 먹고 영원히 살라는 것이었다. 즉 주님은 2000년 전 아기 예수님으로 오신 것만이 아니라 에덴동산에서부터 생명나무로 와 계셨던 것이다.

예수 그리스도는 생명이시다. 세상을 창조하시고 인간을 창조하실 때부터 이 세상 마지막까지 그리고 천국에 거할 때까지 생명이시다. 그래서 예수님을 믿으면 영생한다. 예수님은 살리는 영이시다.

4. 초월자의 본모습

부활체로서 주님은 인간의 육체로서는 할 수 없는 초월적인 일을 하셨다. 갑자기 나타났다가 사라지셨고 시간과 공간과 물질을 초월하셨다.

예수님을 창조주로 보아야 한다. 주님이 물질을 만드셨으니 그 물질의 구성을 새롭게 하실 수도 있는 것이다. 육과 영, 영육이 아름다운 부활체로 변화된 것이다.

우리도 죽은 후 부활할 것이다. 내 영이 예수님처럼 신비하게 될 부활의 몸을 기대해보자.

50장

능력으로 입혀질 때까지

본문 누가복음 24:40-49

1. 나의 증인이 되라

주님은 살아 계실 때 제자들에게 많은 것을 가르쳐주셨는데 모세의 율법과 선지자의 글과 시편에 예수님을 가리켜 기록된 것이 이루어져야 될 것이라고 하셨다(44절). 미리 기록된 내용 가운데 꼭 이루어져야 할 일은 먼저 그리스도가 고난을 받고 제삼일에 죽은 자 가운데서 살아날 것의 증인이라고 하셨다(46절).

또한 예수님의 이름으로 죄 사함을 받게 하는 회개가 예루살렘에서 시작하여 모든 족속에게 전파될 것이라고 하셨다(47절). 복음이 전파되는 곳은 어디든지 죄 사함을 받게 하는 회개가 나타나야 한다. 이것이 기독교의 중요한 요소인 것이 분명하다. 기독교는 예배, 전도, 봉사, 교육, 교제, 성전 건축 등도 빼놓을 수 없지만 죄 사함을 받기 위한 회개가 가장 중요하다.

예수님은 제자들에게 이 모든 일의 증인이라고 하셨다(48절). 거짓으로 증거하는 것은 큰 죄다. 주님께 배운 대로 본 대로 느낀 대로 정확히 전해야 한다. 주님이 이 땅에 오셔서 가르치시고 전도하시고 치료해주시고 죄인들을 사랑하신 것과 십자가에 달려 죽으시고 다시 부활하셔서 승천하신 것까지 정확하게 전해야 한다.

교회의 외적인 성장이 목표가 아니라 죄인들이 회개하는 영적인 물결이 일어나야 하는 것이다. 교회의 부흥은 자연적인 것이며 하나님이 하실 일이다.

2. 능력으로 입혀질 때까지 이 성에 머물라(49절)

예수님을 바로 증거하기 위해서는 능력이 필요하다

능력이 있어야 주님의 말씀을 실천할 수 있기 때문에 주님은 "위로부터의 능력으로 입혀질 때까지 이 성에 머물라"(49절)고 말씀하신 것이다. 우리에게 필요한 능력은 설교하고 귀신을 쫓아내고 병을 치료하고 예언하는 등의 다양한 능력이다.

신분이 하늘나라의 왕이라면 왕의 옷을 입고, 선지자라면 선지자의 옷을 입어야 한다. 능력자라면 능력자의 옷을 입어야 한다. 이 시대의 지도자들이 겉은 세상적인 것으로 치장하여 그럴싸하나 속은 거지의 모습이 많이 보인다. 하나님의 사람들이 한마디로 속 빈 강정과 같다면 주의 나라는 힘 있게 성장하기 어렵다. 지식은 있고 말은 잘하는데 능력이 없고 영적 권위가 약하다. 하나님의 사람이 능력 없이 일하면 안 된다. 진정한 하나님의 사람으로 거듭나야 한다.

위로부터 내려오는 능력을 받아야 한다(49절)

주님은 이런 능력을 위로부터, 즉 하늘 보좌에서 내려주신다고 말씀하셨다. 즉 하나님이 계시는 하늘 보좌를 바라봐야 하고 하늘 길이 열려야 한다. 성령은 위로부터 내려오기 때문이다. 만일 성도가 이 땅의 주변에 관심이 많고 세상을 바라보면 능력을 받을 수 없다.

세상을 잘 알더라도 하늘과 통하는 길, 위가 막혀 있다면 능력이 내게 올 수 없다. 하나님과 통하는 길이 잘 열리기 위해서는 역시 깊은 회개가 필요하다. 하나님이 능력을 주시고 싶어도 본인의 죄, 가문의 죄 등이 하늘 길을 막고 있는 경우가 많기 때문이다.

능력이 없는 사람은 혈기 충만, 음란 충만, 거짓 충만, 욕심 충만하다. 주님이 말씀하신 대로 제자들이 모여 마가의 다락방에서 기도할 때 강하게 성령의 능력이 임했다. 지금도 능력이 위에서부터 온다.

능력을 받을 때까지 기다려야 한다(49절)

주님은 제자들에게 복음을 전하기 위해 무조건 떠나지 말라고 하셨다. 영적인 준비가 갖추어지지 않은 상태에서 복음을 전한다고 떠나지 말라는 것이다. 신학교를 졸업하고 목사 안수를 받으면 목회를 하거나 선교를 하기 위해 떠나고, 물질적 여유가 있으니 교회 개척하면 가고, 교회에서 청빙을 받으면 가고, 일 안하면 먹고 살 것 없으면 떠나고 하니 능력을 받을 수가 없다.

능력 없이 전도할 수 없다. 능력을 받아서 전도하라. 제자들은 마가의 다락방에서 체험을 통해 능력이 충만하여 전도를 했다. 이것을 본받자.

3. 믿는 자들에게는 표적이 따른다(막 16:17-18)

복음을 전하는 제자들이나 그 말씀을 믿고 따르면 능력이 나타난다. 예수님의 이름으로 귀신을 쫓아낸다고 하셨다. 제자들이 주님과 함께할 때도 그렇게 했다. 누구든지 주님을 믿고 회개하여 능력을 받고 귀신을 쫓아내고 병을 치료할 수 있고 새 방언을 말하게 된다.

새 술에 취하여 제자들이 마가의 다락방에서 방언을 하듯이 새로운 언어가 입에서 나온다. 뱀을 집어올린다. 뱀은 영적으로 사탄의 세력을 가리키는 것이다. 하와를 유혹한 뱀은 사탄이다. 바로 그 사탄의 세력을 집어올릴 수 있다.

능력이 생기면 영분별을 통하여 사탄의 세력이 보이고 손으로도 얼마든지 잡아서 쫓아낼 수 있다. 사탄은 천사가 타락하여 된 것이기 때문에 본체도 천사와 비슷하다. 야곱이 천사와 씨름했으니 사람이 천사와 접촉할 수 있을 뿐 아니라, 사탄과 싸울 수 있고 물리칠 능력을 주님이 주신다.

능력의 사람이 되면 독을 마실지라도 해를 받지 않는다. 사실 그런 경우도 있다. 바울은 독사가 손을 물었는데 해를 입지 않았다. 하지만 실험적으로 시도하는 것은 옳지 않다. 이것은 여러 환경의 공격과 사탄의 공격을 하나님이 막아주신다는 것이다. 하지만 의도적으로 기적을 보여주려고 시도할 일은 아니다. 능력의 사람은 주님처럼 병든 사람에게 손을 얹은 즉시 낫는다. 기독교에서 병을 치료한다는 것은 새삼스러운 일이 아니다.

주님은 수많은 병자를 치료하셨다. 사도나 교부들, 교회사적으로도 수많은 치유 사역자들이 있었다. 사역자를 통해서도 병이 치료될 수 있으나 병이 있는 사람이 자신이 지은 죄를 깊이 회개하며 기도하면 병이 나을 가능성이 많다. 병은 많은 경우에 사탄과 관계 있는 것이기에 이 부분에 깊은 지식을 갖고 기도하는 것이 필요하다.

51장

제자를 찾아가심

본문 요한복음 21:1–7

1. 물고기를 잡으러감(3절)

주님은 사망에서 부활하셔서 생명을 회복하셨지만 제자들은 아직까지도 충격과 주님을 배반하고 부활의 주님을 믿지 못한 것으로 인해 과거 제자의 모습으로 회복하지 못했다. 베드로는 주님 앞에 나설 수가 없어서 주님의 제자가 되기 전에 물고기를 잡던 어부로 돌아가려고 옛날처럼 다시 물고기를 잡으러 가노라고 말했다(3절).

주님이 살아나신 것을 알면서도 주님과의 관계가 멀어졌다고 생각했기 때문에 앞으로 나아가지 못하고 뒤로 후퇴하는 모습을 보였다. 자신은 주님을 배반했으니 뵐 낯이 없다고 생각하고 피하려는 것이다.

차라리 주님이 부활하지 않으셨다면 자신이 주님을 배반한 것이 역사속에 묻히고 끝난 일이 될 수 있었을 텐데 주님이 다시 살아나셨으니 자신의 허물이 살아나신 주님 앞에 다시 되새겨지기 때문에 입장이 곤란해진 것이다. 주님이 부활하신 것은 기쁜 일이지만 베드로는 이번 일로 주님을 배반했다는 돌이킬 수 없는 실수로 망신을 당했다. 그래서 도망치듯 가는 것이다. "차라리 그냥 죽으신 것이 나을텐데" 했을 것이다.

베드로가 고향으로 돌아가려고 하자 다른 제자들도 베드로의 결정에 동조하여 함께 갔다(2-3절). 베드로가 선두주자가 되었고 도마는 주님의 음성을 들었으면서도 함께 갔으며 나다나엘과 세베데의 아들들과 다른 여러 제자들이 함께했다. 그들은 짐을 싸들고 고향 땅으로 돌아갔다. 그들의 3년여 동안의 수고와 꿈은 이제 수포로 돌아갔다. 베드로는 주님을 따르는 것뿐 아니라 돌아가는 데도 앞장을 섰다.

2. 실패의 연속

그들은 돌아가서 다시 배에 올라 그물을 내렸지만 밤새 그물을 내려도 고기를 한 마리도 잡을 수 없었다(3절). 전혀 예상치 못한 작은 실패가 그들을 또 기다리고 있었던 것이다. 실패한 사람은 어디를 가나 실패한다. 실패하면 그 자리에서 일어나야지 그 자리를 떠난다고 승리하기 어렵다. 실패의 이유를 정확히 분석하려면 특별히 영적인 분석이 매우 중요하다. 실패의 영이 그를 따라다니기 때문이다.

결국 베드로와 다른 제자들은 옛날의 어부로 돌아가지 못했다. 고기를 잡아야 옛날처럼 어부로 돌아갈 수 있는 것이다. 그들이 옛날로 돌아가 고기를 잡는 자리에 왔지만, 아무것도 잡지 못하고 실패했다. 장소는 옛날에 활동하던 장소인데 내용은 어부가 아니다. 그들은 지금 제자의 위치를 떠났지만 어부가 되지도 못하고 어정쩡한 사람들이 되어버렸다.

누구든 주님을 떠나서는 아무 열매도 얻을 수 없다. 그들이 밤새 고생했지만 소용이 없었다. 남들은 다 자고 쉬는 시간에도 노력했지만 결과가 없었다. 허탈하고 낙심해서 '되는 일이 없네, 신세 망쳤네' 하고 생각했을 것이다. 그들은 주님을 따를 수도 없고 그렇다고 어부로 재취업할 수도 없는 진퇴양난의 처지에 빠졌다. 그들은 연달아 실패했다.

3. 주님이 오심(4절)

주님은 또 다시 실패를 맛보고 우울해 있는 제자들에게 찾아오셔서 그들이 그물을 내리는 것을 지켜보고 계셨다(4절). 하지만 제자들은 예수님이 계신 것을 몰랐다. 옛날 일에 몰두했고 고기잡이의 실패에 깊은 침묵이 이어졌다.

장래에 대한 불안감도 있었다. 또한 나는 혼자라는 생각에 외로웠다. 저 멀리 어떤 사람이 서 있는 것이 보였지만 설마 주님이 우리에게 찾아오실 거라고는 생각하지 않았다. 이런 초라한 내게 와주실리 없다고 생각했을 것이다. 아마도 자신들이 고기잡이에 실패하는 것을 어떤 사람이 지켜보고 있어서 얼굴을 들 수도 없었고 오직 부끄러울 뿐이었다.

주님은 자신의 신분을 밝히시지 않은 채로 그들의 실패 내용을 물으셨다. "얘들아, 너희에게 고기가 있느냐"(5절). 고기 잡는 이들에게는 고기를 잡는 것이 가장 중요하다. 그들은 "없나이다"라고 대답했다. 어부에게 고기가 없다는 것은 슬픈 일이다. 샘물에는 물이 있어야 하고 주의 사역자에게는 능력이 있어야 하는 것처럼 어부에게는 잡은 물고기가 풍성해야 한다. 대답하는 그 제자들은 우울했다.

주님은 그들에게 왜 물고기를 잡지도 못하면서 잡으러 왔느냐고 책망하거나 다그치지 않으셨다. 일단 그들의 선택과 행동을 인정하셨다. 그리고 그들의 문제를 해결해주셨다.

주님은 그들에게 오셔서 "그물을 배 오른편에 던지라 그리하면 잡으리라"(6절)고 말씀하셨다. 물고기를 잡는 데 어떤 특별한 준비나 필요 사항이 없었다. 문제의 해결은 주님이 하신다. 그들은 얼떨결에 순종했다. 깊은 곳도 아닌 바닷가에서 그물을 내려 고기를 잡는 것이 바다의 원리는 아니지만 얼떨결에 순종했다. 그랬더니 큰 고기가 153마리나 잡혔고 이렇게 많이 잡았는데도 그물이 찢어지지 않았다.

제자들이 순종하고 배 오른편에 그물을 내렸을 때 물고기가 그곳에 원래부터 몰려 있었던 것이 아니었다. 순종하고 그물을 내리자 주님이 근처에 있던 물고기를 그 자리에 모이도록 명령하셨고 창조주의 명령에 사방에서 물고기가 그물 안으로 몰려온 것이다. 주님의 명령에 파도도 잔잔해지고 병도 낫는다. 주님이 악한 영들도 다 모이라고 하면 모이고 나가라고 하면 나간다.

여러 제자들이 밤새도록 못한 일을 주님은 말씀 한마디로 해결하신다. 이를 통해 제자들에게 주님을 믿고 의지해야 한다는 것을 다시 한 번 재확인하신 것이다.

하나님이 축복하시지 않는 자리에 가면 그곳에는 축복이 없다. 예수님이 축복이 근원이시기 때문에 주님이 가신 그 자리가 축복의 자리이고, 그래서 그 자리에서 고기를 잡은 것이지 그 자리에 주님이 계시지 않았더라면 베드로는 계속 고기를 잡지 못했을 것이다.

4. 주님이 먹을 것을 주심(9절)

제자들이 주님을 배신했고 자기 마음대로 고향으로 돌아갔지만 주님은 그들을 사랑하셨다. 그리고 지금 그들의 필요를 채워주셨다. 게다가 제자들이 배에서 내려 물고기가 든 그물을 끌고 주님께 와보니 숯불 위에 생선과 떡이 있었다. 주님은 시장한 제자들에게 조반을 먹으라고 하셨다. 주님은 이미 모든 것을 준비하고 계셨던 것이다.

그들은 주님이 자신들을 책망하고 제자로 여기지 않아도 어쩔 수 없는 입장이었지만 이렇게 함께하시는 주님께 큰 위로와 소망을 받았을 것이나.

주님은 우리가 죄인일지라도 언제나 함께하신다. 그리고 다시 부르셔서 죄인들을 회개시키는 일을 맡기신다. 죄를 용서받은 사람이라야 주님이 용서해주신다고 확신 있게 말할 수 있다. 주의 사역자는 예수님이 낙심한 베드로의 일행을 찾아가신 것처럼 낙심하고 좌절한 사람들을 찾아가야 한다. 제자 훈련의 원리는 스승이 제자를 택하는 것이고 택한 자에 대해서는 끝까지 책임을 지는 것이다.

52장

작별 후에

본문 마태복음 28:16-20

예수님과 헤어지는 날 열한 제자가 갈릴리에 가서 예수님이 지시하신 산에 갔다. 그곳에서 예수님을 만나고 경배했지만 아직도 의심하는 사람이 있었다(17절).

1. 예수님은 마지막 말씀을 하셨다(18-20절)

"하늘과 땅의 모든 권세를 내게 주셨으니"(18절). 주님은 부활하시고 승천하셔서 보좌에 가게 되심으로 온 세상의 왕이 되셨다. 사탄의 공격이 필사적이었지만 모든 공격을 평정하시고 최후의 승자가 되신 것이다. 그러므로 이제부터 제자들이 할 일은 주님이 왕이신 것과 우리 인생도 죽었다가 다시 살아나서 하늘나라에 간다는 것을 선포하는 것이다. 그리고 백성들의 병을 치료해주고 귀신을 쫓아내면 된다.

전도는 구체적으로 "가서" 하는 것이다. 가만히 집 안에 앉아 있을 수 없다. 모든 민족을 제자로 삼아야 한다. 어느 한 민족이라도 빠뜨리지 말아야 한다. 그리스도의 제자는 그리스도를 닮는 것이 최상이다. 제자를 삼아 주님이 평소 가르쳐주신 것을 가르쳐 지키게 해야 한다.

듣기만 하고 행함이 없다면 참제자일 수 없다. 제자를 삼아 그 제자 역시 주님처럼 가르치고 전도하고 치료하는 일을 하도록 도와주어야 한다. 먼저 제자가 되기 위해서는 아버지와 아들과 성령의 이름으로 세례를 베풀어야 한다(19절).

2. 주님은 손을 들어 그들에게 축복하셨다(눅 24:50)

"손을 들어 그들에게 축복하시더니"(눅 24:50).

주님은 남겨진 제자들을 사랑하셨다. 그리고 축복하셨다. 사람은 자신의 힘으로 사는 것이 아니라 하나님의 축복을 받아야 살 수 있다. 주님은 그들을 축복하시면서 하늘로 가셨다(눅 24:51).

주님의 몸이 하늘로 올려지신 것이다. 주님이 의도하신 것이 아니라 자연스럽게 하늘로 올라가셨다. 그리고 주님의 모습은 잠시 후 보이지 않았다.

주님은 승리하시고 보좌에 가셨다. 하나님의 본체이신 성부 하나님은 어떤 형상이 없다. 그저 놀라운 빛의 근원이시다. 그 빛의 근원이 있는 그 정가운데 보좌에 예수님이 앉으셨다. 주님은 그곳에서 생명책을 취하실 것이며 세상을 심판하실 것이다. 그리고 이 땅에서는 반대자가 있으나 그곳에서는 100퍼센트 주님께 영광 돌리는 사람들에게서 모든 사람의 영광을 받으실 것이다. 진정 만왕의 왕이 되신다.

3. 제자들의 태도

제자들은 주님께 경배했다. 그리고 신비한 몸이 되어 하늘로 오르시는 것을 보며 신기해하면서 그분이 그리스도이심을 믿게 되었다. 그들은 승천의 장소에 계속 아쉬움을 가지고 머물지 않았다. 큰 기쁨을 가지고 예루살렘으로 돌아갔다(눅 24:52). 스승이 하늘로 가버렸는데도 낙심하지 않았다. 오히려 주님의 말씀대로 예루살렘을 떠나지 않고 위로부터 성령이 내려올 때까지 기도했다. 얼마 전 도망치듯이 나왔던 예루살렘에 희망과 소망을 가지고 스스로 들어갔다.

그리고 그들은 함께 모여 약속을 기다렸다(눅 24:53). 늘 성전에 모여서 찬송하는 이들을 아무도 제지하지 못했다. 그들에게 성전이 두려움의 장소가 아니라 기쁨의 자리가 되었다. 성전을 포기하지 않고 새 은혜가 오시기를 기도했다. 그리고 말씀을 전파했다(막 16:20).

"제자들이 나가 두루 전파할새"(막 16:20). 여기저기 다니면서 예수 그리스도의 부활을 증거했다. 그럴 때마다 주님이 함께 역사하셨다. 말씀만 증거하는 것이 아니라 표적이 나타나므로 확실히 증거되었다(막 16:20). 말씀만 전파된다면 사람들이 확실히 믿기 어렵지만 능력이 나타나고 병이 치료되면 의심할 수가 없었다. 예수님이 계시지 않지만 제자들은 큰 능력을 소유하고 복음을 위해 사는 것이다.